TRAVAUX DE LINGUISTIQUE QU...

publiés sous la direction de Charl...

33

La recherche française par ordinateur
en langue et littérature

La recherche française par ordinateur
en langue et littérature

La recherche française par ordinateur en langue et littérature

Actes du colloque organisé par
l'Université de Metz en juin 1983

publiés par

Colette CHARPENTIER et Jean DAVID

Avant-propos de Charles Muller

SLATKINE - CHAMPION
GENÈVE - PARIS
1985

ISBN 2-05-100669-5

AVANT-PROPOS

Voici, pour la première fois dans les TRAVAUX DE LINGUISTIQUE QUANTITATIVE, un recueil des communications présentées dans un colloque. La collection confirme ainsi un de ses principes fondamentaux, qui est son ouverture et son goût de la variété.

Il était bon, du reste, après des travaux individuels, souvent élaborés dans le cadre à la fois contraignant et stimulant d'une recherche universitaire, de réunir une gerbe d'exposés destinés à la présentation orale, œuvres de chercheurs isolés aussi bien que d'équipes, et où se côtoient, où s'affrontent parfois les tendances les plus diverses. C'est, d'un seul coup, élargir nos horizons autant que le feraient plusieurs volumes.

Le colloque de Metz ne portait pas sur la linguistique quantitative, mais sur les apports de l'informatique à nos disciplines; les deux domaines, à vrai dire, sont si étroitement associés que les pages qui suivent ne nous écarteront guère de notre objet. Une preuve en est que parmi les spécialistes qui ont vécu ces trois journées messines on ne comptait pas moins de huit de nos auteurs déjà publiés, et trois dont les œuvres figurent parmi les titres à paraître.

Il ne m'appartient pas de prouver que l'admission dans cette collection est un gage de qualité : c'est au lecteur de s'en assurer. Je souhaite que chacun retrouve dans ces Actes les impressions que ressentaient les participants quand, au moment de la séparation, ils s'accordaient pour féliciter les organisateurs de la belle tenue et du haut niveau scientifique de ces débats.

Charles MULLER

INTRODUCTION

Les 1er, 2 et 3 Juin 1983 s'est tenue à la Faculté des Lettres et Sciences Humaines de l'Université de METZ une rencontre nationale, sous l'égide de l'Association for Literary and Linguistic Computing / Association de Littérature et de Linguistique Computationnelles. Le nombre des participants, cent soixante, et leur origine diversifiée du point de vue géographique, scientifique et professionnel témoignent de l'intérêt que rencontrent les travaux en linguistique informatique et stylistique quantitative. Ce qui faisait encore sourire il y a dix ans environ semble aujourd'hui aller de soi. Le littéraire ou le linguiste armé de logiciels et discutant des mérites de la loi binomiale a droit de cité. Les pionniers dans le domaine sont, ici, un peu tardivement peut-être, reconnus, et là, plus ou moins discrètement écartés.

L'Éditeur et le Directeur de la Collection **Travaux de linguistique quantitative** ont bien voulu accueillir les **Actes** de ce Colloque dans leur collection. Qu'ils en soient ici remerciés. L'un est suisse, l'autre est français, exemple d'une collaboration internationale que l'organisation du Colloque de METZ atteste elle aussi. Dans cette rencontre nationale, la contribution française était particulièrement forte et variée, mais ce sont deux collègues étrangers qui avaient bien voulu accepter la grande conférence de chaque journée.

Le volume se présente comme suit. La liste des auteurs ainsi que les textes sont donnés dans l'ordre des interventions au Colloque. Les domaines couverts sont : **Phonétique, Phonologie, Dialectologie**, puis **Syntaxe**, puis **Informatique théorique et technique**, enfin **Littérature**. Quelques communications relevant de plusieurs domaines, ou un peu isolées dans l'ensemble auraient pu trouver une place autre que celle qu'on leur a attribuée. On a respecté l'ordre chronologique.

Chaque contribution se présente comme suit : texte, notes, bibliographie, tableaux.

Le compte-rendu des discussions qui avaient été regroupées par demi-journée et du débat est donné en fin de volume.

Les résumés en anglais des communications se trouvent dans le volume 12 no 1, 1984 de l'**ALLC Bulletin**. Un compte rendu du Colloque est paru dans le même numéro de cette revue ainsi que dans **Computers and the Humanities** 18, 1984 (Philippe THOIRON, Université de LYON II).

Nous remercions la Faculté des Lettres & des Sciences Humaines - tout particulièrement son Doyen, Monsieur le Professeur François REITEL - qui a permis la tenue du Colloque en prêtant ses locaux et qui a généreusement pris en charge les frais de composition du présent ouvrage.

Colette CHARPENTIER
Maître-Assistante d'Anglais
Représentante de l'ALLC
en FRANCE

Jean DAVID
Professeur de Linguistique allemande
Président de l'UNIVERSITÉ DE METZ

Invités d'Honneur

Professor Roy WISBEY, *University of LONDON, Président de l'ALLC, 1980-83.*

Professore Antonio ZAMPOLLI, *Istituto di Linguistica Computazionale, PISA, Président de l'ALLC, 1983-86.*

Professor Barron BRAINERD, *Department of Mathematics, University of TORONTO, conférencier.*

Christian DELCOURT, *Professeur à l'Université de LIÈGE, Philologie Romane, conférencier.*

Observateurs (* Représentants ALLC)

Janusz S. BIEN, *Institut d'Informatique, VARSOVIE (Pologne) *.*

Martin BOOT, *Rijksuniversiteit, UTRECHT (Pays-Bas).*

Theo BUNGARTEN, *Germanisches Seminar, HAMBOURG (Allemagne Fédérale).*

Jul CHRISTOPHORY, *Centre Universitaire de LUXEMBOURG (Grand Duché).*

Josse DE KOCK, *Institut de Linguistique Appliquée, Université Catholique de LOUVAIN (Belgique).*

Raimund DREWEK *(Suisse), Ernst Klett verlag, STUTTGART (Allemagne Fédérale) *.*

Dirk GEENS, *Institut de Phonétique, Université Libre de BRUXELLES (Belgique).*

Febo-Basilio GHICOPULOS, *Institut d'Italien, Université de SALONIQUE (Grèce) *.*

Suzanne HANON, *Romansk Institut, Université d'ODENSE (Danemark).*

Klaus HEGER, *Sprachwissenschaftliches Seminar, Université de HEIDELBERG (Allemagne Fédérale).*

Margaret KING *(Grande Bretagne), Institut Dalle Molle, Etudes Sémantiques et Cognitives, Université de GENÈVE (Suisse).*

Denis PONIZ, *Université de LJUBLJANA (Yougoslavie).*

Joaquim RAFEL FONTANALS, *Faculté de Philologie, Université de BARCELONE (Espagne).*

Brigitte SCHLUDERMANN *(Pays-Bas), Germanistisches Institut, AACHEN (Allemagne Fédérale).*

Erwin STEGENTRITT, Christian FENEYROL, Johannes RITZKE, *Sonderforschungsbereich, SAARBRUCK (Allemagne Fédérale).*

Louis TRUFFAUT, *Université de GENÈVE (Suisse).*

Sirkka-Liisa TUOMINEN, *Centre des Langues, Université de TAMPERE (Finlande) *.*

Telmo VERDELHO *(Portugal),*

Huilin WUANG *(Chine),*

cf. Liste des Participants.

VI

Observateurs

Annulations :

Roberto BUSA SJ, *Centro Automazione Analisi Linguistica, GALLARATE (Italie)*.

Zvi MALACHI, *Habermann Institute for Literary Research, LOD (Israel)*.

Ludmila OHLSSON, *Software Systems Research Center, Université de LINKOPING (Suède)*.

Antonio ZAMPOLLI, *Istituto di Linguistica Computazionale, PISE (Italie)*.

Excusés : *(Plusieurs de ces professeurs ont envoyé des documents et ouvrages pour la salle d'exposition)*.

Edith BUCHHOLZ, *Institut des Langues, Whilhelm-Pieck-Universität, ROSTOCK (RDA)*.

John DAWSON, *Computing Centre, Université de CAMBRIDGE (Grande Bretagne)*.

Knut HOFLAND, *Informatique, Université de BERGEN (Norvège)*.

Giacomo FERRARI, *Istituto di Linguistica Computazionale, PISE (Italie)*.

Christian GALINSKI, *Infoterm, VIENNE (Autriche)*.

Tullio GREGORY, *Direttore, Lessico Intelletuale Europeo, ROME (Italie)*.

Susan HOCKEY, *Service d'Informatique, Université d'OXFORD (Grande Bretagne)*.

Stig JOHANSSON, *Département d'Anglais, Université d'OSLO (Norvège)*.

Baldur JONSSON, *Faculté des Lettres, REYKJAVIK (Islande)*.

Geir KJETSAA, *Institut de Slavistique, Université d'OSLO (Norvège)*.

Herman PARRET, *Fonds National Belge de la Recherche Scientifique, Université Catholique de LOUVAIN (Belgique)*.

Joseph RABEN, *Rédacteur en Chef CHum, Queens College, Flushing, NEW'YORK (USA)*.

Heinz REISKE, *Hessischer Volkshochschulverband, FRANCFORT (Allemagne Fédérale)*.

John SINCLAIR, *Département d'Anglais, Université de BIRMINGHAM (Grande Bretagne)*.

F.J. SMITH, *Département d'Informatique, The Queen's University, BELFAST (Irlande du Nord)*.

Joan SMITH, *Chaiman ALLC, The National Computing Centre, MANCHESTER (Grande Bretagne)*.

Jan SVARTVIK, *Département d'Anglais, Université de LUND (Suède)*.

Pavel VASAK, *Académie des Sciences, PRAGUE (Tchécoslovaquie)*.

R.E. WILLIAMS, *Président, Ecole de Traduction et d'Interprétation, GENEVE (Suisse)*.

Roy WISBEY, *Département d'Allemand, Université de LONDRES (Grande Bretagne)*.

Monsieur le Consul d'Italie, Monsieur le Vice-Consul de Grande Bretagne, Monsieur le Consul d'Allemagne (représenté par M. STEVER, Attaché au Consulat).

Monsieur Michael PALMER, Directeur Général Adjoint, Traduction et Terminologie, Parlement Européen, LUXEMBOURG.

Abréviations et Sigles

ADEC	*Association pour le Développement des Etudes Contrastives.*
ADI	*Agence pour le Développement de l'Informatique.*
CEA	*Commissariat à l'Energie Atomique.*
CEDEL	*Centre pour le Développement des Etudes de Langages.*
CELDA	*Centre d'Etudes Linguistiques et Didactiques sur l'Anglais.*
CELTA	*Centre d'Etudes Linguistiques pour la Traduction Automatique.*
CERCLEF	*Centre d'Etudes et de Recherches sur les Civilisations, Langues et Littératures d'Expression Française.*
CERFIA	*Cybernétique des Entreprises et Reconnaissance des Formes, Intelligence Artificielle.*
CERTAL	*Centre d'Etudes et de Recherche en Traitement Automatique des Langues.*
CES	*Collège d'Enseignement Secondaire.*
CIAP	*Centre Informatique et Applications Pédagogiques.*
CICB	*Centre Interuniversitaire de Calcul de Bretagne.*
CIEREC	*Centre Interdisciplinaire d'Etude et de Recherche sur l'Expression Contemporaine.*
CILF	*Conseil International de la Langue Française.*
CIRCE	*Centre Interrégional de Calcul Electronique.*
CNET	*Centre National d'Etudes des Télécommunications.*
CNRS	*Centre National de la Recherche Scientifique.*
CRAIP	*Centre de Recherches et d'Applications en Informatique Pédagogique.*
CRAL	*Centre de Recherches et d'Applications Linguistiques.*
CREDIF	*Centre de Recherche et d'Etude pour la Diffusion du Français.*
CREDO	*Centre de Recherches et Documentation bibliographiques pour l'Antiquité Classique.*
CRIN	*Centre de Recherche en Informatique de Nancy.*
CUC	*Centre Universitaire de Calcul.*
CUMFID	*Laboratoire d'Informatique (URL 9).*
CUST	*Centre Universitaire des Sciences et Techniques.*
DRL	*Département de Recherches en Langues.*
EAO	*Enseignement Assisté par Ordinateur.*
EHESS	*Ecole des Hautes Etudes en Sciences Sociales.*
EN	*Ecole Normale.*
ENS	*Ecole Normale Supérieure.*
ENSERG	*Ecole Nationale Supérieure d'Electronique et de Radio électricité Grenoble.*
ENST	*Ecole Nationale Supérieure des Télécommunications.*
ERA	*Equipe de Recherche Associée (au CNRS).*
FAC	*Formation Appliquée Continue.*
GALF	*Groupement des Acousticiens de Langue Française.*
GETA	*Groupe d'Etudes pour la Traduction Automatique.*
GIS	*Groupement d'Intérêt Scientifique (CNRS).*
GRECO	*Groupement de Recherche coordonnée (CNRS).*
HESO	*Histoire et Structure de l'Orthographe française.*

IECJ	*Institut d'Etudes Comtoises et Jurassiennes.*
IFM	*Institut de Formation des Maîtres.*
ILLCE	*Institut de Langues, Littératures et Civilisations Etrangères.*
INALCO	*Institut National des Langues et Civilisations Orientales.*
INALF	*Institut National de la Langue Française.*
INRP	*Institut National de la Recherche Pédagogique.*
ISM	*Institut Supérieur de Management.*
IUT	*Institut Universitaire de Technologie.*
LIMSI	*Laboratoire d'Informatique pour la Mécanique et les Sciences de l'Ingénieur.*
LISH	*Laboratoire d'Informatique pour les Sciences de l'Homme.*
MIS	*Laboratoire Mathématiques - Informatique - Statistique.*
MSH	*Maison des Sciences de l'Homme.*
TA	*Traduction Automatique / Traitement Automatique (de textes).*
TAO	*Traduction Assistée par ordinateur.*
UER	*Unité d'Enseignement et de Recherche.*
URL	*Unités de Recherches Linguistiques (INALF, CNRS).*

Auteurs

N. Catach, F. Jejcic — *CNRS-HESO, Ivry-sur-Seine.*

L. Guierre — *Université de Paris VII.*

R. Saussé — *Centre de Recherche Jean Favard, Service de Linguistique, Paris VI.*

F. Lassus, F. Greffier — *IECJ et MIS, Faculté de Lettres, Besançon.*

J.-P. Desclès, G. Ligozat — *Université de Paris VII.*

S. Burner — *Université de Metz, UER Lettres.*

P. Lafon, A. Salem, M. Tournier — *"Lexicologie et textes politiques", INALF (Saint-Cloud).*

J. Gallais-Hamonno — *Université de Metz, UER Lettres.*

H. Naïs — *CRAL, Université de Nancy II.*

M. Fanton, J.-P. Horn, M.A. Moreaux, P. Pognan — *CERTAL-INALCO, Paris.*

M. Hug — *Université de Strasbourg II, UER Lettres Modernes.*

B. Brainerd — *Université de Toronto, Dép. de Mathématiques.*

M. Faribault, V. Meissonnier, G.P. Zarri — *Université de Montréal, Dép. de Linguistique. LISH, CNRS, Paris.*

G. Stahl — *Ecole des Hautes Etudes, Paris.*

Ch. Boitet, N. Nedobejkine — *GETA, Université Scientifique et Médicale de Grenoble.*

G. Bourquin — *CELTA, Université de Nancy II.*

D. Hérault — *Centre de Recherche Jean Favard, Service de Linguistique, Paris VI.*

J.-Ph. Massonie — *MIS, Faculté de Lettres, Besançon.*

J. Chauché — *Laboratoire Traitement de l'Informatique, IUT Le Havre.*

J.-P. Haton, J.-M. Pierrel — *CRIN, Université de Nancy I.*

P. Dimon, J.-C. Lejosne — *Centre d'Analyse Syntaxique, Université de Metz.*

Ch. Muller — *Professeur émérite, Université de Strasbourg.*

Ch. Delcourt — *Université de Liège, Langues Romanes.*

C. Condé — *ERA, "Etude des ms et textes claudéliens" et MIS, Besançon.*

Ph. Thoiron — *Université de Lyon II, Inst. d'Anglais.*

D. Dugast — *CES Avignon.*

D. Bonnaud-Lamotte, J.-L. Rispail — *URL 5, INALF, Meudon.*

M. Juillard — *URL 9, Faculté des Lettres, Nice.*

E. Brunet — *URL 9, Faculté des Lettres, Nice.*

Nina CATACH
avec la collaboration de
Vincent MEISSONNIER et Fabrice JEJCIC

PHONÉTISATION AUTOMATIQUE ET PLURISYSTÈME GRAPHIQUE DU FRANÇAIS

Depuis une dizaine d'années, plusieurs programmes de phonétisation automatique ont vu le jour en France (1).

On appelle **phonétisation automatique** la procédure informatique qui consiste à passer par règles du graphème à une transcription phonétique simplifiée, équivalant à l'Alphabet phonétique international (A.P.I.). On l'appelle aussi **conversion automatique graphème-phonème**, d'une façon inexacte d'ailleurs, car en réalité, on ne passe pas au phonème mais à sa transcription, étape intermédiaire qui permet ensuite de passer éventuellement au phonème (synthèse de la parole).

Les applications sont multiples : **réponses vocales** à des messages de tous types (répondeurs météo ou téléphoniques, réveil automatique, énumération de chiffres ou de nombres, lecture standardisée de l'annuaire téléphonique par les Centres de renseignements, etc.); **ordres et messages** simples (sur les avions, bateaux, voitures, trains, militaires ou civils, messages d'attention, d'erreur, de danger, etc.); enseignement assisté sur ordinateur; gestion de fichiers de tous ordres, fichiers d'adresses, documentation et traduction automatiques ou semi-automatiques, études littéraires, prosodiques, linguistiques, etc.

D'où l'intérêt accru pour l'étape nécessaire à la parole synthétique que constitue la phonétisation automatique, laquelle peut être utilisée en elle-même pour certaines applications.

Nous donnerons d'abord une idée des différents programmes et de leurs caractéristiques.

I - ANALYSE DES DIFFÉRENTS PROGRAMMES

La conception primitive visait surtout à transcrire un nombre limité de phrases standardisées. Tant que les mots étaient en petit nombre, on a transcrit mot à mot. De toutes façons, il faut bien dire que pour des langues graphiquement irrégulières comme l'anglais ou le français, ce que l'on peut appeler la "grammaire" des règles ne peut se passer d'une liste mot par mot, appelée "dictionnaire". Mais l'on s'est efforcé progressivement de réduire au minimum ce dictionnaire, très coûteux et peu rentable, pour privilégier les règles au plus petit niveau possible.

Les choix des différentes procédures tournent essentiellement autour des six points suivants :

- division préalable du texte en syllabes;
- application restreinte ou illimitée;
- travail au niveau du mot, ou à divers niveaux inférieurs au mot;
- prise en compte de l'analyse syntaxique;
- traitement des liaisons et des ambiguïtés;
- traitement de l'intonation.

Les choix étant différents selon les programmes, et en l'absence d'une expérimentation unifiée, il est difficile de donner une évaluation des coûts et des pourcentages d'erreurs. Ceux qui travaillent sur un petit nombre de phrases, ou sur un vocabulaire limité, peuvent mieux réussir pour l'instant que ceux qui mettent la barre plus haut, en s'efforçant à une application générale des textes et en assurant l'analyse des liaisons et des ambiguïtés.

Pour l'anglais, comme pour le français, on trouve des résultats qui vont de 70 à 80 % de réussite, voire beaucoup plus quand on travaille sur un nombre limité de phrases.

En ce qui nous concerne, nos options ont été les suivantes :
- privilégier au maximum les règles phonologiques **au plus petit niveau possible**;
- prendre en compte la **fréquence** des unités à tous les niveaux;
- assurer une analyse **morphosyntaxique** minimale;
- assurer les **ambiguïtés** et les **liaisons**;
- réduire au maximum le pourcentage d'**erreurs** au niveau des **règles**.

En bref, sans viser à l'exhaustivité, à laquelle nous ne croyons pas, nous nous sommes donné pour but d'établir le plus **petit** programme possible pour le **maximum** de rendement applicable sur le **maximum** de textes suivis possibles (voir tableau I, **Les huit parties du programme Phonic**).

De plus, notre recherche avait non seulement un objectif pratique (mettre au point un programme de phonétisation du français à tous usages) mais **méthodologique** : dégager une procédure généralisable du problème de la phonétisation automatique des langues.

Exemple d'utilisation des règles :

Si, par exemple, nous voulons traiter le membre de phrase suivant : "(les exemples) **qui les cernent**", le programme trouvera **qui** et **les** enregistrés comme pronoms (syntaxe), puis appliquera les règles phonologiques (partie VIII) jusqu'à ce qu'il arrive à l'ambiguïté - ENT (traitée en partie II). (Voir tableau II, **Exemple d'utilisation des règles : "qui les cernent"**).

II - JUSTIFICATION DE LA MÉTHODOLOGIE SUIVIE

Nous voudrions surtout insister ici sur l'intérêt des points que nous énumérions plus haut : la prise en compte de la fréquence, d'une analyse morphosyntaxique minimale, des ambiguïtés et des liaisons, avant d'insister sur les règles phonologiques proprement dites.

1. Fréquence.

Pour donner une idée de l'importance de la prise en compte de la fréquence dans un programme de phonétisation, comme d'ailleurs pour tout programme de traitement de textes, voici quelques données bien connues, mais que nous rappelons (2) :

- Les 10 mots les plus fréquents couvrent plus de 30 % des occurrences de tous les textes de quelque étendue;
- Les 20 premiers mots, 40 à 41 %;
- Les 30 premiers mots, 47 à 48 %;
- Les 40 premiers mots, 52 %;
- Les 246 premiers mots, 72 %;
- Les 1620 premiers mots, plus de 90 % des occurrences.

Au-delà, la courbe devient asymptotique, sans jamais atteindre 100 %. C'est pourquoi nous avons commencé par faire nos propres listes de fréquences (3). Elles comprennent 1620 mots, susceptibles de couvrir plus de 90 % des occurrences de tous les textes, avec leurs formes fléchies les plus fréquentes. Ce qui nous a permis d'introduire un choix strict dans nos règles à tous les niveaux, y compris les exceptions.

Nous avions également effectué auparavant un tri de graphèmes portant sur 37 000 occurrences graphémiques (4), d'où un tri des règles phonologiques les plus efficaces (que nous avons également testées d'après leur pourcentage d'utilisation dans les textes phonétisés).

2. Analyse morphosyntaxique minimale.

Sans exclure, pour une deuxième étape de notre recherche, la prise en compte d'une véritable analyse syntaxique, ainsi que l'intégration de l'intonation, toutes deux nécessaires pour un travail plus fin et plus élaboré encore, nous n'avons inclus pour l'instant dans notre programme qu'un minimum de règles morphosyntaxiques, absolument indispensables à qui veut traiter convenablement les liaisons par exemple.

Ces règles morphosyntaxiques sont de plusieurs sortes :
- tout d'abord, intégration des principaux mots-outils (déterminants, pronoms, adjectifs, prépositions, conjonctions, adverbes, susceptibles de liaison obligatoire ou semi-obligatoire, soit 150 mots environ), auxquels nous avons ajouté un certain nombre de formes verbales (verbes auxiliaires ou semi-auxiliaires, verbes de très forte fréquence, soit 62 formes fléchies environ). Ces listes peuvent à tout instant être précisées et complétées ;
- ensuite, traitement spécifique de certains préfixes s'écartant des règles générales, en raison de leur statut particulier (ainsi, a- préfixe privatif, après lequel l's initial des mots préfixés reste sourd, **asocial, asymétrique**) ;
- traitement de certaines locutions figées faisant exception à la règle (**arts et métiers** par exemple, où l'on entend la liaison devant **et**) ;
- traitement de certains monosyllabes de haute fréquence, présentant un comportement particulier, par exemple, ayant une consonne finale qui se prononce devant une pause (**donc ! soit ! fait !**) ou qui présentent selon les contextes plusieurs prononciations : ainsi le nombre **six** génère une liaison en [z] dans **six hommes**, mais en [s] dans **six et demi**, alors qu'il est sans consonne finale dans **six petits pains**, et qu'on prononce cette consonne devant une pause (**j'en ai six**).

Il faut souligner que, bien que travaillant sur la langue générale et ayant au maximum réduit le nombre de règles phonologiques, nous avons en revanche mis notre point d'honneur à soigner le traitement des ambiguïtés, dont certaines sont célèbres, comme **les poules du couvent couvent** ou **nous portions les portions**. Ce que nous nous sommes efforcés de faire, avec un certain succès, simplement par la prise en compte des contextes les plus proches, de la syllabe, des frontières de mots et des mots-outils les plus fréquents. Cependant, il y a et il y aura toujours des cas irréductibles, comme par exemple : **les fils de mes fils...**

3. Ambiguïtés et liaisons.

Nous avons mis au point une liste de 1000 ambiguïtés et détecté dans nos **Listes de base** les ambiguïtés les plus fréquentes. Beaucoup d'entre elles sont aisément résolues par la seule prise en compte du déterminant, ex. :
- en finale : **un as** [as] - **tu as** [a]
  une vis [vis] - **tu vis** [vi]
  un bus [bus] - **tu bus** [bu]
- à l'intérieur : **les** portions [s] - **nous** portions [t], etc.

Les ambiguïtés graphémiques ont au premier chef retenu notre attention, mais nous avons également, chemin faisant, traité divers cas d'homographies morphologiques et sémantiques de finales et de mots, qui se ramènent en dernière analyse à des ambiguïtés de graphèmes.

La plus difficile de ces ambiguïtés, jamais entièrement résolue, est celle de -ENT final. En cumulant diverses règles de position, la morphosyntaxe et le lexique (par exemple, tous les monosyllabes formés de **consonne + ENT** se prononcent [ã]), on parvient, non sans mal, à venir à bout de la plupart des cas. Mais il est clair qu'ici, si l'on considère les exigences (limitées en compétence et demeurées en performance) de l'ordinateur, une réforme s'imposerait, celle qui consisterait en l'occurrence à écrire **-ant** à la finale tout ce qui se prononce [ã].

Venons-en aux liaisons, qui constituent, si l'on peut dire, l'ambiguïté linguistique majeure de notre système d'écriture.

Après avoir inventorié les principaux cas de rupture de liaison, nous avons traité intensivement les liaisons les plus fréquentes : liaisons obligatoires (après déterminant et pronom, ou avec pronom inversé, etc.) ; et nous y avons ajouté un certain nombre de liaisons entre verbe auxiliaire (ou semi-auxiliaire) et participe passé, ou verbe-régime, ex. : **il est arrivé, nous avons affaire, il fait assez beau, elle fait un gâteau,** etc., liaisons que la nouvelle génération ne fait, en réalité, plus que rarement dans le langage courant. Divers essais auprès des utilisateurs ont montré que les liaisons sont celles qui apparaissent les plus naturelles, et qu'elles sont bien acceptées, même par ceux qui ne les font pas eux-mêmes.

4. Les règles phonologiques.

La partie de phonétisation proprement dite, qui peut être utilisée pratiquement seule pour des utilisations restreintes, représente près du quart de l'ensemble des règles, mais son rendement est très élevé : nous avons testé les seules parties, réduites, IV à VIII (programme MINI-DICO) sur des listes de mots : avec 337 règles, dont 73 de graphèmes entièrement réguliers, fonctionnant terme à terme (ce qui suffit à transcrire pratiquement environ 80 % de la partie prononcée des mots), la phonétisation apparaît dans l'ensemble assurée pour les mots séparés, à condition cependant d'y ajouter quelques monosyllabes et exceptions.

En dehors de la table des 73 graphèmes réguliers, 150 règles prennent en compte un contexte extrêmement réduit, de quelques lettres à la syllabe. Il faut souligner que les règles concernant le traitement des seules voyelles E, e caduc, EN, ENS, ENT, nécessitent dans l'ensemble du programme 187 règles, soit 18 % du total des 1000 règles.

Nous n'avons pas encore mentionné un point important : notre programme de phonétisation est précédé d'un autre programme, dit de **syllabisation automatique,** pouvant être utilisé seul (5).

La prise en compte de la coupure en syllabes nous apparaît en effet, non pas véritablement indispensable, mais très souhaitable, et nous l'avons personnellement intégrée.

Elle intervient en particulier dans le traitement des voyelles **nasales** (qui ne sont nasales que devant consonne ou blanc), des **semi-voyelles** (qui ne forment qu'une syllabe avec la voyelle qui suit), des voyelles **ouvertes** et **fermées,** etc. De plus, le blanc ainsi généré nous permet à son tour, comme le blanc initial ou final du mot, de constituer un indice général (ou "entité") pour l'ensemble de règles.

Pour reprendre l'exemple du E, ouvert, fermé ou caduc, c'est le syllabe, fermée ou ouverte, qui va nous aider dans bien des cas à déterminer le timbre des voyelles.

Pour les consonnes, dont la simplicité de correspondance est en général bien supérieure à celle des voyelles, deux problèmes se posent, que nous avons traités en rassemblant au maximum les règles de même type : le redoublement et les consonnes finales.

Pour le redoublement (31 règles), on pourrait dire que deux consonnes équivalent à une seule, mais il faut traiter séparément les cas morphologiques (préfixes, flexions verbales, etc.).

Pour les consonnes finales (55 règles), un choix est à faire : en reléguant au chapitre des exceptions les mots les plus fréquentés n'entrant pas dans les règles générales, on peut parvenir à un petit nombre de probabilités performantes : ainsi, nous avons posé, après étude, que la lettre s en finale était muette, en considérant des mots comme **aloès, herpès, cumulus,** etc., comme des exceptions. En effet, sur un corpus comportant près de 7000 graphèmes, s représente 457 occurrences (6,5 % de l'ensemble), dont 52 % de s muet final (17 % des lettres finales), alors que nous n'avons trouvé que 7 s prononcés (1,5 % de l'ensemble) et 25 s liés (5,4 % de l'ensemble, en faisant bonne mesure aux liaisons possibles).

III - PRÉSENTATION DU PROGRAMME

Le programme se présente sous trois versions différentes :

- Une version maximale, appelée MAXI, qui comprend 1000 règles. Elle est conçue pour traiter tous les textes de français courant, mais l'on peut aisément intégrer des vocabulaires spécifiques, qui d'ailleurs comportent peu d'exceptions de type phonologique.

- Une version moyenne, qui devrait être la plus utilisée, appelée MINI-TEXTES, comportant les règles à plus fort rendement (746 règles).

- Enfin, une version minimale, destinée uniquement aux mots séparés (MINI-DICO, 337 règles).

Nous partons d'un système phonétique simple, à 32 phonèmes, avec distinction des voyelles ouvertes et fermées dépendant de la position dans la syllabe, des semi-voyelles et des différents **e** caducs, stables ou muets.

Après de nombreux essais plus ou moins infructueux, dus à des programmeurs non suffisamment formés, c'est V. Meissonnier, du LISH, qui a assuré la partie informatique, avec l'aide de F. Jejcic.

La configuration générale du programme peut se représenter de la façon suivante :

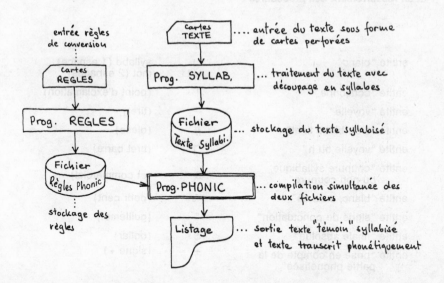

Fig. 1. SCHÉMA GÉNÉRAL DU PROGRAMME

Les textes sont listés en mots, et le fichier ainsi constitué est traité mot par mot et de la gauche vers la droite. La phonétisation se fait sur le texte découpé en syllabes.

Dans la présentation actuelle, l'entrée graphique est à gauche, la sortie phonique à droite. Seule la partie mise entre parenthèses est traduite, avec prise en compte éventuellement des contextes gauche et droit :

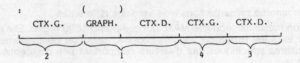

entre ( ) la graphie à traiter
1 et 2 dans le mot
3 et 4 en dehors du mot

Fig. 2. EXEMPLE DE PRÉSENTATION D'UNE RÈGLE

En partie gauche, en dehors des caractères alphabétiques formant les éléments pris en compte, on peut trouver un certains nombre d'"entités", symbolisant des sous-ensembles que nous avons définis, et qui ont permis une grande formalisation et **un resserrement des procédures** :

entité "blanc"	⊔	syllabe (1 espace)
	⊔ ⊔	mot (2 espaces)
entité "consonne"	!	(point d'exclamation)
entité "voyelle"	−	(tiret)
entité "s ou blanc final"	#	(dièse)
entité "voyelle ou h"	⌐	(tiret barré)
entité "coupure syllabique ou non coupure"	&	(**et** commercial)
entité "blanc, **e** ou **es**"	%	(pour cent)
entité "signe de ponctuation"	"	(guillemet)
entité "finale absolue"	$	(dollar)
entité "prise en compte de la partie phonétisée"	+	(signe +)

Fig. 3. LES DIX "ENTITÉS" ET LEURS SYMBOLES

Il faut préciser que ce que nous appelons "consonnes" et "voyelles" ne sont pas des lettres, mais des **graphèmes,** qui peuvent être formés de plusieurs lettres (comme **ch, gn, ill,** etc.).

Nous donnons un exemple des règles utilisant les entités "consonne", "voyelle" et "blanc" (tableau III - Formalisation des règles).

Les règles sont classées en fonction de leur longueur, les plus longues avant les plus courtes, ex. :

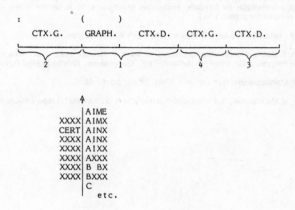

Fig. 4. TRI ALPHABÉTIQUE DES RÈGLES.

En partie droite, on peut avoir soit des sorties phonétiques, soit des catégories syntaxiques, permettant de renvoyer à d'autres règles (ex. : ⊔ ⊔QUE⊔ ⊔=/PN;)

CONCLUSION

Un tel programme est fondé sur l'hypothèse que l'on ne peut phonétiser convenablement des langues comme le français ou l'anglais sans prendre en compte non seulement la phonologie, mais la morphologie, la syntaxe et le lexique. Cependant, nous considérons (et les résultats obtenus le prouvent) qu'il est inutile, comme on l'a fait pour l'anglais, d'intégrer en bloc tous les morphèmes, préfixes, suffixes, radicaux, flexions, etc., et de s'arrêter là; il est dommage de ne pas aller à des unités plus petites qui fonctionnent en très petit nombre, infiniment plus stables et plus performantes : les graphèmes.

Pour cela, une étude linguistique poussée des systèmes graphiques, tenant compte de la fréquence, de le stabilité, du rapport direct au phonème, de la créativité des éléments, est nécessaire. Mais des langues comme le français ou l'anglais **sont phonétisables par règles phonologiques,** et c'est dans ce sens qu'il faut aller (Tableaux IV et V - Spécimen du texte phonétisé - Les trois versions (modulables) du programme).

On pourrait penser que nous avons fait beaucoup de détours pour parvenir à des résultats que d'autres obtiennent, à quelques pour-cents près, sans se donner tant de mal : mais, comme nous l'avons dit au début, au-delà de l'intérêt incontestable de l'affinement d'une telle recherche sur le plan d'applications multiples, nous pensons qu'elle présente un intérêt linguistique et méthodologique général et important : la comparaison et l'opposition structurée, terme à terme, des chaînes orale et écrite, de leurs correspondances et de leurs écarts, l'analyse la plus fine possible de ce qui nous sert à distance de ciment social et scientifique, l'écriture, dans sa spécificité informative, constitue un des fondements des recherches actuelles et futures sur le traitement informatique de la parole. Il vaut donc la peine de s'y arrêter.

Notes

(1) Citons, parmi les plus connus, ceux du CNET, de l'ENST, de l'ENSERG de Grenoble, du CERFIA de Toulouse, du CEA, d'IBM, du LIMSI d'Orsay, etc. Pour une présentation des différents programmes, voir l'article de F. Emerard et J.S. Liénard, Bull. du CNET, Lannion, 1980, pp. 97-101, et N. Catach, **La phonétisation automatique du français,** Ambiguïtés graphiques de la langue écrite, CNRS, 1983 (avec public. du programme présenté ici).

(2) Référence : A. Juilland, **Frequency Dictionary of French Words,** Mouton, 1970.

(3) Vr N. Catach, F. Jejcic, **Listes orthographiques de base,** F. Nathan, 1983. Ces Listes sont fondées sur les 4 listes de fréquence suivantes : A. Juilland, T.L.F., Gougenheim, Echelle Dubois-Buyse.

(4) Vr N. Catach, **L'orthographe,** Que sais-je ?, 1981, 2e éd., pp. 62-65.

(5) Vr N. Catach, V. Meissonnier, "La syllabisation automatique du français", Liège, LASLA, 1981.

Bibliographie

- N. Catach, C. Gruaz, D. Duprez, **L'orthographe française, traité théorique et pratique,** Nathan 1980, 380 pp.

- N. Catach, **L'orthographe,** éd. **Que sais-je ?,** PUF, 2e éd., 1981, 128 pp.

- N. Catach, "Conversion automatique graphème-phonème", dans **Ambiguïtés de la langue écrite,** Table ronde CNRS du 11 janvier 1977, 89 p., pp. 25-44.

- N. Catach, V. Meissonnier, "Pour une meilleure formalisation de la conversion automatique graphème-phonème, **Dixièmes journées d'études sur la parole,** Grenoble, juin 1979, pp. 173-182.

- N. Catach, V. Meissonnier, "Formalisation et conversion automatique graphème-phonème en français", **2e Conférence internationale sur les bases de données dans les Humanités et les Sciences sociales,** Madrid, juin 1980.

- N. Catach, "Ambiguïté, information et redondance graphiques du français", AILA, Montréal, août 1978.

- N. Catach, "La syllabisation automatique du français", Liège, LASLA, 1981.

- N. Catach, **La phonétisation automatique du français,** CNRS, 1983 (avec publication du programme PHONIC).

Tableau I

LES HUIT PARTIES DU PROGRAMME PHONIC

I	DICTIONNAIRE D'EXCEPTIONS
II	SYNTAXE - AMBIGUITÉS
III	LIAISONS
IV	PRÉFIXES - SUFFIXES
V	MONOS - PAUSES
VI	FINALES
VII	CONSONNES DOUBLES - NASALES
VIII	PHONIC

Tableau II

EXEMPLE D'UTILISATION DES RÈGLES : "qui les cernent"

TEXTE	␣␣QUI␣␣LES␣␣CER␣NENT␣␣
␣!-"	␣␣!--␣␣!-!␣␣!-!␣!-!!␣␣
SYNTAXE	PN PN
PHONEMES	␣␣KI␣␣L&␣␣S$R␣N␣␣
␣!-	␣␣!-␣␣!-␣␣!-!␣!␣␣

SYN:␣␣(QUI)␣␣=/PN;
PHK:(QU)=K;
PHI:(I)=I;
BLC:(␣␣)=␣␣;
SYN:/1PN.␣␣(LES)␣␣=/PN;
PHL:(L)=L;
MON:␣␣!(E)S␣␣=&;
FNS:(S)$␣=;
PHC:(C)E=S;
PHE:(E)!=$;
PHR:(R)=R;
BLS:(␣)=␣;
PHN:(N)=N;
BEN:/✕PN.(EN)T␣␣=;
FNT:(T)&␣=;
BLC:(␣␣)=␣␣;

Tableau III

FORMALISATION DES RÈGLES

entité "voyelle" : -

E.voy.:(E)-=;	ASSEOIR
voy.E:-(E)ᵤᵤ=;	PARTIE
EᵤLI.voy.:!(E)ᵤLI-=E;	RAPPELIONS
EᵤRI.voy.:!(E)ᵤRI-=E;	AIMERIEZ

entité "consonne" : !

E.cons.:(E)!=$;	PRESQUE
cons.E.ᵤᵤvoy.:!(E)ᵤᵤ-=;	JEUNE AMI
cons.cons.E.:!!(E)ᵤ=E;	CONTRE PARTIE
cons.E.ᵤᵤcons.:!(E)ᵤᵤ!=@;	JEUNE FILLE

Tableau IV

SPÉCIMEN DU TEXTE PHONÉTISÉ

1/ Entrée en machine

```
ET LES VENTS ALIZE1S INCLINAIENT LEURS ANTENNES
AUX BORDS MYSTE1RIEUX DU MON)E OCCIDENTAL .
CHAQUE SOIR . ESPE1RANT DES LENDEMAINS E1PIOUES ,
L' AZUR PHOSPHORESCENT DE LA MER DES TROPIQUES
ENCHANTAIENT LEUR SOMMEIL D' UN MIRAGE DORE1 ;
OU2 , PENCHE1S A2 L' AVANT DES BLANCHES CARAVELLES ,
ILS REGARDAIENT MONTER EN UN CIEL IGNORE1
DU FOND DE L' OCE1AN CES ETOILES NOUVELLES .
```

2/ Syllabisation automatique

```
ET  LES  VENTS  A LI ZE1S  IN CLI NAIENT  LEURS  AN TEN NES
AUX  BORDS  MYS TE1 RIEUX  DU  MON DE  OC CI DEN TAL .
CHA QUE  SO1R  ,  ES PE1 RANT  DES  LEN DE MAINS  E1 PI QUES ,
L'  A ZUR  PHOS PHO RES CENT  DE  LA  MER  DES  TRO PI QUES
EN CHAN TAIENT  LEUR  SOM MEIL  D'  UN  MI RA GE  DO RE1  ;
OU2  ,  PEN CHE1S  A2  L'  A VANT  DES  BLAN CHES  CA RA VEL LES ,
ILS  RE GAR DAIENT  MON TER  EN  UN  CIEL  I GNO RE1
DU  FOND  DE  L'  O CE1 AN  CES  E TOI LES  NOU VEL LES .
```

3/ Passage automatique à la phonétisation

```
LIGNE:    7
     & L& V* A LI Z& 3 KLI NS LXRZ * TS N@
LIGNE:    8
     O BOR MIS T& RYE DU M2 D QK SI D* TAL
LIGNE:    9
     HA K@ SWAR   SS P& R* D& L* D@ M3 & PI K@
LIGNE:    10
     L A ZUR FOS FO RS S* DE LA MSR D& TRO PI K@
LIGNE:    11
     * H* IS LXR SQ MSY D 1 MI RA J@ DO R&
LIGNE:    12
     k P* H& A L A V* D& BL* H@ KA RA VS L@
LIGNE:    13
     IL RE GAR DS M2 T& *N 1 SYSL I %O R&
LIGNE:    14
     DU F2 DE L O S& * S&Z @ TWA L@ N5 VS L@
LIGNE:    15
```

Tableau V

LES TROIS VERSIONS (modulables) DU PROGRAMME

```
Maxi       : +/-   1053 règles
Mini texte : +/-    746 règles
Mini dico  : +/-    337 règles
```

		Maxi	Mini Texte	Mini Dico	Total général
0 Ruptures de liaison, H aspiré		58	30	-	58
I Dictionnaire d' exceptions	. exceptions . mots anglais . mots allemands . noms propres . abréviation, siècles, nombres . mots techniques x total	204	30	-	204
II Syntaxe et ambiguïtés	. ambiguïtés de : le, la, les, leur	20	-	-	
	. listes : DT, NUM, DT-AJ, PN, AJ	154	154	-	
	. ambiguïtés -ent	46	46	-	
	. ambiguïtés -ti- devant voy., ambiguï- tés voy. -s-, ambiguïtés -er final	14	-	-	
	x total	234	200	-	234
III Liaisons	. ruptures de liaison	9	-	-	
	. listes : AV, PS, CJ, VE, PN, LOC	130	130	-	
	. règles générales	19	19	-	
	x total	158	149	-	158
IV Préfixes suffixes		49	12	12	
V Monos-Pauses		41	41	16	
VI Finales		55	55	55	
VII Cons. doubles-voy. nasales doubles		31	31	31	
	x total	176	149	114	176
VIII Phonic	. règles de position	150	150	150	
	. graphèmes réguliers	73	73	73	
	x total	223	223	223	
	xx total général	1053	746	337	1053

Lionel GUIERRE

PHONOLOGIE, STATISTIQUES, ANALOGIE et SONDAGES

Mon point de départ a été l'étude, poursuivie depuis quelques années, d'un corpus de 40.000 mots anglais (le dictionnaire E.P.D. de D. Jones, 12ème édition) et l'établissement par tris automatiques de règles statistiques concernant la phonologie (accents, valeur des voyelles, etc.), la graphie et la phonographématique (règles "superficielles" et "profondes" de corrélation entre système graphique et système phonétique) du lexique anglais (1). Un bon nombre des résultats obtenus ont été publiés (2). Ils me semblent constituer une partie des conditions préalables à l'élaboration d'une théorie phonologique de l'anglais qui ne soit pas de la science-fiction. Une majorité, probablement, des règles statistiques envisagées était déjà connue depuis des décennies. En les vérifiant j'ai simplement attribué à chacune une "puissance" qui est fonction de sa "productivité" (population) et de son efficacité (proportion de cas réguliers pour la règle) (3).

Dans un deuxième temps je me suis proposé de vérifier les hypothèses suivantes : les règles statistiques joueraient un certain rôle, à déterminer dans la "grammaire de lecture" des usagers indigènes c'est-à-dire dans l'oralisation de l'écrit. Si donc, au cours de l'apprentissage et à la différence du genre "grammatical" en français et en allemand par exemple, la prononciation et la graphie des mots anglais ne sont pas mémorisées "au coup par coup" mais rattachées à des règles (constituant ou non un système) ; si ces règles ne sont pas indépendantes des règles statistiques surtout quand celles-ci sont "puissantes", alors l'indigène moyen (et non pas idéal) placé devant un logatome devrait révéler par son comportement la pression que, par hypothèse, exercent sur lui les règles statistiques, donc apporter une confirmation expérimentale de leur validité.

L'Expérimentation.

Je ne peux pas m'étendre ici sur les détails des enquêtes menées en 1983 dont le protocole et la procédure devront d'ailleurs être améliorés et qui ne sont pas encore totalement dépouillées. En bref (Tableau I - Expérimentation sur 160 logatomes graphiques anglais) :

Première enquête : Paris, Cité Universitaire, Fondation des Etats-Unis. Les enquêtrices A, M, N, ont présenté chacune à 30 locuteurs indigènes américains une liste de 30 mots inventés (logatomes) dans l'ordre donné ici (listes $A_{(1)}$, $M_{(1)}$, $N_{(1)}$).

Deuxième enquête : Paris, Cité Universitaire, Collège Franco-Britannique. Chaque enquêtrice a présenté à 30 locuteurs britanniques deux nouvelles listes $A_{(2)}$, $M_{(2)}$. Londres : l'enquêtrice N a présenté à 43 locuteurs londoniens la même liste que pour la première enquête ($N_{(2)} = N_{(1)}$)(4).

Procédure.

Les deux directives données étaient :

a) cocher la voyelle accentuée de chaque mot (un seul accent et une seule réponse par mot) ;

b) donner la valeur phonétique de cette voyelle.

Pour répondre à cette deuxième question le sujet pouvait soit utiliser des mots-clés proposés dans le questionnaire : **pat, pet, pit, pot, but, put,...** soit en proposer un de son cru comme modèle : °**conquèsted as in requested** (le symbole ° signale les logatomes).

Le tableau II qui sera partiellement commenté ici ne comporte que certaines des règles d'accentuation qui ont été testées sur les 160 logatomes du tableau I. Les quelques 15 règles qui régissent la longueur des voyelles suivant leur contexte ont été également testées et feront l'objet d'autres publications.

Lecture du tableau II

Prenons par exemple la règle 1 : - C_1 V. Cette règle statistique dit qu'un mot terminé par une voyelle graphique différenfe de -y, elle-même précédée d'un "agrégat consonantique fonctionnel" est accentué /-010/, c'est-à-dire sur la pénultième, dans 98% des cas. Il y a 112 mots de ce type dans le corpus (dernière colonne) : **agènda, commando, chianti, jiujitsu, ...** (5). Le tableau indique que, selon A_2 et M_2, 91% des 30 réponses recueillies pour chacun des 5 mots du type — C_1V présent parmi les 60 autres mots de A_2 et M_2 ont été accentuées de façon conforme à la prédiction. Pour les 7 mots de N_2 l'accentuation a été /010/ dans 96% des cas. Les premières enquêtes (L_0, A_1, M_1, N_1) avaient donné comme résultat 84% de réponses en /010/ pour un total de 15 mots. La moyenne de toutes les enquêtes est de 89% ; le total des mots testés étant de 27.

La règle 2 ne diffère de la règle 1 qu'en ceci : l'agrégat consonantique est constitué de deux consonnes identiques : **umbrèlla, confetti, flotilla, negrillo, ...**

La règle 3 régit les 12 mots du corpus terminés par — C_2y dont aucun n'est accentué /-010/ : **industry, faculty, amnesty, ...**

Les règles 4, 5, 6 se lisent selon les mêmes principes. Dans la règle 7 la voyelle finale (différente de y) est précédée d'une (et une seule) consonne dentale non-liquide : **banàna, tomato, sonata, macaroni, torpedo, magneto, ...** C'est l'une de celles, avec la règle 8 qui était le plus directement visée par les enquêtes comme le montre tout d'abord le nombre de mots de ce type dispersés dans les 5 listes. De plus, la règle 8 dans laquelle la consonne préfinale est soit l soit une non-dentale, prédit un résultat très différent de celui de la règle 7 : **pergola, òpera, buffalo, àlibi, ...** Enfin, dans le corpus ces deux règles sont assez productives : elles concernent respectivement 164 et 220 mots et la règle pour - [+D]V est très efficace (91%). (6)

Premières constatations

Faute de pouvoir m'étendre sur le traitement statistique des tests et de pouvoir exploiter le dépouillement exhaustif des questionnaires, je me limiterai aux remarques qui me paraissent les plus intéressantes. Elles sont fondées et sur les résultats chiffrés et sur les impressions les plus marquantes parmi celles qui ont été les nôtres au cours des enquêtes.

Les remarques qui suivent doivent cependant être considérées avec beaucoup de prudence. L'intérêt majeur de certaines d'entre elles est peut-être de suggérer de nouveaux tests plus probants.

1) Dans l'ensemble les résultats se sont "améliorés" (dans le sens de la conformité aux prédictions) au cours des enquêtes successives. Cela nous semble essentiellement dû aux progrès dans la procédure utilisée. Ainsi dans N_2 les réponses oralisées ont été enregistrées sur cassette afin de contrôler les réponses écrites aux questionnaires. Cela a clairement diminué le nombre des choix évidemment aberrants comme, par exemple, le «à» de °**armotite** prononcé [æ] comme dans **pat.**

2) Les "meilleurs" résultats (les plus conformes) sont rarement aussi bons que ceux que prédisent les règles statistiques. Cela semble pouvoir s'expliquer de plusieurs manières :

a) L'analyse statistique révélait, et les enquêtes semblent avoir confirmé, l'existence de **conflits** entre règles concurrentes et incompatibles qui sont probablement résolus pour bon nombre de sujets par la pure et simple mémorisation de chaque mot (lexicalisation). Cette partie de l'apprentissage ne serait donc pas de type grammatical au moins pour le problème ou la corrélation considérés. (7) Ainsi, le modèle d'un mot comme °**hiristus** pourrait être : **ellipsis, asbestos, utensil, evangel,** ... selon la règle 5 donnée ici. Mais si °**hiristus** est considéré comme décomposable, une autre classe de modèles très efficace pourrait être celle de : **thermostat, hemistich, pedestal,** ... Or, pour les besoins de l'analyse linguistique, **le linguiste** a de bonnes raisons de décomposer ces derniers mots qui sont, eux, régulièrement accentués /-100/. Mais, que sait-on des processus mentaux des **non-linguistes** et sur quoi ils se fondent inconsciemment pour accentuer soit /-010/ soit /-100/ des mots inconnus en − C_2VC ?

b) Il semble exister, chez certains sujets une tentation de traiter certaines classes de mots (cf. les règles 1, 2, 7, 8 par exemple) comme des emprunts à l'italien, à l'espagnol, au latin, ... **non-naturalisés** et de tenter, parfois explicitement, de retrouver ou d'imaginer leur prononciation d'origine. Ce danger est sûrement moindre pour °**conquested** ou °**prefecting** (enquête L_o) qui posent des problèmes différents. (7)

c) Il semble vrai que de nombreux sujets "lisent" mal en ce sens qu'ils n'appliquent pas assez souvent à nos yeux (puisque trop d'entre eux "se trompent") des règles de lecture très productives et d'une efficacité allant jusqu'à 98% ou 100% qui fournissent donc, à qui en a connaissance, des solutions extrêmement fiables aux problèmes de l'oralisation. Ces sujets ne semblent pas "voir", par exemple, les consonnes géminées (C'C') dont dépendent en certains contextes et l'accentuation et la valeur de la tonique comme dans **umbrella** (règles 2) où la voyelle accentuée ne "peut" théoriquement pas être [ij] ou [ej] (comme dans **tree** ou **tray**) à la différence de mots sans géminées graphiques dans cette position comme **sequela, verbena,** ...

3) De façon générale, pour la plupart des logatomes, les sujets semblent s'appuyer sur un modèle "abstrait" c'est-à-dire sur l'analogie non avec un mot-modèle complet mais avec une **structure,** finale par exemple, comme celles régies par les 11 règles d'accentuation du tableau II.

On peut supposer que ces cas sont ceux où aucun mot-modèle ne lui étant venu à l'esprit, le sujet s'est contenté d'utiliser les mots-clés monosyllabiques proposés dans le questionnaire pour la valeur de la tonique. (8) Mais pour d'autres logatomes, tout semble indiquer que le sujet a cherché et trouvé un modèle "concret", un mot attesté qui a guidé ses choix et fourni la solution aux problèmes de lecture posés par le logatome. Le sujet, généralement, indique alors quel est son modèle "concret" : °**conquested as in requested** ou °**conquested as in conquest.** Or, nous avions glissé dans les listes de mots, des "tentateurs" destinés à influencer les sujets. Les uns étaient des tentateurs "honnêtes" construits à partir de mots existants et réguliers. Ainsi °**padrigal** (cf. **madrigal**), °**sellica** (cf. **silica**), ... D'autres étaient des "tentateurs pervers" destinés à dérouter les sujets. Certains de ces **"red herrings"** étaient assez proches, eux aussi, d'un mot existant mais **irrégulier** dans sa classe : °**lomino** (cf. **domino**).

Si l'on considère les 15 logatomes justiciables de la règle 7, on voit que 14 d'entre eux sont accentués /010/ pour 83%, en moyenne, des 30 locuteurs interrogés avec un minimum de 77% pour °**paneto** et un maximum de 97% pour °**amnosa**. Mais °**lomino** n'est accentué /010/ que pour 7 sur 30 (soit 23%) des mêmes informateurs.

D'autres logatomes avaient un caractère hybride. Ils avaient été construits pour évoquer au moins deux mots existants régis par deux règles incompatibles : règles 1 et 3, ou 2 et 4 ou 7 et 9, ... : °**alumny** (cf. **càlumny** et **alùmnus**) ; °**factoni** (cf. **macarôni** et **fàctory**) etc. Les modèles proposés spontanément par les informateurs et reproduits à la suite du tableau II semblent tout à fait révélateurs du fait que les tentateurs ont assez souvent rempli leur mission.

Ces constatations qui demandent confirmation nous mettent sur la voie d'une hypothèse. L'analogie qui fait analyser une graphie de telle ou telle manière s'exercerait par référence à un modèle "abstrait" ou "concret". Dans ce deuxième cas il est probable que l'attraction exercée par le modèle (même irrégulier dans sa classe) sur le logatome est proportionnelle au nombre de "traits" qu'ils ont en commun, c'est-à-dire inversement proportionnelle à leur "distance".

Cette hypothèse devrait nous amener à définir, entre autres la notion de "trait" (exclusivement graphique ?). Elle pose comme il se doit, un certain nombre de problèmes dont l'un pourrait être illustré par un schéma de "chaînage" comme :

    disàster, °**lisaster,** °**misaster,** °**minaster, ...**
                ... °**milaster,** °**milister, mìnister.** (9)

Sur quel logatome le passage de /010/ à /100/ se fera-t-il et selon quels critères empiriquement vérifiables ? Ici encore, nous ferons appel à l'ordinateur pour mesurer, selon des critères qu'il faudra lui donner, la distance de chaque logatome à ses satellites **connus** les plus proches. (10)

Notes

(1) Cette recherche a été subventionnée par le C.N.R.S. et l'Université Paris VII. Les programmes sont de John Gingrich, voir ALLC **Bulletin,** 1983, 11.1 Les traitements ont été exécutés au C.I.R.C.E.

(2) Cf. les références bibliographiques.

(3) L'ouvrage récent le plus fiable, à ma connaissance, sur la prononciation de l'anglais est Friederich, W, **English Pronunciation,** 1958 (dans sa traduction en anglais) Longmans, Londres. Pour les règles qui ne se trouvent pas dans cet ouvrage ma référence sera Guierre, 1979.

(4) J'ai mené la toute première enquête (L₀) à l'Université d'Essex en Décembre 1979. Les autres enqêtes ont été menées par 3 étudiantes de l'Université Paris VII. A la Fondation des Etats Unis comme au Collège Franco-britannique nous avons bénéficié de toutes les facilités pour travailler efficacement.

Les listes proposées à la lecture ne comportent aucun mot **attesté** dans les dictionnaires.

(5) Sur les "agrégats fonctionnels" cf. Guierre, 1979, p. 233-290.

(6) L'expérimentation semble confirmer mes doutes sur l'utilité de la règle 8. Contrairement à la règle 7, la règle 8 concernerait une classe non-homogène qu'il faudrait décomposer en sous-classes selon la nature de [-D]. (Guierre, L., 1984 à paraître).

(7) Guierre, 1983 a.

(8) Certains sujets hésitaient parfois longtemps et commentaient leur choix.

(9) Ce terme mathématique m'a été suggéré par J.P. Massonie.

(10) Parmi les problèmes non-évoqués ici, signalons au moins celui de la probabilité extrêmement variable qu'a chaque mot connu (attesté dans le dictionnaire de référence) d'appartenir au vocabulaire (actif ou passif) du locuteur moyen.

Références Bibliographiques

- Friederich, W., **English Pronunciation,** translated from the German by R.A. Martin, 1958, Longmans, London.

- Guierre, L., 1966 a, Eléments pour une étude linguistique de l'accentuation en anglais, **Les Langues Modernes,** Paris.

- Guierre, L., 1970 b, **Drills in English Stress-Patterns,** Longmans.

- Guierre, L., 1979, **Essai sur L'accentuation en Anglais Contemporain,** publications de l'Université Paris VII.

- Guierre, L., 1981, Les Digraphes dans la Phonologie de l'Anglais, **Modèles Linguistiques,** P.U.L., Lille.

- Guierre, L., 1982, L'isomorphisme vocalique en phonologie de l'anglais, **Recherches en Linguistique Etrangère,** Vol. VIII, Les Belles Lettres, Paris.

- Guierre, L., 1983 a, Grammaire et Lexique en Phonologie, Actes du Colloque de Villetaneuse, Avril 1982, **Les Langues Modernes.**

- Guierre, L., 1983 b, L'accent préfère-t-il les longues ?, **Actes du Congrès de la S.A.E.S.,** Amiens, 1982 (à paraître).

- Guierre, L., 1984, Contrastes entre Modes Théoriques et Modes expérimentaux, **Actes du Congrès de la S.A.E.S.** Reims, 1983 (à paraître).

- Hirst, D.J. and Pynte, J., 1979 Arbitrary Features in the Lexicon. Word Stress in English, **Sigma,** no 4, Univ. Paul Valery, Montpellier.

- Jones, Daniel, 1962, **English Pronouncing Dictionary,** Dent, London.

- Lilly et Viel, 1977 **La Prononciation de l'Anglais,** Hachette, Paris.

- Nessly, Larry, 1977, On the Value of Phonological Experiments in the Study of English Stress, **Studies in Stress and Accent** ; Southern California Occasional Papers in Linguistics, 4, ed by L.M. Hyman.

- Prideaux Gary, D. et al. ed., 1980 **Experimental Linguistics,** E, Story Scientia, Ghent, Belgique.

TABLEAU I

EXPÉRIMENTATION SUR 160 LOGATOMES GRAPHIQUES ANGLAIS

L_0	A_1	M_1	A_2	M_2	N_1, N_2
1 robino	piresto	pelgrito	pirosto	fluberil	abascus
2 alumny	torpino	paroscis	manolla	temaliny	paneti
3 panella	tracillus	genessa	strapego	botiston	laroddi
4 prefecting	balomni	regida	banistol	sellica	roventil
5 conquested	pidragin	custodi	tatarand	palosia	termactus
6 factoni	emalto	borgando	gamiras	umdastus	pimbercil
7 miso	palumny	molossus	rembossy	othribis	pilupta
8 calumnus	parellapsis	homnesty	paneto	padrigal	harmotto
9 noga	hiristus	marcassin	sermitite	polumny	polintane
10 tanela	barosteen	sellica	garmissum	phematum	legatty
11 ractonic	grenillo	parizon	tapiny	samari	tormacti
12 tano	tramiscis	pasanno	panela	tomino	sobillus
13 accessed	patelo	gastrydendum	bolasteen	pistellus	ominto
14	taradelle	topola	valumni	gasdendum	kinsatty
15	malyphossus	gargolo	sopalum	thorico	casuptal
16	amnosa	botillion	bludimo	omnesti	filarto
17	tarini	tubernum	menellis	cymphosis	pictatti
18	arpendum	epistellus	temelto	genesca	hamimnus
19	armotite	algesti	pinarelle	abroki	bicalla
20	orican	alumny	biresso	tubernum	physictate
21	sarbando	analosia	progandy	parizon	sictalli
22	calataw	saccari	hirastus	ebrigo	condilnite
23	termasti	lomino	astruzon	marcassin	nitorma
24	samarand	calumnus	vesuri	agarnum	ontilgite
25	(mulatto)	bagatella	vanescis	imbido	emasta
26	tubarnam	lundigo	hermegest	gargola	barticly
27	larostil	bralico	panelly	murphosis	piniplone
28	talamnest	symptosus	melidow	lundigo	tracosni
29	etartellus	abouki	termassi	sarpeton	gamonate
30	tequixa	padrigal	thropina	mopola	

(A, L, M, N : initiales des enquêteurs ; L_0 : 1er sondage ; A_1, M_1, N_1 : première enquête (anglais américain) ; A_2, M_2, N_2 : deuxième enquête (anglais britannique).

TABLEAU II

Résultats de 5 enquêtes portant sur 220 personnes et 160 logatomes

Accentuation /-010/ (sur la pénultième)									
A_2+M_2	Nb. mots	N_2	Nb. mots	L_0+A_1 M_1+N_1	Nb. mots	Exemples (Modèles)	Moy. %	Total mots
1 – C_2V [1]	91%	5	96%	7	84%	15	°termasti (chianti)	89% (98%)	27 (112)
2 – C'C'V [1]	93%	3	87%	5	76%	10	°grenillo (negrillo)	82% (100%)	18 (63)
3 – C_2y	63%	2	53%	1	44%	5	°palumny (amnesty)	50% (0%)	8 (12)
4 – C'C'y	67%	2	80%	2	58%	2	°kinsatty (embassy)	68% (25%)	6 (4)
5 – C_2VC	74%	8	65%	7	61%	18	°hiristus (ellipsis)	65% (93%)	33 (60)
6 – C'C'VC	65%	4			50%	3	°marcassin (assassin)	59% (98%)	7 (41)
7 – [+D]V [1,2]	82%	4	70%	1	84%	10	°pelgrito (magneto)	83% (91%)	15 (164)
8 – [-D]V [1]	64%	12			56%	9	°topola (pergola)	61% (40%)	21 (220)
9 – Cy	42%	2					°tapiny (company)	42% (1%)	2 (1000)
10 – CVC	52%	11			41%	5	°parizon (asylum)	49% (<23%)	16 (>300)
11 – Ce			16%	6	16%	7	°armotite [3] °condilnite (stalactite)	16%	13

166

Modèles spontanément proposés en guise de mot-clé (de "rime").

1) valùmni : calumny (sic) ; 2) panella : patella, Marcella ; 3) àlumny : alimony, calumny ; alùmny : alumnus, calumny (sic) ; hòmnesty : honesty ; 4) rèmbossy : embassy ; 5) càlumny : calumny ; calùmnus : calumny (sic), alumnus ; gasdèndum : addendum ; bàristol : barrister ; 6) molòssus : psychosis ; 7) robìno : albino ; factoni : factory ; cùstodi : custody ; 8) tànela : Pamela ; sèllica : pelican, angelica ; 10) pàdrigal : madrigal ; phemàtum ; tomato, verbatim ; pàrizon : comparison ; parìzon ; horizon, season.

(1) V $\neq$ ⟨y⟩ (2) [+D] = dentale non-liquide (3) 18 % en /201/ et 66 % en /-100/.

Robert SAUSSÉ

SYSTÈME CRJF D'INTERPRÉTATION DE TEXTES
scientifiques et techniques de langues sources
- JAPONAISE et INDO-MALAISE

LES TEXTES JAPONAIS

Un bref rappel

Les textes se composent d'une suite d'éléments : Kanji, Hiragana, Katakana, caractères latins, chiffres arabes, etc ... et chacun de ces éléments peut se présenter soit isolé, soit groupé. Dans ce bref exposé, tout élément isolé ou groupé de façon continue, sans blanc, sera nommé "Chaîne de ...".

La transcription (première approche)

Lors de notre première approche, nous avions opté pour la transcription phonétique des textes. Très vite nous nous sommes rendu compte de l'impossibilité de faire la distinction entre les éléments, Kanji, Hiragana, Katakana, etc ... ; de plus pour les Kanji, l'homophonie d'un grand nombre d'entre eux leur fait perdre toute signification (sans parler des lectures ON, lecture "chinoise", ou KUN, lecture "japonaise"). Les textes devenaient une suite continue de caractères latins totalement inexploitable.

La transcription phonétique était faite à l'aide du "Japanese-English Character Dictionary" de Nelson (Tuttle éditeur), où les Kanji sont répertoriés par clefs, avec une numérotation de 1 à 5.446, et c'est donc tout naturellement que nous avons fait le choix de la transcription numérique des Kanji.

Nous avons préféré la numérotation du Nelson, plus étendue, à celle du "Tōyō Kanji", ne comportant qu'une numérotation des seuls caractères courants.

Concernant les "Hiragana", c'est la transcription en caractères latins qui a été choisie ; concernant les "Katakana", c'est cette même transcription délimitée à droite et à gauche par un symbole dollar.

Les chaînes du texte en caractères latins ont été précédées d'une étoile.

Les chiffres arabes sont précédés du **symbole** @.

De cette façon, chacun des éléments composant le texte est clairement identifié, mais rien de ceci n'est en aucune manière assimilable à un traitement préalable quelconque.

Traitement informatique

Quelle que soit la langue traitée, la démarche du système CRJF est identique.

Le traitement s'effectue en conversationnel, en temps réel, par procédures de commandes et le langage de programmation est le PL/I Optimizer.

Chacune des procédures de commandes du système CRJF fonctionne de manière séquentielle. De cette façon seront créés automatiquement le ou les fichiers ENTRÉES/SORTIES, nécessaires à l'exécution de chacun des programmes en modules chargeables, qui eux-mêmes seront mis en œuvre successivement et automatiquement, jusqu'à la fin de la procédure.

Les modules seront soit généraux :
- découpage du texte en chaînes PL/I (32700 caractères) ;
- inventaire du contenu de la ou des chaînes à traiter (nombres de phrases, de mots, etc ...).

soit spécifiques :
- traitement de un ou plusieurs points d'analyse de la langue.

Ceci présente l'avantage de réduire le nombre de K mémoires au cours du traitement, et permet d'envisager son fonctionnement sur micro-ordinateur.

Lors de la mise en fonctionnement de la procédure, un premier module va transformer le texte informatisé en un fichier de sortie "STREAM".

Celui-ci deviendra le fichier d'entrée du module suivant, qui a pour mission de :
- remplacer les blancs entre les "Kanji" par des tirets, de façon à constituer des chaînes,
- reconstituer la numérotation japonaise, une partie étant en chiffre arabe (ⓐ1 à ⓐ9) et l'autre partie en "Hiragana" pour en faire une suite complète : ⓐITSU,
- faire la reconnaissance des verbes et adjectifs constitués d'un "Kanji", et leur associer la partie flexionnelle se trouvant dans la chaîne en "Hiragana" leur faisant immédiatement suite, concaténer puis marquer du symbole "&" les adjectifs et du symbole ":" les verbes. (Ce traitement préliminaire effectue une part importante de cette reconnaissance, soit 95% environ les 5% restant seront traités ultérieurement).

Le fichier de sortie "STREAM" de ce module aura une physionomie différente, car les chaînes seront spécifiées en leur début, par un symbole particulier figurant dans le tableau ci-dessous :

"-"	chaînes de "Kanji" ;
"="	chaînes d'"Hiragana" ;
"&"	adjectifs/adverbes et leur flexion ;
":"	verbes et leur conjugaison ;
"$"	mots étrangers en "Katakana" ;
"ⓐ"	chiffres arabes ;
"*"	mots en caractères latins.

Le module suivant est un module général, qui a pour but de :
- Faire un inventaire, du nombre de caractères, mots, phrase, ces informations permettant de générer automatiquement les blocs, les formats, etc ... des fichiers d'ENTRÉE/SORTIE du module lui faisant suite ;
- de créer un fichier de SORTIE phrase par phrase ;
- un fichier .BASE, où chacune des lignes correspondra à une chaîne de : Kanji, Hiragana, etc ...

Nous donnons ci-dessous un court extrait du fichier .BASE, dans lequel on pourra remarquer que la spécification des différentes chaînes est identique à celles décrites précédemment.

```
ØØØ15ØØ326ØØØ1 -4539-2235-5Ø5Ø-1264-5137-1631-4912      ØØØ15ØØ334ØØØ9 &Ø65Ø1
ØØØ15ØØ327ØØØ2 =NO                                       ØØØ15ØØ335ØØ1Ø -4361-3468
ØØØ15ØØ328ØØØ3 -4699-4723-5Ø5Ø-1264-Ø54Ø                 ØØØ15ØØ336ØØ11 =NITSUITE
ØØØ15ØØ329ØØØ4 =HA                                       ØØØ15ØØ337ØØ12 :Ø564 RETA
ØØØ15ØØ33ØØØØ5 &Ø8241                                    ØØØ15ØØ338ØØ13 -1714-1114
ØØØ15ØØ331ØØØ6 -4361-3468                                ØØØ15ØØ339ØØ14 =Ø*
ØØØ15ØØ332ØØØ7 $KONTORASUTO$                             ØØØ15ØØ34ØØØ15 :ØØØ6EMASU
ØØØ15ØØ333ØØØ8 =NO                                       ØØØ15ØØ341ØØ16 .
```

Arrivé à ce stade nous procéderons en deux étapes.

Première étape : étude des chaînes en "Hiragana" et de leur environnement, pour avoir un découpage minimum, une ou des interprétations "Standards" les plus universellement significatives, et entraînant la modification du fichier .BASE, dans le sens que nous venons de décrire ci-dessus.

Nous avons remarqué, soit des chaînes, soit des parties de chaînes qui peuvent être considérées comme des "locutions". Dans le tableau ci-dessous nous avons créé :

00308	(00001)	SURUKOTODEARU
00309	(00003)	SURUKOTOGADEKIRU
00310	(00001)	SURUKOTOMONAKU
00311	(00001)	SURUKOTONIMONARUDAROO
00312	(00001)	SURUKOTONINATTEIRU
00313	(00002)	SURUKOTONIYORI
00314	(00001)	SURUKOTOO*
00315	(00001)	SURUNONI
00316	(00001)	SURUTAMENI
00317	(00001)	SURUTAMENO

(le chiffre entre parenthèses indique le nombre de fois où la chaîne apparaît dans le texte)

Nous allons à l'aide d'exemples, expliquer les différentes étapes que nous pensons réaliser.

A la deuxième ligne 0309 du tableau ci-dessus, nous avons une chaîne d'"Hiragana" qui se trouve dans trois phrases (0003) il s'agit de :

SURUKOTOGADEKIRU

le découpage en éléments significatifs serait :

SURU KOTO GA DEKIRU

Nous avons affaire à trois chaînes en fin de phrase, mais, chacune d'elles est en fait couplée avec la chaîne de "Kanji" qui la précède.

Nous avons donc :

Chaînes actuelles   **Chaînes modifiées**

00104022380009	-4725-4615	-4725-4615SURU
00104022390010	=SURUKOTOGADEKIRU	
00104022400011	.	=KOTOGADEKIRU

00118025120015	-0578-2056-4325-3644	-4325-3644SURU
00118025130016	=SURUKOTOGADEKIRU	
00118025140017	.	=KOTOGADEKIRU

-0578-2056

00114024380018	-4325-3644	-4325-3644SURU
00114024390019	=SURUKOTOGADEKIRU	
00114024400020	.	=KOTOGADEKIRU

KOTOGADEKIRU étant considéré comme une "locution" signifiant "être capable de" ne nécessite pas de ce fait un découpage complet.

Le verbe SURU formant avec les chaînes de deux "Kanji" (noms ou adjectifs verbaux), des groupes verbaux :

-4725-4615   FONCTION.
-4725-4615SURU   FONCTION.NER
-4325-3644   ETABLI.SSEMENT
-4325-3644SURU   ETABLI.R

ce qui justifie la concaténation de SURU avec la chaîne de "Kanji" qui précède.

Autre exemple : le 乞 **codé 0*** représente une particule indiquant le complément d'objet direct du verbe, et nous trouvons :

Ph.118   -0853-0715
         =0*MOTSU

le découpage correct sera :

         -0853-0715   nom complément
         =0*   particule
         :MOTSU   verbe

Deuxième étape : étude des chaînes de "Kanji" et de leur environnement, et modification du fichier .BASE.

De 1 à X caractères, cette chaîne est très variable elle aussi. Chaque "Kanji" a sa signification propre, mais la majeure partie des mots est constituée de **deux** "Kanji".

Cependant, certains "Kanji" ont une signification et une place particulière dans les chaînes. Nous pouvons donner comme exemples :

Ph.114   -0321-**2993**   usage commercial
         -0404-1387-**2993**   usage locatif
Ph.118   -0081-4949-4488-3956-**2993**   usage de charge moyenne

-2993(用)peut être considéré comme un "suffixe" et qui, pour le moment ne nécessite pas de modification du fichier .BASE.

Bien que la place des "suffixes ou préfixes" ne soit pas toujours aussi évidente que dans notre exemple, nous pensons en avoir la maîtrise au moment du transfert d'interprétation. Les génériques ne devraient pas poser de problème, leur place est en général, soit en fin de chaîne, soit immédiatement après le nom auquel il se rapporte.

Nous avons également :

-2470-4623-**3097**-1355
=SAI

-2470-4623 est un nom-adjectif verbal que l'on peut traduire par "comparaison, comparatif". Suivi du "Kanji" -3097 (的), finale adjectivale, en fait ici un adverbe :

-2470-4623   COMPARATI.F
-2470-4623-3097   COMPARATI.VEMENT

la modification du fichier .BASE devient donc nécessaire, soit :

-2470-4623-3097
-1355
=SAI

dans ce cas précis, il nous faudra faire intervenir un module, car -1355 =SAI correspond à une forme adjectivale. Après avoir vérifié que le "Kanji" -1355 figure dans le fichier "Adjectifs" et que SAI correspond bien à une finale adjectivale, une deuxième modification du fichier .BASE sera faite :

```
-2470-4623-3097
&1355SAI
```

Ces deux étapes sont nécessaires et doivent traiter, par l'intervention successive de plusieurs modules, la reconnaissance des éléments grammaticaux du texte sans erreur, et préparer ainsi les étapes suivantes, en particulier, la recherche et le marquage automatique des parenthèses fermantes, des propositions de la phrase.

Nous espérons que ce très bref aperçu permettra aux lecteurs de se faire une idée de notre démarche, démarche qui devrait aboutir fin 1984, début 1985 à l'interprétation premier "jet" des textes japonais.

COMPOSITION DES TEXTES MALO-INDONÉSIENS

Vers le début des années 1960, l'écriture en caractères latins fut adoptée, à la place de l'écriture en caractères arabes.

Il n'y a donc de ce fait, aucun problème de saisie des textes.

Nous avons à notre disposition plusieurs textes sur des sujets variés, tel que : géologie, économie, médecine et stratégie militaire. La plupart sont en malais, mais nous venons de recevoir des textes en indonésien, nous allons donc disposer d'un nombre intéressant de données, soit environ 100.000 caractères et 10.000 mots actuellement.

Traitement actuel

Le traitement des textes est identique, sauf très légères modifications ponctuelles à ce qui a été décrit pour le japonais.

A partir du texte, un fichier "STREAM" a été créé.

Le fichier est ensuite traité par le programme "MOTIRET".

Les mots à tiret sont écrits de deux manières :

    Soit :   SE-MATA2   Soit :   SEMATA-MATA

Nous avons choisi de traiter identiquement les deux jeux d'écriture, et pour les exemples cités ci-dessus on trouvera dans le fichier .BASE :   SE ⌀ MATA2

Le traitement commence réellement avec le programme "VERTER", dont l'objectif principal est l'extraction des racines ou des bases. Cela permet également de mettre en évidence l'affixation verbale ou nominale.

Le programme "VERTER" réalise le découpage des préfixes en tenant compte d'un certain nombre de phénomènes vocaliques. Pour les mots préfixés avec BER, PER et TER il tient compte de la dissimilation, lorsque les racines débutent par un "R" ou si la première syllabe est fermée par un "R".

Il tient compte également du "Sandhi", c'est-à-dire d'un phénomène vocalique, pour les mots préfixés par PE et ME, en restituant la consonne initiale correcte de la base ou de la racine.

La reconnaissance des différentes formes d'affixation est nécessaire, pour connaître la nature des verbes et la dérivation nominale. En affinant le travail du programme "VERTER", en mettant au point un programme de cohérence interne, nous pensons faire : la reconnaissance complète du système d'affixation, et l'extraction sans erreur des racines et des bases.

Ce travail étant effectué **sans fichier** de racines ou de bases.

Nous donnons ci-dessous un très court extrait du fichier créé par le programme "VERTER", où apparaissent dans l'ordre : préfixes, suffixes et racines.

ØØØØ2ØØ12		AN	DATAR
ØØØØ2ØØ23	PER	AN	BUKIT
ØØØØ3ØØØ5		AN	DATAR
ØØØØ4ØØ17	KE	AN	TINGGI
ØØØØ4ØØ26	BER		DIRI
ØØØØ4ØØ32		AN	BAHAGI
ØØØØ4ØØ53	DI		ATAS
ØØØØ5ØØØ1	PE	AN	TENTU
ØØØØ5ØØØ2	KE	AN	TINGGI
ØØØØ5ØØØ3	DI	KAN	LAKU
ØØØØ5ØØØ4		AN	DENG
ØØØØ5ØØØ5	PER	AN	TOLONG
ØØØØ6ØØØ4	TER		SIBAR

CONCLUSION

Nous nous sommes efforcé, dans la place qui nous était impartie, de faire comprendre l'essentiel de notre démarche. Nous n'avons donc pas décrit en détail, la reconnaissance automatique des verbes japonais ou les problèmes du "sandhi" en malo-indonésien, mais fait ressortir les points importants du traitement automatique de ces deux langues, dans leur état actuel.

Notre travail se déroule de façon très satisfaisante. Malgré des études préparatoires importantes sur le plan grammatical nécessitant, ensuite, l'écriture de modules spécifiques nombreux et variés, dans chacune des deux langues que nous traitons, nous pensons débuter les premiers essais d'interprétation dans le courant 1984.

François LASSUS, Françoise GREFFIER

UN SYNTAGME PARTICULIER : LE MICROTOPONYME.
ÉTUDE A PARTIR DE LA BASE DE DONNÉES
"MICROTOPONYMIE DE LA FRANCHE-COMTÉ"

L'informatisation d'un fichier de microtoponymie de la Franche-Comté a été entreprisé à Besançon, dans le cadre de l'effort documentaire mis en œuvre par l'I.E.C.J. Les principes généraux retenus ont été :

- la constitution dans un premier temps (long déjà) d'un fichier de référence, homogène, issu du dépouillement des états de section du cadastre "napoléonien", avant l'entrée de formes anciennes relevées dans la documentation médiévale ;
- l'alignement sur l'expérience tentée par le Centre d'Onomastique des Archives nationales (Mme MULON), institutionnalisé depuis par un travail en équipe dans le cadre de l'A.T.P. "Archives" du CNRS, créée en 1982.

Les principes de constitution du fichier toponymique énoncés par le Centre d'Onomastique (1) ont dû être transposés pour un travail sur micro-ordinateur, matériel dont disposait le laboratoire M.I.S. de la Faculté des Lettres de Besançon (2). Il en est résulté la création d'un "logiciel" (d'abord spécifique, mais largement étendu par la suite à la gestion de tout fichier documentaire, notamment à la bibliographie) (3), écrit en relations étroites entre J.-Ph. MASSONIE, directeur du laboratoire M.I.S., et F. LASSUS, responsable de l'opération à l'I.E.C.J., avec l'aide du G.I.S. "Méthodes nouvelles en Sciences humaines" dirigé par le président P. LÉVÊQUE.

En même temps que les dépouillements de l'I.E.C.J. ont porté sur le cadastre du début du XIXᵉ siècle, le Centre de Recherches d'Histoire ancienne de Besançon (E.R.A. 520 du CNRS) a utilisé le matériel qui se mettait en place pour une recherche sur la toponymie forestière dans le "Finage" (4) ; l'étude des racines linguistiques a permis des rapprochements entre la toponymie et les matériaux archéologiques qui ont mis en évidence une répartition d'ensembles forestiers anciens dans une région actuellement déboisée.

EXPLOITATION STATISTIQUE.

Les premiers dépouillements systématiques d'états de sections ont porté sur une vingtaine de villages de la région de Pontarlier, le tout formant un ensemble s'étalant sur la montagne voisine de la Suisse, la vallée supérieure du Doubs vers Pontarlier, et le deuxième plateau.

On a d'abord pu établir des cartes à partir des éléments obtenus par recherche de séquences dans les champs "nom du lieu-dit" et "nature des propriétés" (traces d'un vignoble ancien, toponymes concernant les défrichements et la forêt, d'une part, activités artisanales, habitat, installations communautaires, d'autre part, etc ...).

Ce travail de simple lecture du fichier a été complété par l'établissement de dictionnaires de termes pour les mêmes éléments en vue d'une analyse factorielle des correspondances :

a/ sur les "natures de propriétés", après normalisation des termes employés par les géomètres. Les graphiques ont reconstitué un zonage déjà bien connu entre région à vocation forestière et régions où l'élevage domine avec les associations labour/patures/bois ou terres/prébois,

b/ sur les noms des lieux-dits :
- D'abord en conservant toutes les formes les composant (occurrences supérieures ou égales à 5). L'analyse factorielle des correspondances a montré que les articles et mots-outils, ainsi que la construction des mots, entraînaient l'ensemble. La substitution sur le graphique des noms des géomètres à ceux des communes dans lesquelles ils ont travaillé a mis leur influence en évidence (graphique I).
- La suppression des articles et mots-outils, des signes indiquant la structure des noms, ainsi que des pluriels des mots (occurrences supérieures ou égales à 5) a présenté un zonage à caractère géographique, dont le détail reste à analyser (graphique II).

Ainsi, avant même de s'être penché sur l'onomastique, avant d'avoir envisagé la reconnaissance des noms des lieux-dits, l'historien dispose d'indications lui permettant un certain nombre de repérages préalables. Les analyses factorielles des correspondances ont permis d'abord de faire la part de l'influence des hommes qui ont relevé les toponymes au début du XIXᵉ siècle, ensuite - mais l'analyse n'est pas achevée - de montrer qu'il y a globalement relation entre la microtoponymie et les régions "naturelles".

PERSPECTIVES LINGUISTIQUES.

La base de données de la microtoponymie franc-comtoise fournit un ensemble de "noms" qui sont autant de phrases descriptives, dont la caractéristique est l'absence de verbe. Elle nous permet d'élaborer un certain nombre de propositions de recherche visant à mieux percevoir les données onomastiques et leur signification tant historique que linguistique.

Mais il est d'abord nécessaire de définir une unité d'analyse, à l'intérieur même du toponyme et sur laquelle puisse convenablement porter la recherche étymologique, en étudiant ses éléments par une description structurale des "mini-phrases" qu'ils constituent. En nous rattachant à la grammaire générative de Chomsky et particulièrement au mode descriptif dit des constituants immédiats, nous avons constitué un analyseur syntaxique automatique qui associe à chacun des toponymes une suite de catégories syntaxiques caractérisant la nature grammaticale des mots rencontrés. L'analyseur est construit sur la base d'une comparaison mot par mot par le biais d'un lexique de référence, comprenant actuellement 235 mots et s'enrichissant avec l'arrivée de nouveaux toponymes.

Nous obtenons, par exemple la séquence syntaxique suivante :

SUR   LA   GOUILLE DU   CRET DU   PONT
préposition / article / nom   / art. contracté / nom   / art. contracté / nom

Une analyse des séquences syntaxiques va permettre de repérer des relations entre les constituants du toponyme, et de retrouver des groupes homogènes s'articulant entre eux et possédant une identité sémantique, afin de dégager des mots-clés ou descripteurs étymologiques, tout en tenant compte de l'influence externe déjà constatée sur la construction des toponymes. Elle nous aidera à préciser la construction syntaxique particulière qui caractérise les noms de lieux (absence de verbe, assemblage de groupes nominaux ...) et à lever des ambiguïtés.

Parallèlement, il a été procédé à un certain nombre d'opérations sur le vocabulaire rencontré à l'intérieur des toponymes (à partir de la construction de lexiques et dictionnaires) qui ont permis d'isoler un certain nombre de mots fréquents, tels que les mots-outils ou des adjectifs et substantifs ayant une réalité sémantique précise résidant essentiellement dans la description des lieux. Ces fichiers doivent permettre une recherche de séquence morphologique (suffixe et préfixe), par exemple. La création de lexiques comportant le contexte de certains vocables, de certains mots-outils, doit permettre l'étude des enchaînements syntaxiques, et d'autres types d'analyse restent à mettre au point ("lemmatisation" ou "phonétisation") ou à définir.

Organisée au départ par commune et par canton, la base de données permet toujours de travailler au niveau local, avec retour au terrain.

Les concepts méthodologiques présentés ici ont été élaborés sur un fichier d'environ 5000 toponymes ; pour l'arrondissement de Pontarlier (pour lequel la base de données est actuellement constituée) le nombre des toponymes s'élève à près de 20 000 pour une centaine de communes concernées, réparties dans cinq cantons : la Franche-Comté comporte en tout près de 18 000 communes ! Le programme de recherche comporte en outre la recension des formes anciennes.

Pour les historiens, l'exploitation de la base de données de microtoponymie franc-comtoise doit aboutir à une meilleure connaissance des étapes du peuplement, comme des activités économiques ; pour les linguistes, elle doit permettre l'étude de l'évolution du langage, à travers celle de l'onomastique ; des chercheurs d'autres disciplines sont également intéressés par la masse de renseignements ainsi rassemblée. La nature et le volume des renseignements stockés dans la base de données conduisent à des études pluridisciplinaires et à l'intégration des méthodes informatiques. La méthodologie utilisée s'appuie sur l'élaboration d'un système d'apprentissage prenant en compte les apports de chaque discipline et, constituée à partir d'un outil informatique offrant une grande souplesse, elle reste ouverte, conçue ainsi qu'elle l'est dans une optique évolutive.

NOTES

(1) Sur ce centre, voir M. MULON, "Le Centre d'Onomastique des Archives nationales" *R. hist.*, CCLV, 1 (1973), pp. 237-243. Sur les principes qui ont présidé à l'informatisation et que nous avons repris, voir : DIRECTION DES ARCHIVES DE FRANCE. Service de l'Informatique, *Note d'information*, 1973, n⁰ 3 (M. MULON, "L'informatique au Centre de toponymie-anthroponymie des Archives nationales : constitution d'un fichier des formes anciennes des toponymes"), 17 p. et documents.

(2) Laboratoire de Mathématique, Informatique et Statistique de la Faculté des Lettres et Sciences humaines, Université de Franche-Comté (Besançon). Ce laboratoire dispose de micro-ordinateurs de type APPLE II, ALTOS et MICROMACHINE 2000. Le logiciel est implanté sur ALTOS ou MICROMACHINE.

(3) Le nom même du logiciel (MYTOP) rappelle sa destination première. Il est utilisé par ailleurs pour le traitement (en cours) d'autres programmes de recherches : étude des mutations socio-professionnelles à partir des actes de mariage ; vente de biens nationaux ; étude du personnel administratif comtois d'Ancien Régime ... Les applications en bibliographie ont donné lieu à la création d'un logiciel plus spécifique : F. LASSUS, *Bibliographie courante de la Franche-Comté : 1980-1981. Présentation d'un logiciel ayant permis l'informatisation*. Besançon, I.E.C.J., 1982, XLI + 127 p. multigr.

(4) Cette étude entre dans le cadre de recherches plus générales sur cette région, proche de Dole, par A. DAUBIGNEY et G. CHOUQUER notamment ; les fouilles archéologiques et la photographie aérienne ont fourni de nombreuses indications sur les cadastres antiques.

codes syntaxiques :

    A article
    B article contracté
    C conjonction de coordination
    D adjectif
    E adjectif substantivé
    P préposition
    L adverbe de lieu
    W adverbe substantivé
    V autre adverbe
    S substantif

SÉQUENCES SYNTAXIQUES

NO	TOPONYME	SEQUENCE
1	A LA SCIRIE	P A S
2	ANGEOULOT	S
3	ARBOILLON	S
4	ARCHEBRANE	S
5	AU COMMUNAL	B S
6	AU DESSUS DE L' OYETTE	B L P A S
7	AU DESSUS DE LOYETTE	B L P S
8	AU DESSUS TOMBOIS	B L S
9	AU DOLEN	B S
10	AU FOUGERES	B S
11	AU MOROY	B S
12	AU MUROT	B S
13	AU NAZOIR	B S
14	AU RAUTE	B S
15	AU VILLAGE	B S
16	AUX QUEUES	B S
17	BALANDRE	S
18	BAS DE LA CORVEE	L P A S
19	BEUVRIER	S
20	BLEAUDOTTE	S
21	BOIS DES TRONS	S B S
22	BOIS ES PRES RICHARD	S B S S
23	BREJEON	S
24	BREY LES PONTY	S A S
25	CAHMP DU ROND	S B S
26	CERISIER	S
27	CHAMPEY	S
28	CHAMPS COURBOT	S S
29	CHAMPS DU PRE	S B S
30	CHAMPS MOLIEZ	S S

EXEMPLE DE SÉQUENCES SYNTAXIQUES ET CODAGE.

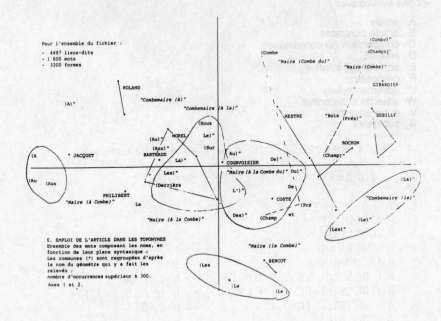

Pour l'ensemble du fichier :

- 4497 lieux-dits
- 1 600 mots
- 3200 formes

I. EMPLOI DE L'ARTICLE DANS LES TOPONYMES
Ensemble des mots composant les noms, en
fonction de leur place syntaxique :
Les communes (*) sont regroupées d'après
le nom du géomètre qui y a fait les
relevés ;
nombre d'occurrences supérieur à 300.

Axes 1 et 2.

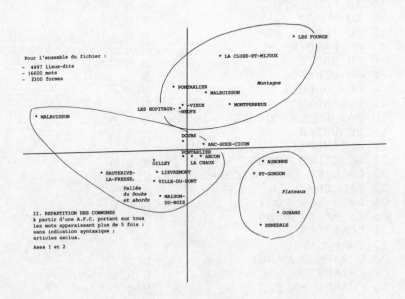

Pour l'ensemble du fichier :

- 4497 lieux-dits
- 16600 mots
- 2300 formes

II. REPARTITION DES COMMUNES
à partir d'une A.F.C. portant sur tous
les mots apparaissant plus de 5 fois :
sans indication syntaxique ;
articles exclus.

Axes 1 et 2

Jean-Pierre DESCLÉS, Gérard LIGOZAT

DIALOGUE ET ORDINATEUR :
LE MODULE DES PERSONNES

I - Présentation (**)

Cette étude fait partie d'un projet beaucoup plus général : il s'agit de construire des **langages quasi-naturels** analysables en modules grammaticaux. Ce projet général a fait l'objet de plusieurs publications (voir Desclés, dans Desclés et Santhà 1982). Dans notre optique, un langage quasi-naturel du français est un sous-ensemble du français qui doit avoir les propriétés les plus caractéristiques d'une langue naturelle. Ceci lui impose de contenir la majorité des morphèmes grammaticaux (dont les indicateurs de personne, de temps, d'aspect, etc.) et des particules grammaticales, et un lexique général, pouvant être étendu pour des applications particulières.

Toutes les langues naturelles traitent généralement par des procédés grammaticaux une référentiation, directe ou indirecte, à l'énonciateur. La **personne** est par excellence une catégorie qui ne peut être analysée que dans sa référence à l'énonciateur. Nous verrons cependant que cette référence n'est pas toujours directe. Par exemple, il n'est pas vrai que **je** réfère dans tous les cas à l'énonciateur.

S'agissant de langages quasi-naturels, nous présentons ici le module relatif à l'analyse et au traitement informatique du jeu référentiel des personnes dans le discours rapporté.

La complexité du problème apparaît dans l'exemple suivant :

Il m'a répondu : "Il t'a bougonné : "Tu iras chez lui quand je lui en aurai demandé la permission".

Quelle est la valeur référentielle de chacune des occurrences des marqueurs de personne ? En particulier, il est clair que **je** ne renvoie pas à l'énonciateur initial.

2 - Le problème de la personne

Dans la plupart des dialogues homme-machine, il est convenu que **je** renvoie à l'utilisateur et **tu** au système informatique. Cette convention n'est absolument pas fondée sur une analyse du fonctionnement des personnes. Elle n'est qu'un artifice commode justifié par le caractère très limité de ce type de dialogue. Dans notre perspective, le dialogue doit être analysé en tant que tel, ce qui implique que l'on tienne compte de la réelle complexité du problème, tout en ayant le souci d'aboutir à des réalisations informatiques, au moins expérimentales.

V. Poythress (1974), reprenant et généralisant un travail de Pike et Lowe (1969), propose une méthode algorithmique de détermination des références des pronoms dans un discours rapporté. Dans son étude, des restrictions sur le type d'énoncé traitable sont posées au départ. En particulier, on impose dans un énoncé formé de discours emboîtés que chaque niveau soit du type "X dit à Y"; on exige que le discours ne fasse intervenir qu'un nombre de participants fixé au départ; on interdit aux participants d'avoir plusieurs noms, ou à un même nom de renvoyer à plusieurs participants (1).

Des règles de bonne formation sont utilisées pour le traitement des énoncés. Ces règles, soit sont purement syntaxiques, soit encore font intervenir des considérations qui dépendent des conditions d'usage de l'énoncé pour décrire une situation posée au départ.

L'algorithme posé est déterministe. En cas d'ambiguïté, il choisit aveuglément une solution sans possibilité de retour en arrière. (Ceci constitue un inconvénient important pour une application effective).

Il semble qu'on puisse faire à cette approche deux sortes d'objections principales :

– d'une part, elle vise à mettre directement en rapport dans tous les cas l'occurrence d'un marqueur linguistique, ici un pronom personnel, et une entité extralinguistique (une ou plusieurs personnes) à laquelle ce marqueur est censé renvoyer ;

– d'autre part, le formalisme utilisé ne met pas en évidence quels sont les invariants auxquels renvoient les occurrences de marqueurs identiques dans des énoncés de niveaux différents ; son manque d'économie formelle lui enlève tout caractère vraiment explicatif.

En ce qui concerne le second point, nous proposerons plus bas un système qui nous paraît plus satisfaisant. Pour le premier, nous jugeons indispensable de tenir compte de l'autonomie que possède tout énoncé, indépendamment des conditions de son utilisation dans une situation particulière.

L'analyse de cette réalisation informatique montre en effet que les programmes ne donnent des résultats satisfaisants que parce que les entités linguistiques manipulées sont astreintes à renvoyer, de façon immédiate, à un univers limité de référents bien déterminables. Or, une langue naturelle n'est pas un simple système de représentation qui serait attaché directement à l'univers qu'il représente. Chaque énonciation construit un référentiel relativement autonome qui, bien que détachable de la réalité, peut être néanmoins mis en correspondance, sous certaines conditions, avec cette réalité. On doit donc introduire entre la langue et la réalité un niveau médiat engendré par toutes les productions linguistiques. Ce niveau médiat sera appelé **niveau des référentiels** qui sera distinct du **niveau des référents.**

A ce niveau référentiel sont construites toutes les valeurs référentielles distinctes, de ce fait, des référents eux-mêmes.

Le traitement des personnes tel qu'on le trouve par exemple chez Poythress conduit à un calcul des référents des signes linguistiques comme **je, tu, il,** dans un univers bien déterminé. Un autre calcul serait nécessaire si l'on modifiait cet univers. En d'autres termes, le calcul ne serait pas intrinsèque au sens où il s'appuie sur les propriétés d'un univers des référents.

L'observation immédiate du fonctionnement des langues naturelles montre que celles-ci procèdent d'une toute autre façon pour manipuler les personnes. Dans certains emplois, un signe comme **je, tu, il** peut fonctionner sans que l'auditeur puisse lui assigner un référent bien déterminé, bien que l'auditeur soit capable de construire une valeur abstraite compatible avec des réalisations potentielles dans des univers différents.

De plus, le type de calcul non-intrinsèque de Poythress ne permet absolument pas d'expliquer pourquoi les langues auraient eu besoin de créer les personnes alors que les procédés linguistiques de référenciation par des noms et des descriptions définies auraient été amplement suffisants. On aboutit au même résultat de référence par des procédés qui éliminent la notion même de personne, ce qui oblige à attribuer aux personnes la seule fonction d'économie : éviter la redondance.

Enfin, une théorie des personnes doit pouvoir expliquer qu'un même texte soit susceptible de recevoir des interprétations dans des univers entièrement disjoints.

Un traitement informatique de personnes qui voudrait intégrer les observations précédentes ainsi que leurs conséquences théoriques se déroulerait en plusieurs étapes résumées dans la figure ci-dessous :

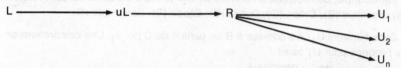

L désigne une langue naturelle. Le linguiste, pour analyser son fonctionnement, construit un autre système métalinguistique conçu souvent comme un métalangage uL de description de L. Chaque représentation d'un énoncé de L dans uL permet de construire la valeur référentielle intrinsèque de cet énoncé dans un référentiel R, valeur qui est compatible avec des réalisations extrinsèques dans des univers U_1, ..., U_n différents.

3 - Plans de dialogue et personnes.

Nous nous situons dans une perspective plus linguistique, plus précisément dans celle qui a été ouverte par Benveniste (1966 et 1974), même si nous n'acceptons pas l'analyse qu'il propose pour les personnes dans tous ses détails. Une première description formelle a été présentée par Desclés (1976). Nous allons la reprendre, avec quelques modifications, et montrer comment on peut la poursuivre pour aboutir à une mise en œuvre informatique.

Nous représentons tout énoncé élémentaire par une relation prédicative située dans un espace énonciatif. Une relation prédicative met en jeu un prédicat et ses divers arguments. Elle représente le contenu propositionnel de l'énoncé, qui est par nature atemporel et indépendant de l'énonciateur.

L'espace énonciatif est une construction complexe qui fait appel à trois domaines fondamentaux : le domaine des participants assumant différents rôles dans un dialogue (énonciateur, co-énonciateur, personnes simplement évoquées, etc.) ; le domaine de la référenciation temporelle et aspectuelle ; le domaine des situations spatiales liées à l'énonciateur.

L'analyse a montré que trois types d'opérations abstraites opéraient sur ces différents domaines. Ce sont les opérations d'**identification,** de **différenciation** et de **ruption.**

Étant donnés deux termes, et connaissant la valeur référentielle de l'un des deux, l'identification attribue à l'autre la même valeur qu'au premier ; la différenciation lui attribue une valeur différente, mais toujours prise dans un sous-domaine contenant celle du premier ; la ruption, enfin, lui attribue une valeur qui est en dehors du sous-domaine contenant la valeur du premier. Par exemple, dans le domaine spatial, **ici, là-bas, ailleurs** peuvent être représentés par respectivement une identification, une différenciation, une ruption avec la situation spatiale déterminée par l'énonciateur (voir Desclés, 1979).

Nous montrerons que **je, tu, il** ou **elle** renvoient toujours, quelles que soient leurs occurrences, à une de ces trois opérations respectivement.

Reprenons l'énoncé introduit plus haut :

Il_1 m'_2a répondu : "Il_3 t'_4a bougonné : Tu_5 iras chez lui_6 quand je_7 lui_8 en aurai demandé la permission".

Sa compréhension suppose que l'on sache calculer le référent qui convient à chaque occurrence des personnes et cela pour un univers donné.

Par exemple, considérons un univers U_1 comprenant six personnages : Aristote (A), Bacchus (B), Créon (C), Denys (D), Esope (E), Ganymède (G).

Dans l'univers U_1, A s'adresse à B en parlant de C par il_1. Une compréhension de l'énoncé pour U_1 serait :

me_2 désigne A

il_3 désigne par exemple D

t'_4 désigne A

tu_5 désigne A

lui_6 désigne par exemple E

je_7 désigne D

lui_8 désigne par exemple G

Cet énoncé peut se référer à un autre univers U_2 comprenant seulement cinq personnages A, B, C, D, E et dans U_2 A s'adresse toujours à B en parlant de C, il_3 désignant par exemple D, et dans cet univers U_2 lui_6 et lui_8 sont obligatoirement coréférentiels et désignent tous deux E.

Nous allons utiliser pour construire le référentiel R unique mais compatible avec les deux U_1 et U_2 précédents la notion de **plan de dialogue.**

Un **plan de dialogue** comprend un premier objet qui jouera le rôle du **locuteur,** un second objet qui jouera le rôle de **l'interlocuteur** et enfin un ou plusieurs autres objets qui joueront le rôle des personnes évoquées par le locuteur ou l'interlocuteur. Tous les objets du plan de dialogue sont distincts entre eux.

Chaque énoncé construit une succession de plans de dialogue à partir d'un **plan de dialogue fondamental** dans lequel locuteur et interlocuteurs sont confondus avec l'**énonciateur** symbolisé par S_o et le **co-énonciateur** symbolisé par S_1. Tout autre objet de ce plan de dialogue sera appelé un **non-énonciateur** et désigné par S_2, S_3, S_4, etc...

Dans un énoncé comme :   **tu iras chez lui**

le seul plan de dialogue fondamental est suffisant pour structurer le référentiel qu'il construit : **tu** renvoie à S_1, **lui** renvoie à S_2.

Dès qu'il y a **énonciation rapportée directe** comme dans :

il_1 t'_2a bougonné : j'_3irai chez lui_4

il est indispensable d'introduire un plan de dialogue secondaire où locuteurs et interlocuteurs ne sont plus confondus (sauf exceptions) avec l'énonciateur et son co-énonciateur. Dans cet exemple, il_1 renvoie au non-énonciateur S_2 du plan de dialogue fondamental, la reconnaissance d'une énonciation rapportée directe montre que il_1 est en même temps locuteur mais dans un autre plan de dialogue où cette fois-ci son interlocuteur est représenté par t'_2. Dans ce plan de dialogue secondaire je_3 désigne le locuteur associé à il_1 et lui_4 désigne un personnage qui n'est ni locuteur, ni l'interlocuteur de ce plan de dialogue. Nous dirons que ce personnage est un non locuteur dans ce plan de dialogue.

La distinction conceptuelle entre énonciateur et locuteur est essentielle à la compréhension de la nature des énonciations rapportées.

Tout énonciateur est un locuteur particulier, mais tout locuteur n'est pas nécessairement un énonciateur.

Chaque énonciateur est associé à un énoncé. Il s'agit d'un paramètre référentiel de description de l'énoncé, alors que le locuteur est relatif au plan de dialogue, et n'est pas un paramètre de description. La valeur du locuteur est déterminée par rapport à l'énonciateur.

Revenons à l'exemple. Cet énoncé peut être considéré comme préfixé par un groupe déclaratif **je te dis** effacé. Ce groupe détermine le **plan de dialogue fondamental** P_0. Le groupe déclaratif il_1 **m'$_2$a répondu** introduit un plan de dialogue rapporté P_1 puis le second groupe déclaratif il_3 **t'$_4$ a bougonné** introduit un autre plan P_2.

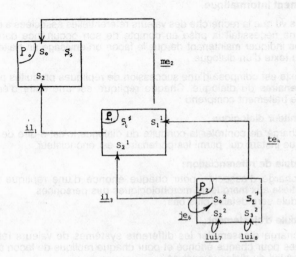

FORMALISATION DES REGLES

Représentons les plans P_0, P_1, P_2 dans la figure. Chaque personne est le marqueur d'une opération. Plus précisément :

il_1 est le marqueur de l'opération complexe suivante :

1°) dans P_0 application d'une ruption à S_0 ce qui donne S_2 ;

2°) identification de cet objet avec le locuteur S_0^1 de P_1.

me_2 est le marqueur de l'opération complexe suivante :

1°) dans P_0 application de l'identification de S_0 ;

2°) identification de cet objet avec le co-locuteur S_1^1 de P_1.

Les identifications entre objets de plans différents déclenchés par il_1 et me_2 correspondent aux fonctions syntaxiques différentes de ces deux signes.

De la même façon, il_3 correspond à l'application dans P_1 de la ruption à S_0^1, suivie d'une identification de l'objet S_2^1 obtenu avec le locuteur S_0^2 de P_2.

te_4 correspond à l'application dans P_1 de la différenciation de S_0^1, d'où S_1^1 suivi d'une identification d'objet S_1^1 ainsi créé avec l'objet S_1^2 de P_2.

C'est dans ce dernier plan de dialogue que se font les repérages associés à tu_5, je_6, lui_7 et lui_8 à savoir :

tu_5 correspond à une différenciation par rapport à S_o^2 ;

je_6 à une identification avec S_o^2 ;

lui_7 et lui_8 à des ruptions par rapport à S_o^2.

Dans ce plan P_2 on ne dit rien sur la coréférence éventuelle entre lui_7 et lui_8. C'est seulement en recourant à des connaissances supplémentaires sur les univers des référents que l'on peut lever l'ambiguïté.

4 - Traitement informatique.

Nous avons vu que la recherche des valeurs référentielles associées à une marque de personne nécessitait la prise en compte de son occurrence dans l'énoncé. Nous allons indiquer maintenant de quelle façon on envisage un traitement informatique du texte d'un dialogue.

Un tel texte est composé d'une succession de répliques produites par les différents **partenaires** du dialogue. Chaque réplique est une suite d'énoncés. Le système de traitement comprend :

1°) un **moniteur dialogique** ;

il est chargé de contrôler la conduite du dialogue, c'est-à-dire de déterminer à chaque instant qui, parmi les partenaires, est énonciateur.

2°) un **module de référenciation** ;

il est chargé d'associer, pour chaque énoncé d'une réplique une valeur référentielle aux marqueurs morphologiques des personnes.
Ce module sera détaillé plus bas ;

3°) un **module d'ajustement** ;

il est chargé d'assembler les différents systèmes de valeurs référentielles calculées pour chaque énoncé et pour chaque réplique de façon à constituer le référentiel du dialogue analysé.

La partie centrale de ce dispositif est le **module de référenciation**. Nous allons décrire complètement son fonctionnement pour le traitement d'un énoncé.

Ce module se décompose en deux parties principales :

a) **un sous-module de prétraitement** qui ramène l'énoncé traité à des formes canoniques et détecte les informations qui pourront être utilisées pour lever une partie des ambiguïtés référentielles ;

b) **un sous-module de traitement** qui met en œuvre un algorithme fondé sur l'analyse linguistique menée plus haut.

Le prétraitement s'effectue en faisant appel à un ensemble hiérarchisé de règles dont certaines seront heuristiques. Parmi les principales tâches à remplir, citons :

1°) recherche des **verbes déclaratifs** (dire, assurer, répondre, etc.) à partir desquels s'organiseront les énonciations rapportées ;

2°) détermination des **groupes déclaratifs** (je te dis, je t'assure, il me répond, etc.) et de schémas canoniques. Ainsi :

D, **me dit-il** sera ramené à : **il me dit** D.

3°) recherche de thèmes de la réplique qui permettront de diminuer le nombre des ambiguïtés potentielles introduites essentiellement par la troisième personne ;

4°) recherche d'indices de co-référence comme des appositions vocatives **(tu es fichu, mon pauvre M   )** etc... ;

5°) traitement des personnes plurielles pour détecter en particulier les pluriels de politesse, la valeur inclusive ou non des **nous**, la valeur collective ou distribuable du **vous**, les valeurs à attribuer au **on**, les valeurs à attribuer au **ils**, etc...

La construction de ce module suppose que l'on ait formulé des règles relatives à ces problèmes. Ceci constitue un programme de recherches en linguistique.

Le traitement proprement dit utilise l'algorithme dont on peut décrire le fonctionnement de la façon suivante :

Soit un schéma **d'énoncé E canonique** correspondant à l'énoncé analysé de la forme :

$$X_1 \text{ DIT A } Y_1 \left\{ \begin{array}{c} : \\ QUE \end{array} \right. \left\{ \begin{array}{c} X_2 \text{ DIT A } Y_n \\ \end{array} \right. \left\{ \begin{array}{c} : \\ QUE \end{array} \right. \left\{ \begin{array}{c} - \dots X_n \text{ DIT A } Y_n \\ \end{array} \right. \left\{ \begin{array}{c} : \\ QUE \end{array} \right. \left\{ \begin{array}{c} \\ \end{array} \right. D \, .$$

On utilise comme **structure de contrôle** un vecteur comprenant trois cellules de mémoires pouvant contenir des entiers ou des étiquettes de noms propres. L'état de ce vecteur est donc défini par un triplet $< 0, v, w >$.

L'état initial du vecteur est $< 0, 1, 2 >$.

Le schéma est analysé séquentiellement par couples $< X_i, Y_i >$ successifs. Chaque pas de l'analyse consiste à attribuer une valeur (un entier ou un nom propre) à chaque X_i et à chaque Y_i ainsi qu'aux occurrences Z_j de personnes figurant dans D.

Cette attribution se fait en utilisant les trois principes suivants :

(a) la valeur de X_i (resp. Y_i) est X_i (resp. Y_i) s'il s'agit d'un nom propre ; sinon, cette valeur est lue dans la structure de contrôle au rang 1, 2 ou 3, selon qu'il s'agit d'une première, deuxième ou troisième personne.

(b) la rencontre du marqueur (:) au cours de l'analyse séquentielle a pour effet de changer l'état de la structure de contrôle en remplaçant les valeurs des deux premiers rangs par les valeurs attribuées aux derniers X_i et Y_i analysés ; la rencontre du marqueur (QUE) ne provoque pas cette mise à jour.

(c) la lecture d'une valeur numérique au troisième rang de la structure de contrôle déclenchée par toute troisième personne provoque une incrémentation d'une unité de ce rang (sauf si la troisième personne est le réfléchi **se**, auquel cas la valeur n'est pas modifiée).

L'entrée de l'algorithme est donc l'énoncé mis sous sa forme canonique, la sortie est la séquence des valeurs attribuées à chacune des personnes analysées séquentiellement dans l'énoncé.

Les valeurs numériques attribuées correspondent aux indices du référentiel des personnes.

Reprenons l'exemple traité plus haut. Il apparaît déjà sous sa forme canonique, aucun prétraitement n'est nécessaire :

il$_1$ **m**$_2$**'a répondu : il**$_3$ **t**$_4$**'a bougonné : tu**$_5$ **iras chez lui**$_6$ **quand je**$_7$ **lui**$_8$ **en aurai demandé la permission.**

Le déroulement de l'algorithme est présenté dans le tableau 1.

Prenons maintenant : **il**$_1$ **m'**$_2$**a répondu qu'il**$_3$ **t'**$_4$**avait bougonné : "..."**

Le déroulement de l'algorithme est présenté dans le tableau 2.

Tableau I

personnes morphologiques ou séparateurs	valeurs attribuées	état du contrôle		
		0	1	2
il_1	2	0	1	3
me_2	0	0	1	3
:	—	2	0	3
il_3	3	2	0	4
te_4	0	2	0	4
:	—	3	0	4
tu_5	0	3	0	4
lui_6	4	3	0	5
je_7	3	3	0	5
lui_8	5	3	0	6

Tableau II

personnes morphologiques ou séparateurs	valeurs attribuées	état du contrôle		
		0	1	2
il_1	2	0	1	3
me_2	0	0	1	3
que	—		—	
il_3	3	0	1	4
te_4	1	0	1	4
:	—	3	1	4
tu_5	1	3	1	4
lui_6	4	3	1	5
je_7	3	3	1	5
lui_8	5	3	1	6

L'algorithme que nous venons de décrire s'applique aux énoncés suivants, avec les résultats indiqués entre parenthèses (les chiffres 0, 1 renvoyant à l'énonciateur et à son co-énonciateur, les chiffres 2, 3, 4, 5, 6 à des non-énonciateurs):

(Je (0) t' (1) ai dit; tu (1) me (0) dis : elle (2) ne parle jamais de moi (1))

(Tu (1) m' (0) as dit : je (1) te (0) dis : elle (2) ne parle que de toi (0))

(Je (0) te (1) dis que tu (1) m' (0) as dit qu'il (2) ne parle que de toi (1))

(Je (0) me (0) suis dit : mon vieux Jimmy tu (0) te (0) fourres le doigt dans l'œil)

(J' (0) ai seulement dit : tu (1) dis : je (1) m' (1) excuse)

(Tu (1) as dit à l'instant : tu (0) dis : je (0) m' (0) excuse mais tu (1) m' (0) ennuies)

(Il (2) vient de dire que je (0) t' (1) ai dit : je (0) suis content)

(Elle (2) t' (1) a répondu : il (3) croit que je (2) ne parle que de moi (2))

(Il (2) m' (0) a dit : je (2) t' (0) ai dit que je (2) suis bien content)

(Qu'est-ce qu'il (2) t' (1) a dit ?)

(Il (2) a dit : elle (3) m' (2) a dit qu'elle (4) t' (0) en parlerait demain)

(Ah il (2) ne t' (1) a pas dit que je (0) t' (1) en parlerais maintenant !)

(Tu (1) m' (0) avais dit : il (2) te (0) dira si j' (1) était content ou pas)

(Mais je (0) dis que tu (1) ne dis pas que tu (1) n'es pas ici)

(Je (0) me (0) moque pas mal de ce que tu (1) peux penser qu'elle (2) va dire)

(Tu (1) te (1) moques pas mal de ce que je (0) peux penser de moi (0))

(Tu (1) me (0) dis : c'est ce que je (1) pense de toi (0))

(C'est ce que tu (1) me (0) dis : elle (2) a dit : tu (0) exagères).

Notes

(*) Communication présentée par G. Ligozat.

(**) Ce projet entre dans le cadre d'un contrat de recherche : "Construction d'une famille de langages quasi-naturels pour l'interrogation d'une base de connaissances", financé par l'ADI.

(1) Pour une présentation critique de Poythress, on pourra se reporter à M. Kuntz (1981).

Bibliographie

BENVENISTE, É.   **Problèmes de linguistique générale,** Paris, Gallimard, 1966 et 1974.

DESCLÉS, J.-P.   "Description de quelques opérations énonciatives", **in Modèles logiques et niveaux d'analyse linguistique,** Actes du Colloque de Metz, Klincksieck, 1976.

DESCLÉS, J.-P.   "Représentation formelle de quelques déictiques français", **in Linguaggi e Formalizzazioni,** Rome, Bulzoni, 1979.

DESCLÉS, J.-P.,   **Informatique linguistique : Recueil d'articles du groupe PITFALL,** Collection ERA
SANTHÀ, M.   642, 1982.

KUNTZ, M.   "Dialogues, déictiques, et citations", **T.A. Informations** no2, 34-49, 1981.

PIKE, K. et LOWE, I.   "Pronominal reference in English conversation and discourse - A group-theoretical treatment", **Folia Linguistica** 3, 68-106, 1969.

POYTHRESS, V.   "Embedded pronoun reference", **Information and Control** 24, 336-357, 1974.

Sylviane BURNER

DÉLIRE CLOS ET DÉLIRE OUVERT

Les études thématiques des délires n'ont pas à ce jour fourni d'éléments très nouveaux pour la compréhension des troubles psychiatriques.

L'analyse présentée ici est centrée non sur les thèmes du discours, mais sur son organisation au niveau informatif, sur son efficacité pour ce qui est de la transmission d'un message. Le but essentiel est donc de trouver des méthodes qui permettent

1. de déceler des troubles de la communication, troubles non perceptifs à l'"oreille" nue,
2. de suivre l'évolution de la maladie reflétée dans l'activité de langage, et donc de déceler ou confirmer une amélioration ou une détérioration de l'état du sujet,
3. d'assurer, d'infirmer ou de préciser le diagnostic initial, quelquefois très difficile à établir.

Qui dit en effet que les délires des schizophrènes et ceux des maniaques dépressifs, s'ils sont similaires au niveau des thèmes généralement abordés, sont identiques en profondeur et participent du même trouble ? Selon toute vraisemblance, l'organisation de certains éléments du discours doit changer. En effet, d'autres travaux (BURNER, 1975, 1980) ont permis de montrer que le processus d'encodage du message est fort différent, voire inverse, dans ces deux maladies.

Ce travail reste pour l'instant très partiel. Les résultats ne sont pas encore assez nombreux pour permettre une généralisation, mais les conclusions auxquelles je suis arrivée laissent entrevoir de vastes possibilités.

Les textes sur lesquels j'ai travaillé présentent certaines caractéristiques communes. Tout d'abord, il s'agit de textes oraux. L'enregistrement de ces textes s'effectue selon une technique d'entrevue très précise, l'entrevue libre, où le sujet, malade ou contrôle "normal", est seul avec moi dans un bureau, le magnétophone est visible et ma présence se borne à une non-intervention bienveillante. Une question très vague est posée à la personne qui alors parle à loisir, change de sujet ou se tait. En cas d'arrêt prématuré, une autre question est posée. Je n'interviens pas dans le déroulement de l'entrevue sinon par des signes d'approbation, de surprise ou de compréhension qui permettent au sujet parlant de me percevoir comme interlocuteur. La personne parle **pour** moi et essaie de me transmettre un message, quel qu'il soit.

Les textes ainsi enregistrés sont alors transcrits par mes soins sur des cartes d'ordinateur, avec un minimum de codage pour ne pas alourdir la tâche, déjà très fastidieuse.

Le codage des éléments n'est utilisé que pour lever des ambiguïtés et différencier les catégories grammaticales. Par exemple, si nous travaillons sur l'article défini **la**, tous les autres "la" (pronom, localisateur) seront marqués à la frappe par une étoile qui leur est accolée. Nous aurons donc la possibilité de faire ressortir dans une concordance l'article défini **la**, à l'exclusion de toute autre occurrence de "la".

Le traitement informatique qui suit prend, entre autre, la forme d'une concordance sélective portant une trentaine de mots-outils, indicateurs de rupture ou de répétition, ou de formes phatiques, avec un contexte de cinq mots à droite et cinq mots à gauche. Les ruptures de constructions et les répétitions sont également signalées par un code au moment de la frappe du corpus.

Le travail présenté ici est une analyse de l'utilisation des articles définis et indéfinis. Nous avons étudié leur fréquence d'apparition dans chaque texte, leur rapport et leur contexte. Les résultats sont regroupés dans le tableau I.

La première observation que l'on peut faire est qu'il semble se dégager trois cas de figures :

1. le pourcentage d'articles définis et d'articles indéfinis est pratiquement identique ;
2. le pourcentage d'articles définis est supérieur à celui des articles indéfinis, généralement dans une porportion double ;
3. le pourcentage d'articles indéfinis est supérieur à celui des articles définis, là encore dans une proportion double.

Si l'on se reporte au diagnostic préalablement établi par les psychiatres et qui est présenté dans le tableau II, nous nous apercevons que dans le premier cas de figure se trouvent regroupés des malades délirants, schizophrènes **et** maniaques dépressifs, ainsi que **tous** les contrôles normaux. Dans le deuxième cas de figure, nous avons des malades chroniques ou en crise, là encore schizophrènes **et** maniaques dépressifs. Enfin, dans la troisième catégorie, nous trouvons deux malades étiquetés "schizophrènes" dont le discours ne semble pas suivre le même schéma que celui des autres schizophrènes. C'est en fait l'existence de cette troisième catégorie, qui fait un peu figure d'anomalie, qui m'a incitée à étudier de plus près le phénomène de détermination dans le discours des délirants. C'est là qu'intervient l'étude du contexte.

Dans les textes où les articles définis dominent, nous avons relevé les particularités suivantes :

L'article défini est employé avec :

- un concept abstrait : la vie
          la mort
          la pure vérité
          le monde
- un concept générique : les gens
          le tricot
          la police
          l'électricité
- un concept concret, mais non défini par le contexte :
          je suis venue pour **le** fluide
          ça c'est **la** belle histoire (sans qu'il ait été question d'une histoire quelconque)
          j'ai eu **la** permission (sans dire de quoi et sans que le contexte large nous permette de le deviner)
- les articles définis font partie intégrante d'une expression figée, et perdent donc leur fonction de détermination :
          je suis tombée dans **les** pommes
          c'est pas **la** peine
          la semaine dernière

Autrement dit, le défini n'est défini que pour celui qui parle, et non pour son interlocuteur. C'est ici le processus d'échange, de transmission de l'information qui est atteint. Il faut également noter que c'est surtout en début de discours qu'interviennent ces définis qui ne définissent rien, ce qui contribue à plonger l'interlocuteur dans un monde flou, sans repères. C'est en fait tout le système de référence qui est faussé.

Quant aux textes dans lesquels prédominent les articles indéfinis, nous pouvons constater un emploi généralement précisé par un contexte de droite :
une école **d'ingénieurs**
j'ai travaillé dans **une** boîte **où on transporte des cartons**
la police m'a mis dans **une** chambre forte
des gens **qui sont normaux**
des gens **qui ont tenté de se suicider**

Il y a, dans ces exemples, une détermination qui faisait défaut dans les exemples précédents et qui permet à l'interlocuteur de pénétrer dans le monde du locuteur. La différence d'attitude du locuteur vis-à-vis de son interlocuteur est ici primordiale. Il en reconnaît l'existence et l'intègre dans son schéma de discours.

Nous sommes ici en face de deux types de délires très différents. L'un est **clos**, sur-défini en apparence mais vide de repères et nie la réalité de l'interlocuteur, l'autre est **ouvert**, flou il est vrai, mais conserve les caractéristiques d'une situation de communication. Ce deuxième type de délire laisse probablement plus d'espoir de guérison que le premier.

Il nous restait à comprendre pourquoi nous trouvions ces deux types de délire chez des malades représentant la même catégorie nosographique. Pourquoi certains schizophrènes présentent-ils un délire clos et d'autres un délire ouvert ? Diverses raisons m'ont amenée à penser que les deux personnes du troisième groupe que nous avions déterminé souffraient de délire instable et non de schizophrénie. Dans ces deux cas, nous avons par la suite pu confirmer notre intuition, ces deux personnes présentant d'autres caractéristiques des délires instables :
- un élément déclenchant avec perte de sécurité,
- l'absence d'éléments dissociatifs,
- un effondrement dépressif avec, dans les deux cas, tentative de suicide.

Le type d'analyse utilisé a donc permis de démasquer ces deux cas "marginaux" et de signaler un problème de diagnostic.

Nous pouvons désormais rectifier la répartition nosographique dans les trois groupes que nous avions déterminés selon le tableau III.

L'interprétation en est alors beaucoup plus aisée. Dans le premier groupe nous trouvons tous les contrôles normaux plus les malades, schizophrènes, maniaques dépressifs et délires instables, médicalement contrôlés et proches de la sortie. Dans le deuxième groupe se trouvent des malades chroniques ou en crise, avec troubles aïgus, et dans le troisième des délires instables non contrôlés.

Il est intéressant de remarquer également l'évolution de la maladie telle qu'on peut la suivre à travers cette étude. Certains malades qui présentaient des troubles aïgus et qui se trouvaient alors dans le groupe **deux** passent dans le groupe **un** après amélioration. C'est le cas de B.P. et S.J. par exemple. En revanche, l'aggravation intervenue dans l'état de W.G. se retrouve dans les chiffres du premier tableau. Ce malade avait dû interrompre la prise des neuroleptiques qui le stabilisaient pour subir une intervention chirurgicale. Tous les autres indices, médicaux et psychologiques, concordaient avec nos conclusions.

La simple étude de l'utilisation des articles définis et indéfinis nous a donc permis de mettre à jour l'existence de deux types de délire correspondant à deux maladies très différentes malgré une similitude de symptômes et de suivre l'évolution des perturbations du sujet. Il est bien évident qu'une analyse de ce genre, impossible sans l'apport de l'informatique, ne peut à elle seule rendre compte de la réalité psychiatrique. Des tests et analyses complémentaires sont indispensables pour avoir une meilleure compréhension des troubles, tout comme sont indispensables la confrontation des résultats et la remise en cause de l'image traditionnelle du "fou". L'étude du processus de communication, des mécanismes de l'énonciation, des actes de langage du malade, trop longtemps négligée et rejetée par le corps médical, ouvre des horizons nouveaux où le "fou" redevient un homme et son langage un message.

LA RECHERCHE FRANÇAISE PAR ORDINATEUR

NOTE BIBLIOGRAPHIQUE

S. BURNER "Nouvelle expérience à partir du procédé CLOZE", **Communication et langages,** 26, 1975.

S. BURNER "Influence du thème sur la production du discours oral" **Verbum,** tome 3, fascicule 1, 1980.

Tableau I

	ART. DÉFINIS	ART. INDÉFINIS	ART. INDÉF. ART. DÉF.	
A.M.	4,02	2,01	0,50	↘
B.M.	5,66	4,35	0,77	↔
B.P. 1	3,41	1,55	0,45	↘
B.P. 2	3,52	3,28	0,93	↔
B.P. 3	3,66	3,11	0,85	↔
BR.M.	2,07	4,45	2,15	↗
C.D.	3,55	3,16	0,89	↔
D.J.	3,49	3,30	0,95	↔
F.S.	3,64	3,62	0,99	↔
G.M.	5,09	2,37	0,47	↘
L.B. 1	3,50	3,41	0,97	↔
L.B. 2	3,61	3,58	0,99	↔
L.B. 3	3,59	3,56	0,99	↔
P.A.	5,54	4,51	1,23	↔
S.J. 1	2,49	4,55	1,83	↗
S.J. 2	3,67	3,95	1,08	↔
S.R.	3,69	3,38	0,92	↔
W.G. 1	4,08	2,46	0,60	↘
W.G. 2	5,93	2,17	0,37	↘

Tableau II

DIAGNOSTIC INITIAL

A.M.	schizophrène chronique
B.M.	maniaque dépressif contrôlé
B.P.	maniaque dépressif
BR.M.	schizophrène
C.D.	schizophrène prêt à sortir
D.J.	normal
F.S.	normal
G.M.	schizophrène chronique
L.B.	normal
P.A.	schizophrène
S.J.	schizophrène
S.R.	schizophrène prêt à sortir
W.G.	schizophrène chronique

Tableau III

GROUPE 1

B.M.	maniaque dépressif contrôlé
B.P. 2 ⎫ B.P. 3 ⎭	maniaque dépressif contrôlé
C.D.	schizophrène à sa sortie de l'hôpital
D.J.	normal
F.S.	normal
P.A.	schizophrène contrôlé (diagnostic provisoire)
S.J. 2	délire instable contrôlé
S.R.	schizophrène à sa sortie de l'hôpital

GROUPE 2

A.M.	schizophrène chronique
B.P. 1	maniaque dépressif en phase d'excitation
G.M.	schizophrène chronique
W.G. 1 ⎫ W.G. 2 ⎭	schizophrène chronique ⟨ état habituel / détérioration

GROUPE 3

BR.M.	délire instable
S.J. 1	délire instable à son admission

Malcolm CLAY

ANALYSE MULTIDIMENSIONNELLE ET TYPOLOGIE SYNTAXIQUE DE TEXTES EN ANGLAIS SCIENTIFIQUE

Le but de notre exposé est de montrer comment, dans un travail sur les éléments syntaxiques du style, le rôle de l'ordinateur peut évoluer au cours de l'avancement de la recherche.

Notre hypothèse de base postule qu'un auteur d'articles scientifiques adapte son style à son public en modifiant sa syntaxe. On sait que le spécialiste modifie son lexique lorsqu'il vulgarise son savoir, mais modifie-t-il également sa syntaxe ? Et si oui, comment ? Et peut-on reconnaître le niveau de spécialisation ou de vulgarisation d'après la syntaxe ?

Le corpus est composé de trois textes d'une soixantaine de phrases chacun par le même auteur sur le même sujet - les effets du fluor sur la prévention de la carie dentaire - mais pour des publics différents. Le texte A (spécialisé) s'adresse à un public de chercheurs ; le texte B (semi-spécialisé) s'adresse à des dentistes praticiens ; le texte C (vulgarisation) s'adresse au grand public et a été publié dans un quotidien régional.

Dans un premier temps le corpus a été analysé syntaxiquement phrase par phrase, puis 25 critères syntaxiques ont été retenus, chaque critère ayant trois modalités, une modalité "A" ("lourd" / "long" / "complexe"), une modalité "B" ("lourdeur" / "longueur" / "complexité moyenne"), et une modalité "C" ("légère" / "courte" / "simple"). Chaque phrase a été codée soit en modalité "A", soit en modalité "B", soit en modalité "C" d'après son analyse syntaxique, et ceci pour chacun des 25 critères syntaxiques.

Le tableau disjonctif complet de 75 caractères (variables syntaxiques) par 188 individus (phrases du corpus) a été soumis à l'Analyse Factorielle des Correspondances avec l'aide des équipes dirigées par J-Ph. Massonie à l'Université de Besançon et par le Professeur J-P. Benzécri à l'Université Paris VII. Loin de nous présenter avec une solution toute faite sous une apparente objectivité statistique, cette analyse multidimensionnelle nous invite constamment à revenir à nos données, à repenser nos critères.

Cette démarche s'impose dès le premier pas dans la lecture des résultats : l'interprétation des axes. L'étude des contributions de chaque critère aux axes permet de voir que les deux axes principaux d'inertie décrivent le nuage de 188 phrases essentiellement en termes de longueur ou de brièveté des constituants immédiats sur le premier axe, et en termes de complexité ou de simplicité propositionnelle sur le deuxième axe. Mais cette étude des contributions ne manque pas de faire ressortir une certaine redondance dans les critères, ce qui sera confirmé par une Classification Hiérarchique Ascendante des variables syntaxiques. Les phrases qui, d'après l'analyse, s'opposent dans cet espace sont-elles perçues par le lecteur comme très éloignées syntaxiquement l'une de l'autre ? Nous ne pouvons faire l'économie d'un retour aux textes, et ce retour nous permet de voir que l'analyse par l'ordinateur a bien représenté dans l'espace notre intuition linguistique en opposant, par l'exemple, la phrase A 05 ("It has also been found that the dietary level of sulphate, or of sulphur - containing amino acides which give rise to sulphate metabolically, has a large influence on the absorption, tissue concentration and urinary excretion of molybdenum in the sheep and rat") à la phrase B 28 ("Several suggestions have been considered").

Nous pouvons donc tenter de répondre à notre interrogation sur la différence syntaxique entre nos textes ; et là l'utilisation d'un modèle d'analyse nous obligera à repenser notre façon de concevoir la différence entre les textes. Nous constaterons que les deux textes "extrêmes" : A (spécialisé) et C (vulgarisation) comportent chacun autant de phrases caractérisées par une tendance à la complexité propositionnelle (donc situées à gauche sur cet axe). Par contre, nous constatons que les phrases du texte A (spécialisé) sont en majorité situées en bas sur l'axe vertical, donc caractérisées par une tendance à l'emploi des constituants immédiats courts légers ou peu nombreux. Nous nous demandons spontanément où se trouve le texte B (semi-spécialisé) par rapport aux deux autres. A mi-chemin ? Plus près du texte spécialisé ? Plus près du texte de vulgarisation ? Le modèle d'analyse nous oblige à reconnaître qu'une telle question ne peut avoir de réponse satisfaisante, car elle renvoie à une conception unidimensionnelle des rapports stylistiques : B doit se trouver quelque part sur une droite AC. Certes, on constate que les phrases du texte B sont également réparties de part et d'autre de l'origine sur l'axe vertical, c'est-à-dire que l'auteur utilise en nombre égal des phrases caractérisées par des constituants immédiats légers et des phrases caractérisées par des constituants immédiats lourds, ainsi qu'un nombre non négligeable mais non déterminant - de phrases caractérisées par des constituants immédiats ayant le trait "moyen". Mais le fait syntaxique le plus important pour la description des phrases du texte B ne se situe pas sur cet axe vertical. Il se situe sur l'axe horizontal, axe qui ne permettait pas de différencier les deux autres textes, l'axe de la complexité propositionnelle. On constate que l'auteur a montré une préférence très nette pour des phrases comportant une complexité propositionnelle moyenne ou (surtout) une grande complexité, et à beaucoup moins employé de phrases simples. On voit donc que si nous souhaitons parler de différences syntaxiques entre les textes - même dans un cas très simple comme celui-ci où 78% de l'information est réunie sur les deux premiers axes, nous ne pouvons aborder les différences de façon satisfaisante qu'en rejetant l'appareil conceptuel traditionnel et unidimensionnel des différences stylistiques, et l'utilisation de l'ordinateur nous y invite impérativement !

Notre utilisation de l'ordinateur pour situer les phrases les unes par rapport aux autres dans un espace multidimensionnel défini par des critères syntaxiques identifiables nous a permis de répondre à nos interrogations sur les différences syntaxiques entre des textes représentant trois niveaux de spécialisation (ou de vulgarisation). Notre analyse syntaxique s'est opérée sur l'unité "phrase", et l'analyse des correspondances nous a permis de décrire le nuage des phrases du corpus. Or, on sait très bien - grâce aux travaux de Halliday sur la cohésion - qu'un texte n'est pas une constellation de phrases.

En attendant de coder les éléments cohésifs de chaque phrase, de les ajouter à l'analyse syntaxique et de comparer les deux représentations des différences entre textes, nous avons voulu ajouter à la visualisation obtenue la notion de l'ordre séquentiel des phrases en les reliant dans l'ordre du texte. Cette nouvelle visualisation montre d'abord que, dans les deux dimensions qui nous intéressent ici, le parcours syntaxique de l'auteur dans un texte donné comporte un certain nombre de "sauts" stylistiques - des incursions dans une syntaxe qui est plus caractéristique d'un autre niveau de spécialisation ou de vulgarisation. Un exemple parmi plusieurs est clairement indiqué par l'Analyse des Correspondances. Il s'agit des phrases A01, A02, A03 du texte spécialisé.

A01 : Ferguson et al. (1938, 1943) discovered that the disease of grazing cattle known as "teart" and caracterised by severe "scouring" (diarrhoea) and loss of condition, leading to death if the pasture is not changed, was related to pastures with a high molybdenum content.

A02 : Sheep are also affected, but less severely, and horses are not affected at all.

A03 : Ferguson et al. also found that the disease was dramatically cured by feeding copper sulphate, it being later shown that both the copper and the sulphate played a part in opposing the effect of excess molybdenum.

On voit que dans ce cas l'incursion est très marquée et est apparente sur une séquence courte de trois phrases : elle était facilement repérable sans l'aide d'une Analyse des Correspondances. D'autres incursions présentent d'autres profils que seule l'utilisation de l'ordinateur permet de repérer et de classer. On peut citer l'écart syntaxique important suivi d'un retour progressif sur deux ou trois phrases vers une syntaxe plus typique du niveau de départ, ou son image-miroir - une série de petits écarts progressifs suivie d'un retour brusque. En analysant ces profils ainsi que leur fréquence d'occurrence nous pourrons espérer établir une typologie des parcours syntaxiques de notre auteur ou d'un de ses textes. On peut imaginer qu'en demandant ainsi à l'ordinateur d'analyser les résultats de sa première analyse on pourra créer des outils qui pourront être utiles dans des cas d'attribution d'un texte à un auteur ou à un niveau de spécialisation ou de vulgarisation.

Au delà de ces quelques exemples où l'ordinateur nous renvoie à notre corpus, à nos critères syntaxiques, et nous suggère d'autres voies de recherche grâce à une visualisation des rapports qui nous oblige à dépasser l'approche traditionnelle et unidimensionnelle, nous pouvons penser que le véritable rôle de l'ordinateur dans les recherches stylistiques peut être moins celui de permettre la vérification d'hypothèses que celui de suggérer de nouvelles hypothèses. Nous pouvons conclure de notre première étude qu'il convient de donner à la recherche stylistique assistée par l'ordinateur une dimension heuristique qui ne peut qu'être très féconde.

Position relative des 188 phrases en fonction des variables syntaxiques déterminant les axes du plan 1 x 2.

Emploi de constituants immédiats longs et/ou lourds et/ou nombreux.

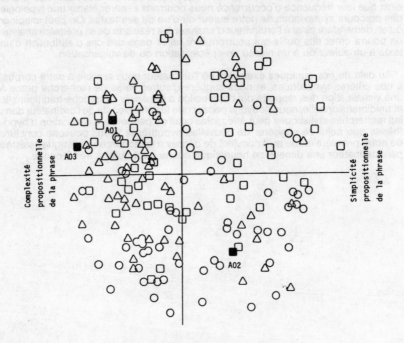

Emploi de constituants immédiats courts et/ou légers et/ou peu nombreux

65	phrases du texte	A	(hautement spécialisé)
61	phrases du texte	B	(semi-spécialisé)
62	phrases du texte	C	(vulgarisation)

Pierre LAFON, André SALEM, Maurice TOURNIER

LEXICOMÉTRIE ET ASSOCIATIONS SYNTAGMATIQUES (ANALYSE DES SEGMENTS RÉPÉTÉS ET DES CO-OCCURRENCES APPLIQUÉE A UN CORPUS DE TEXTES SYNDICAUX)

Une recherche entreprise il y a cinq ans au Laboratoire de Saint-Cloud (1) a pris comme objet d'étude le texte des résolutions confédérales votées en congrès et en comité ou conseil national par les quatre centrales ouvrières durant la période 1971-1976. Le sujet de la recherche ressortissait, avec ses nuances et inférences propres, à la question traditionnelle : le discours de qui est plus proche du discours de qui ou, en termes inversés, qui s'oppose à qui ? Le projet d'analyse était de tester les hypothèses de réponse possible à ce genre de question en appliquant aux textes entrés en machine certaines des méthodes lexicométriques utilisées au laboratoire (2).

A la question des parentages et des clivages observables entre les quatre protagonistes, les éléments essentiels de la réponse étaient fournis dans cette recherche par des critères de similitude (cœfficients de corrélation et analyse factorielle de correspondances) et des études de "spécificités". Un quadrille en déséquilibre s'est peu à peu dessiné entre les discours étudiés, qui rapprochait en premier lieu F.O. et la C.F.T.C. (donnant une prime de ressemblance au vocabulaire de la concertation) ; ces deux confédérations s'opposaient ensemble et très fortement au vocabulaire de la C.F.D.T. marginalisé par rapport aux autres (à cause de l'accent particulier mis par cette centrale sur l'analyse socio-économique et son projet de société) ; la C.G.T. occupait quant à elle une position moyenne, tout en côtoyant, quoique d'assez loin, certaines habitudes lexicales de la C.F.D.T. (à la faveur d'un vocabulaire offensif commun).

Mais parler de rapprochement, d'opposition, de position moyenne s'entend avec les analyses pratiquées, sur le plan des systèmes de fréquences qui caractérisent la répétition individuelle des formes graphiques. Les résultats des tests s'avèrent pertinents surtout si les ensembles sont de longueur analogue (3). Mais inférer de ces systèmes de fréquences à la réalité textuelle complète des discours amène-t-il à autant de certitude ? Une inquiétude vient en effet se mettre en travers de nos conclusions.

L'émiettement des formes par la machine et leur traitement décontexté à partir d'une matrice de fréquences constituent une trahison du discours. Tout l'aspect syntagmatique : séquentiel, phrastique, localisant, répartiteur, distributionnel pour ne prendre ici que des caractéristiques formelles, est complètement occulté dans la statistique paradigmatique traditionnelle. En conséquence, ce que l'on tire des comparaisons de fréquences est-il inférable au texte lui-même ? N'aurait-on pas étudié un artefact de l'analyse, qui n'aurait qu'un rapport indirect avec le tissu discursif ?

On a constaté par exemple un fort rapprochement F.O.-C.F.D.T. dans les emplois majorés comme dans les sous-emplois de certaines formes, qui s'appuie sur 104 convergences de "spécificités" au seuil défini (4). Ce constat serait-il de même ampleur, voire de même sens, si l'on considérait la contextualisation de ces formes ? Prenons des pôles lexicaux caractéristiques des deux traditions originelles dont sont issues nos quatre confédérations : si **mouvement** est en priorité **ouvrier** dans le discours cédétiste, il est toujours **syndical** pour la tradition "cégétiste" que pensent continuer aussi bien la C.G.T. que la C.G.T.-F.O. (d'où le rapprochement renforcé entre elles par ce syntagme nominal) ; si **sociale** est une adjectivation rapprochante pour les centrales d'origine chrétienne, C.F.D.T. et C.F.T.C., cela est dû à **Sécurité** et à **vie** dans les résolutions C.F.T.C., mais à **organisation, propriété** et **transformation** à la C.F.D.T. (d'où une distorsion syntagmatique contrevenant au rapprochement lexical). Voilà pourquoi, si nous reposons la question initiale (qui ressemble à qui ?) à la lumière non plus du relevé des miettes formelles du texte éclaté, mais des associations syntagmatiques qui tissent une séquentialité récurrente dans le discours, nous devons faire appel à des méthodes qui prennent pour objet cette séquentialité.

Deux programmes originaux ont été mis au point au laboratoire de Saint-Cloud pour répondre à ce souci. Le programme PLAS considère la chaîne des caractères en n'introduisant la segmentation que lorsqu'une suite de caractères vient à se répéter, quelle que soit sa longueur ; il fait alors l'inventaire de ces segments, les mesure et les comptabilise. Le programme COOC analyse, quant à lui, les co-occurrences des formes minimales à l'intérieur des phrases, quelle que soit la distance entre ces formes, en inventoriant les paires et les couples qui s'y constituent et en calculant la probabilité attachée à la fréquence de chacun.

Examinons ces deux types d'analyse, en nous interrogeant sur l'intérêt des représentations et des indices qu'ils permettent de construire. Nous tracerons pour conclure quelques pistes de recherche.

1. Des formes aux co-occurrences

La méthode dite des co-occurrences est une exploration de la combinatoire des formes à la surface d'un texte. Les formes, solidaires les unes des autres, s'enchaînent en une suite ordonnée. En général, les études statistiques font l'impasse sur le mode de rangement de cette suite, puisque, fondées sur le comptage des occurrences des formes, elles ignorent délibérément toute indication concernant leur localisation. Cette localisation peut s'entendre de deux manières : absolue, s'il s'agit du simple repérage des points d'occurrences, ou relative, si l'on note les positions qu'occupent les formes les unes par rapport aux autres dans la séquence textuelle. Dans la mesure où nous visons à cerner les similitudes contextuelles, les mots qui vont ensemble, ceux qui s'unissent volontiers, ce sont les localisations relatives qui nous intéressent ici. Nous verrons que la méthode engendre la construction du réseau des principales liaisons syntagmatiques, à partir du donné textuel et des associations récurrentes qui s'y trouvent.

Le laboratoire de Saint-Cloud s'est intéressé à cette problématique depuis 1970 et plusieurs méthodes ont été proposées (5). Ces tâtonnements montrent qu'il s'agit d'un problème difficile.

La première difficulté provient de la nature de l'unité que nous considérons. Les formes signifiantes sont fort nombreuses. Dans le corpus que nous présentons, on en compte 11.000 environ. On imagine l'extraordinaire variété de faits contextuels que l'on peut observer et relever dans une séquence de 230.000 occurrences composée de 11.000 formes différentes. Le phénomène, par sa masse et ses dimensions, est plus complexe que si nous considérions, par exemple, la séquence des unités distinctives (35 phonèmes environ), ou celle des catégories grammaticales (de l'ordre de la vingtaine). La deuxième difficulté découle en partie de la première. Si la variété des faits observés est immense, le nombre des observables défie l'imagination et le calcul. Or, nous pensons que la séquence des formes d'un texte n'est pas construite "au hasard" mais façonnée par toutes sortes de contraintes linguistiques de nature lexicale ou thématique, de règles syntaxiques ou pragmatiques qui s'exercent en tout point de la séquence pour sélectionner les contextes. Dans ces conditions l'application d'un modèle statistique simple (celui du dé, du loto, des cartes, et généralement des jeux dans lesquels tous les possibles sont observables) à un ensemble où le nombre des observables est mal maîtrisé, risque quelquefois d'induire à des jugements valides en regard du modèle

proposé et cependant dénués d'intérêt linguistique réel. Quelles hypothèses faudrait-il introduire dans le modèle pour rapprocher le nombre des possibles de celui
des observables sans détruire la simplicité des calculs ? Le problème reste entier.

Passons maintenant à la description du fonctionnement de la méthode. Tout
commence par les constats locaux de voisinage. Ceux-ci ne peuvent être auto-
matisés que si le voisinage est lui-même strictement défini. On lui fait correspondre
quelquefois une zone de longueur arbitraire et fixe située de part et d'autre de la
forme considérée. Il nous a semblé préférable d'attribuer au voisinage des frontières
plus "naturelles". Dans l'expérience que nous présentons, c'est la phrase entourant
une forme, et définie pour la machine comme séquence textuelle comprise entre
deux ponctuations fortes, qui constitue son voisinage. Mais un voisinage plus large,
le paragraphe, en tant qu'unité thématique du discours, ou plus étroit, le segment
limité par toute ponctuation, en tant qu'unité de fonctionnement de la forme, pourraient être choisis : cela ne changerait rien à la méthode elle-même. Soient F et G
deux formes en relation de voisinage dans le texte : F peut précéder ou, au
contraire, suivre G. Il est évidemment essentiel de noter l'orientation d'une rencontre.
Mais il peut arriver qu'une liaison manifestée par de nombreuses rencontres ne
marque pas de préférence pour une orientation particulière. C'est pourquoi nous
parlerons tantôt des couples orientés (F ⟶ G) et (G ⟶ F), tantôt de la paire,
notée indifféremment (F,G) ou (G,F). Symbolisons par S (comme Séparateur) les
limites des phrases, et schématisons trois dispositions locales de rencontre :

```
x  .    .    .    .    .    .    .    .    .    x  (I)
S        F              G                       S

x  .    .    .  .    .         .            .   x  (II)
S    F                    F    G                 S

x  .    .    .    .         .          .    .   x  (III)
S        G         F         G                   S
```

En (I) : nous trouvons une rencontre du couple (F ⟶ G) et aussi bien sûr, une
          rencontre de la paire (F,G). Comme F et G sont séparés par deux occur-
          rences, on attribue la distance 2 au couple et à la paire relevés.

En (II) : on note une seule rencontre du couple (F ⟶ G) et de la paire (F,G),
          avec distance 0.

En (III) : une rencontre du couple (G ⟶ F), distance 2
           une rencontre du couple (F ⟶ G), distance 1
           2 rencontres de la paire (F,G), distances 2 et 1

Pour une paire donnée et les deux couples qui lui correspondent, on fait la somme
des divers constats locaux sur l'ensemble du texte, et ainsi de suite pour toutes
les paires et tous les couples possibles.

En réalité, il ne faut pas perdre de vue notre objectif, qui est la sélection des
couples et paires dont la fréquence de répétition est suffisante pour manifester
l'indice d'une liaison entre les deux formes considérées. Ces couples et paires se
trouvent nécessairement parmi ceux dont le nombre de rencontres est égal ou
supérieur à un seuil minimum. Pour le corpus de textes syndicaux, nous avons
fixé à trois le seuil à atteindre. Cette limitation permet d'exclure a priori de la
recherche les paires dont l'un des éléments au moins a une fréquence inférieure
au seuil choisi, et diminue sensiblement le potentiel des paires possibles (6). Pour
tous les fragments du corpus, on trouvera aux lignes 4 et 5 du tableau 1 ci-après,
respectivement, le potentiel des paires après exclusion des formes de fréquence
inférieure à 3, et l'effectif des paires retenues quand on a éliminé celles qui ont
moins de trois rencontres.

Il nous reste à voir comment hiérarchiser paires et couples retenus en fonction
du nombre de leurs rencontres. A partir de quand les rencontres sont-elles jugées
assez nombreuses, relativement aux fréquences des éléments de la paire, pour que

la récurrence observée traduise une attirance, une affinité au sein du couple ou de la paire considérée ? C'est ici que la statistique mathématique nous apporte un précieux concours. Nous laisserons de côté le détail des calculs (7) pour nous expliquer à l'aide d'un petit exemple.

Imaginons dans un texte la configuration de deux formes particulières F et G. A celles-ci correspond une séquence constituée des occurrences de F, de G et du séparateur de phrase S. Supposons que les fréquences de F, G et S soient respectivement, $f = 13$, $g = 7$ et $s = 35$. On peut dénombrer l'ensemble de toutes les séquences distinctes construites en permutant les F, G et S de toutes les façons possibles.

Dans chaque séquence de cet ensemble, le nombre de rencontres est compris entre 0 et 7 pour les couples, entre 0 et 14 pour les paires (8). On regroupe les séquences en classes ayant respectivement 0, 1, 2, ... 7 rencontres pour les couples, et 0, 1, 2, ... 14 rencontres pour les paires. Puis on calcule pour les deux partitions les proportions de chaque classe dans l'ensemble. En faisant l'hypothèse que tous les possibles sont également probables, les proportions obtenues représentent les distributions en probabilités de la variable nombre de rencontres, respectivement pour les couples et les paires. Elles sont réunies dans les tableaux 2 et 3 ci-après.

Tableau 2
Distribution du nombre des rencontres pour les couples

K	Prob (nb de rencontres = K)	Prob (nb. de rencontres ≥ K)
0	0.132 946	1.000 000
1	0.336 056	0.867 054
2	0.326 974	0.530 998
3	0.157 751	0.204 024
4	0.040 449	0.046 273
5	0.005 460	0.005 824
6	0.000 356	0.000 364
7	0.000 008	0.000 008

Tableau 3
Distribution du nombre des rencontres pour les paires

K	Prob (nb. de rencontres = K)	Prob (nb. de rencontres ≥ K)
0	0.018 430	1.000 000
1	0.090 909	0.981 570
2	0.199 879	0.890 661
3	0.259 415	0.690 782
4	0.221 720	0.431 367
5	0.131 773	0.209 647
6	0.056 035	0.077 874
7	0.017 273	0.021 839
8	0.003 866	0.004 566
9	0.000 624	0.000 700
10	0.000 070	0.000 076
11	0.000 006	0.000 006
12	$< 10^{-6}$	$< 10^{-6}$
13	$< 10^{-6}$	$< 10^{-6}$
14	$< 10^{-6}$	$< 10^{-6}$

Dans la colonne de droite des tableaux figure la distribution cumulée. C'est la valeur de cette distribution attachée à une valeur donnée qui constitue l'indicateur de liaison des deux formes. Plus la configuration observée est située vers l'extrémité de la distribution, donc est improbable, plus elle est remarquable.

Dans notre petit exemple, la distribution obtenue montre qu'il faudrait observer 4 rencontres au moins pour les couples (F $\longrightarrow$ G) ou (G $\longrightarrow$ F), ou 7 rencontres au moins pour la paire (F,G), pour considérer qu'il y a liaison significative entre F et G.

On se reportera aux lignes 6 et 7 du tableau 1 pour constater la sélection opérée par l'application de ce modèle statistique lorsqu'on retient couples et paires dont l'indicateur de liaison est inférieur ou égal à 0.05. On constate sur ce tableau que l'effectif des associations sélectionnées est nettement plus abondant à la C.F.T.C. qu'ailleurs. Ce phénomène est à mettre en rapport avec une écriture en phrases plus longues en moyenne dans cette centrale (940 séparateurs forts pour 27 959 occurrences). On voit que l'élargissement des limites de voisinage augmente sensiblement le nombre de liaisons pertinentes, ce qui semble prouver que l'insertion d'une forme dans le discours tisse un réseau de dépendances syntagmatiques qui s'étend bien au-delà des comptabilités immédiates.

Nous n'avons pas la place de faire ici une analyse des contenus lexicaux des paires et couples sélectionnés dans chaque centrale, ni de montrer comment chaque texte est marqué par certaines associations. Donnons cependant quelques exemples pour illustrer les deux principaux types de liaison observés dans les résultats obtenus. On trouve d'une part des associations lexicales assez distantes en moyenne, qui ne sont pas motivées par un rapport fonctionnel invariable entre les formes reliées, mais par une correspondance thématique d'ordre causal, analogique ou contrastif. Ce type se manifeste aussi bien par des couples que par des paires, en voici quelques exemples issus de la C.F.D.T. 1.

Couples : (F $\longrightarrow$ G)

F	f	G	g	Nb. de rencontres	Indicateur de liaison	Distance moyenne
action	145	organisation	61	16	6.72×10^{-4}	14.00
autogestion	26	démocratique	63	7	2.74×10^{-4}	9.43
capitalisme	26	socialisme	100	10	1.15×10^{-2}	12.20

Paires : (F,G)

immigrés	16	femmes	10	6	1.84×10^{-7}	12.87
luttes	56	travailleurs	243	33	1.18×10^{-3}	15.88
patronat	43	gouvernement	46	22	2.32×10^{-13}	5.82

On trouve d'autre part des couples, très nombreux, qui possèdent en général un fort degré de liaison et des distances moyennes très faibles, et sous lesquels on reconnaît une lexie figée en langue. En voici quelques exemples qui proviennent de C.G.T. 2. :

Couples : (F ——► G)

F	f	G	g	Nb. de rencontres	Indicateur de liaison	Distance moyenne
cadre	19	vie	43	10	1.37×10^{-10}	1.00
moyens	34	production	25	13	4.74×10^{-15}	1.00
classe	40	ouvrière	13	11	1.60×10^{-17}	0.27
forces	31	productives	4	4	8.57×10^{-8}	0.00
indépendance	24	nationale	27	10	2.13×10^{-13}	0.00
marché	13	commun	16	9	1.53×10^{-12}	0.00
masses	16	populaires	15	9	2.04×10^{-12}	0.00
mettre	20	œuvre	30	6	5.11×10^{-7}	1.00
pouvoir	49	achat	14	14	2.41×10^{-23}	1.00

On voit que malgré les difficultés évoquées au début, l'application d'un modèle probabiliste simple permet de sélectionner les faits les plus remarquables de la chaîne syntagmatique. C'est l'abondance d'associations du second type qui nous a orientés vers une autre approche séquentielle que nous présentons maintenant.

2. Du texte aux segments

Il nous a semblé, au vu de ces premiers résultats, que si la méthodologie de recherche des co-occurrences développée jusque là était bien adaptée à l'étude des associations du premier type, il était possible d'élaborer des méthodes à la fois plus simples et plus efficaces pour mettre en évidence les associations de formes employées dans des expressions connexes, fortement répétées dans le texte.

Pour une forme donnée, et si le texte que l'on étudie n'est pas trop long, on peut repérer sans trop de mal les séquences récurrentes dans lesquelles elle fonctionne, à l'aide des outils traditionnels du lexicométricien que sont la concordance et l'index alphabétique. En effet, en se reportant à l'entrée correspondante d'une concordance munie d'un contexte suffisamment étendu et dont les lignes sont triées sur la partie droite du contexte par ordre alphabétique, on peut dresser la liste des expressions qui contiennent cette forme. Si l'on désire en outre isoler les formes qui n'apparaissent qu'en liaison avec cette forme-pôle, le problème se complique quelque peu. En effet, il faudra se livrer à toute une série de vérifications sur les occurrences de chacune des deux formes en se reportant tour à tour à l'index et à la concordance. Pour un texte comportant plusieurs milliers d'occurrences, le repérage des séquences de formes répétées peut se révéler une opération très longue sinon impossible. C'est pourquoi nous avons pensé qu'il était indispensable de recourir à de nouveaux instruments.

L'inventaire des segments répétés est une méthode que nous proposons pour aborder ce genre de problème. Précisons d'abord quelques notions. Nous appellerons "séquence" toute suite de formes comprise entre deux ponctuations. Pour faire entrer cette notion dans une procédure informatisable, nous devrons donner une fois pour toutes à certains signes de ponctuation (forte ou faible) le statut de délimiteur de séquence. Par analogie avec la définition de la forme et de ses occurrences, nous appellerons "biforme" toute suite de deux formes graphiques non séparées par un délimiteur de séquence. Nous parlerons également des occurrences d'une biforme et de sa fréquence. Les biformes comptant deux occurrences ou plus dans le corpus seront dites "biformes répétées". Enfin, nous définirons de la même manière les triformes, quadruformes, quintuformes etc ..., en regroupant le tout sous l'appellation générique de "segment" (de longueur deux, trois, ..., n). A l'aide de ces termes nous pouvons dire notre projet plus simplement : nous nous proposons de recenser tous les "segments" qui apparaissent au moins à deux endroits différents du corpus. Dans la pratique, pour simplifier les programmes, nous nous sommes limités à la recherche des segments de longueur égale ou inférieure à sept, les segments plus longs pouvant être repérés à partir des précédents sans trop de mal.

Chaque I.S.R. se divise en deux grandes parties. La première est un inventaire classé selon l'ordre alphabétique des segments répétés (toutes longueurs confondues). Dans la seconde, les segments sont triés d'abord selon leur longueur et ensuite par ordre de fréquence décroissante. Cette partie s'appelle l'index hiérarchique des segments.

On peut voir au tableau 4 un fragment tiré de l'index alphabétique de l'I.S.R. de notre corpus :

- la première colonne du tableau indique le nombre de fois que le segment est répété dans l'ensemble du corpus ;

- dans la seconde, on peut lire la longueur du segment (i.e. le nombre de formes simples qui le composent) ;

- on trouve éventuellement dans la troisième colonne la fréquence du segment le plus fréquent constitué par l'ajout d'une forme simple à droite du segment considéré ;

- sous le segment répété on trouve les fréquences respectives de chacune des formes qui le composent (si une forme simple n'apparaît que dans le contexte indiqué, sa fréquence est suivie d'un astérisque) ;

- les segments sont suivis des références permettant leur localisation dans le corpus. Dans le cas où ils sont toujours précédés par une même forme, avec laquelle ils constituent un segment de longueur supérieure, une double flèche renvoie à l'entrée alphabétique correspondante.

Ces documents trouvent plusieurs utilisations dans le domaine lexicométrique. En voici les principales directions :

a) Utilisation documentaire : on peut consulter l'I.S.R. comme un dictionnaire des segments répétés comportant des indications de fréquence et de localisation.

b) "Opérateurs syntaxiques" : on peut tenter de dégager une classe de segments relativement fréquents comme par exemple dans notre corpus :

dans le cadre	98 fois
de plus en plus	93 fois
à la fois	87 fois
mise en œuvre	80 fois

pour étudier le système de leurs emplois respectifs (9).

c) Nouvelles unités de dépouillement pour les études statistiques. Les autres programmes du laboratoire peuvent être adaptés aux segments comme ils le sont aux formes.

Au tableau 5 on peut voir quelques lignes du tableau constitué par le décompte des occurrences de chacun des 81 525 segments répétés dans chacune des 9 parties du corpus. Toutes les expériences statistiques que nous avons pu faire en partant de ce genre de tableau nous ont convaincus du grand intérêt de ces décomptes pour les problèmes de parentages, typologies, etc ... Enfin, il nous semble intéressant de baser sur ces comptages de segments répétés une nouvelle approche de la mesure de la répétitivité des textes.

3. Perspectives d'analyse

Un instrument de recherche n'est pas innocent. Si nous avons abandonné notre premier modèle d'étude des cooccurrences (exposé au Colloque de l'ALLC d'Edimbourg, il y a dix ans), c'est pour une part que nous n'étions pas sûrs de pouvoir manipuler sans risque, sur des fréquences faibles, l'approximation de l'écart réduit. Il faut que l'instrument soit bien ajusté au projet de recherche. Les deux méthodes qui viennent d'être exposées nous semblent mieux répondre à nos préoccupations.

Nous en attendons en particulier des renseignements sur la consistance du texte elle-même, sur les distributions dans les entourages, sur les couples de formes, sur les chaînes figées et sur les chemins d'attirances. Evoquons en quelques mots ces pistes de recherche, pour une conclusion en forme d'ouverture.

La pâte du texte. Analyse des degrés de **sloganisation.**

La statistique lexicale traditionnelle juge de la "pâte" (compacte ou fluide) d'un texte en analysant les listes de vocables comptabilisés selon des cœfficients de "richesse", de "variété/répétition" ou de "cohésion", ou bien d'après l'examen de la gamme de leur fréquence. Mais il s'agit toujours de mots hors contexte. Une première recherche cooccurrentielle sur la "sloganisation" dans les tracts de Mai 68 (10), nous a renforcés dans la conviction qu'une autre voie de recherche était fructueuse : juger non sur la répétition des éléments minimaux mais sur celle des chaînes. On a pu montrer ainsi comment, dans les tracts soixante-huitards, deux stratégies d'écriture entraient en concurrence, l'une sloganisante, l'autre casseuse de slogans (11). A son tour, le programme PLAS montre, par exemple, que les segments répétés dégagés pour la C.F.D.T. pèsent plus lourd dans son discours confédéral que ceux dégagés pour F.O. A longueur égale, on trouve 13 000 biformes dans C.F.D.T. 2 et 11 000 dans F.O. 2. Des degrés divers de sloganisation pourront être mis en évidence au terme d'une comparaison générale des tissus discursifs grâce à des analyses plus fines, puisque toutes les couches de répétition séquentielle sont susceptibles d'un indice modulable, biformes, triformes, quadruformes, etc.

Les distributions. Construction de **lexicogrammes.**

Avant de posséder un sens, un mot a un fonctionnement. Il est inséré dans des contextes qui lui intiment l'ordre de marcher droit. Si ces contextes sont homogènes (et nos résolutions syndicales ont assez d'invariants pour que le postulat en soit posé), il est licite de cumuler les séquences qui se distribuent à gauche et à droite d'une forme choisie comme "pôle" d'étude, et de voir là une image de son fonctionnement cooccurrentiel. Nous appelons cette image "lexicogramme". Pour construire par exemple, autour de **travailleurs**, le lexicogramme de ses voisins préférés, il suffit de fixer quelques règles de sélection. A fréquence de cooccurrent $\geqslant 3$, à cofréquence ou nombre de rencontres entre lui et le pôle $\geqslant 3$, à distance moyenne entre eux < 6 et à probabilité $< 5\%$, l'ordinateur nous fournit les graphes suivants pour C.G.T. 72 et C.F.D.T. 71-72.

travailleurs	
CGT 72	220 occ.

travailleurs	
CFDT 71-72	243 occ.

1 des
2 les
3 aux
4 droits
5 mécontentement
6 participation
7 large
8 atteinte
9 majorité
10 succès
11 catégories
12 commune
13 aspirations
14 enfin
15 permanente
16 défense
17 élus
18 vie

1 et
2 immigrés
3 masses
4 disposant
5 syndicales
6 français
7 organisations
8 représentants
9 monde
10 peuple

1 des
2 les
3 appelle
4 aspirations
5 aux
6 charges
7 droits
8 défendre
9 présenter

1 immigrés
2 algériens
3 privés
4 travailleuses
5 intérimaires
6 syndicales

L'intérêt de ce graphe réside on le voit, dans la possibilité de comparaison. On examine alors les intersections cooccurrentielles (entre 25 et 22% des spectres gauches et droits de **travailleurs** pour la C.G.T. et la C.F.D.T. à d̄ ⩽ 10, entre 37 et 25% à d < 6), les participations relatives à un modèle plus général, les différences entre les lexicogrammes, l'évolution d'un lexicogramme avec le temps, etc.

Les couples de formes. Sélection de **stéréotypes textuels.**

Des règles systématiques permettent également de repérer dans les sorties-machine les "stéréotypes" les plus figés d'un texte. Qu'on s'entende bien, il ne s'agit pas de langue. Bien des figements en langue échappent à la statistique d'un texte. Inversement, des surprises nous attendent. Voici par exemple les dix couples les plus figés de la C.G.T. 72 et de la C.F.D.T. 73, à f ⩾ 3, cf ⩾ 3, p < 5% et d ⩽ 10 (formes lexicales seules) :

C.G.T. 72

pays ⟶ capitalistes
marché ⟶ commun
organisations ⟶ syndicales
conditions ⟶ travail
progrès ⟶ social
unité ⟶ action
mouvement ⟶ syndical
exploitation ⟶ capitaliste
système ⟶ capitaliste
degrés ⟶ divers

C.F.D.T. 73

mouvement ⟶ ouvrier
classe ⟶ ouvrière
syndicalisme ⟶ masse
exploités ⟶ aliénés
aspects ⟶ vie
projet ⟶ socialiste
production ⟶ échange
trois ⟶ ans
rapports ⟶ sociaux
moyens ⟶ échanges

Là encore peuvent se pratiquer des analyses d'intersection entre les listes (dans notre corpus, elles font apparaître, tout au moins dans le haut de gamme, des intersections moins remplies qu'on ne l'aurait pensé : chacun se méfie de la sloganisation de l'autre et se positionne en décalage), des constructions de modèles plus larges, des interprétations de différences, des constats d'évolutions (il semble par exemple que la permanence stéréotypique de la C.F.D.T. soit un peu supérieure, d'un congrès à l'autre, à celle de la C.G.T., pendant la période étudiée) (12).

Lorsque les règles instaurent une distance moyenne faible entre les deux éléments (ici d ⩽ 10), les couples sélectionnés ne provoquent pas de surprise ; on s'y attendait. Il n'en est pas de même pour les distances longues. Apparaissent alors, et avec d'importants indices de figement ($\bar{p} \leqslant 1\%$ et nombre de rencontres élevées), des liaisons à distance qui nous sont moins familières. On appelle ce phénomène des "téléstéréotypes". Le retour au contexte s'impose dans ces cas et le programme PLAS relaie à point le programme des cooccurrences.

Les chaînes figées. Inventaire des **segments répétés.**

Outre le repérage des liens syntaxiques, l'intérêt des I.S.R. est de venir en commentaire des couples stéréotypés : on s'aperçoit souvent qu'il ne s'agit pas en fait de couples mais de séquences longues que l'analyse en couples a abusivement fragmentées. C'est ainsi que certains des couples qui arrivent au niveau des stéréotypes majeurs cités plus haut pour la C.F.D.T. 73 sont les maillons d'une chaîne fondamentale modulée ainsi :

En tête des segments les plus longs à forte répétition, on trouve dans le corpus complet les septuformes suivantes :

"La réduction de la durée du travail" (25 fois)
"Abaissement de l'âge de la retraite" (10 fois)
"Avancement de l'âge de la retraite" (8 fois)

Elles induisent la remarque que les revendications les moins politiques sont aussi les mieux réparties : un décalage n'y est pas senti comme indispensable.

Les chemins d'attirance. Construction de graphes de **connexions.**

Les programmes nous montrent comment les mots s'attirent les uns les autres dans un même texte. Pourquoi ne pas passer d'un pôle à l'autre et parcourir le chemin des attirances qui s'enchaînent ? Ce type de recherche a été mené, à l'aide du premier programme de cooccurrences, sur les tracts de Mai 68 (13). Des règles d'itération engendrent des graphes qui s'étagent sur plusieurs paliers jusqu'à ce que la quête des "connexions" soit saturée. Image profonde des réseaux d'attirances à l'œuvre dans le texte ? Image artefact due au type d'analyse ?

En réalité, nous savons bien que ce qui est au bout de la langue ou qui vient au bout de la plume, ce n'est pas le mot tout seul, c'est une certaine quantité de mémoire. Un mot n'arrive jamais nu. Appendus à lui et invisibles, tous les autres collent à lui à divers degrés. Nous n'avons dans la tête que des agglutinations, des girations verbales, nées du moirage des habitudes de locution héritées, antérieures ou concurrentes. Et le texte est aussi une image de ces habitudes, et une image cernable. Il suffit de compresser. Par cumul des contextes, on construit une sorte d'"architexte", où tous les appendus réalisés se mélangent. Mais ne fonctionnons-nous pas sur des moirages autant que sur des structures ?

Notes

(1) Cf. l'ouvrage collectif **La parole syndicale. Etude du vocabulaire confédéral des centrales ouvrières françaises (1971-1976)**, par le *"Groupe de Saint-Cloud"* (A. Bergougnioux, M.F. Launay, R. Mouriaux, J.P. Sueur, M. Tournier), Paris, PUF, Coll. Politique d'aujourd'hui, 1982.

(2) Ces méthodes sont décrites dans certains articles parus dans la revue du laboratoire, **MOTS** (Mots, Ordinateurs, Textes, Sociétés), Presses de la FNSP, Paris, rubrique "Lexicométrie" (1980-1983).

(3) On sait par expérience que toute répétitivité formelle dans un texte est soumise aux incidences de la longueur de ce texte et que, par suite, les comparaisons entre textes de longueur différente sont difficiles à maîtriser. Aussi, le corpus des résolutions confédérales a-t-il été partitionné, en vue de la présente expérience, en 9 ensembles naturels de taille à peu près équivalente (cf. le TABLEAU 1).

(4) **La parole syndicale**, op. cit., p. 159. A titre comparatif, au même seuil de probabilité, on constate 5 convergences C.F.D.T.-F.O. et 8 C.F.D.T.-C.F.T.C., mais respectivement 88 et 75 divergences, alors qu'il n'y a que 16 divergences entre F.O. et C.F.T.C. Un détail des formes concernées est donné dans les tableaux p. 152-158.

(5) A. Geffroy, P. Lafon, G. Seidel, M. Tournier, "Lexicometric analysis of co-occurrences" **The computer and literary studies**, Edinburgh University Press, 1973, pp. 113-133.

A. Geffroy, P. Lafon, M. Tournier et al., **Des tracts en Mai 68**, Paris, Presses de la FNSP, 1975, p. 185-278.

A. Hartley, P. Lafon, M. Tournier, "A new lexicometric approach to co-occurrences in a text", **ALLC Bulletin**, 7, 3, 1979, p. 238-247.

(6) Prenons un exemple. Le fragment C.F.D.T. 1 de notre corpus a un vocabulaire V de 3425 formes. Le nombre de paires possibles est V (V-1)/2, soit un potentiel initial de 5 863 600. Mais, comme le montre le tableau 1, il n'en reste plus que 659 526 après exclusion de celles dont un élément au moins n'atteint pas la fréquence 3.

(7) P. Lafon, "Analyse lexicométrique et recherche des cooccurrences" **MOTS**, 3, octobre 1981, p. 95-148.

(8) Dans le cas des couples, le nombre maximum de rencontres est : minimum (f, g). Pour les paires, le maximum est : 2 x minimum (f, g), si f ≠ g ; et 2 x minimum (f, g) -1 si f = g.

(9) Comme nous le faisons par ailleurs dans une recherche commune avec P. Fiala sur : **Le rivage des Syrtes** de Julien Gracq.

(10) M. Tournier, "Répétitivité et réseau lexicométrique : deux aspects de la sloganisation", Examen critique de l'apport du traitement par ordinateur pour l'examen des structures linguistiques, Table ronde CNRS, Ivry, 1974.

(11) **Des tracts en Mai 68**, p. 284-291.

(12) **La parole syndicale**, p. 193-203.

(13) **Des tracts en Mai 68**, p. 250-277. Les descripteurs utilisés sont ceux de la "théorie des graphes" (ibid. p. 192-196).

Tableau 1

Total des occurrences : 231.298	CFDT 1 1971-72	CFDT 2 1973-74	CFDT 3 1975-76	CFTC C 1971-76	CGT 1 Congrès 1972	CGT 2 Congrès 1975	CGT 3 CCN	FO 1 1971-73	FO 2 1974-76
1 Longueur	25 275	23 684	24 455	27 959	27 791	31 856	23 173	23 425	23 680
2 Nb. de formes	3 425	3 338	3 164	3 757	3 869	4 135	3 602	4 009	4 016
3 Nb. de phrases (ponctuations fortes)	1 081	1 183	1 264	940	1 689	1 399	1 138	1 274	1 079
4 Paires restantes après élimination aux seuils de fréquence $f \geqslant 3, g \geqslant 3$	659 526	595 686	615 495	882 456	909 226	1 095 940	641 278	665 281	719 400
5 Paires restantes après élimination seuil nb. de rencontre $\geqslant 3$	21 714	18 475	21 099	39 975	18 914	30 964	18 505	18 053	21 840
6 Nb. total de paires sélectionnées. Indicateur de liaison $\leqslant 0.05$	4 006	3 621	5 677	13 598	4 330	8 543	3 827	4 236	5 139
7 Nb. total de couples sélectionnés. Indicateur de liaison $\leqslant 0.05$	4 445	3 799	5 455	11 516	4 764	7 511	4 156	4 703	5 219

Tableau 4

2 7	A DES CONCEPTIONS DE COLLABORATION DE CLASSES 4878 7734 34 13804 28 13804 46 ⟹	REFÉRANT A DES ...
2 7	A DES ENTREPRISES EXTÉRIEURES DE MAIN D 4878 7734 325 8 13804 51 4384 ⟹	RECOURS A DES ...
2 7	A DES RÉUNIONS ORGANISÉES PAR LES SYNDICATS 4878 7734 8 11 1826 7002 130 ⟹	PARTICIPER A DES ...
2 6	A DOTER LES TRAVAILLEURS DE TERRAINS 4878 7 7002 1502 13804 34 ⟹	PATRONAT A DOTER ...
2 7	A EFFECTUER SUR CHAQUE POSTE DE TRAVAIL 4878 12 1224 148 13 13804 729 ⟹	OPÉRATIONS A EFFECTUER ...
2 7	A ELLES SEULES POUR CONSTRUIRE LE SOCIALISME 4878 187 19 2464 26 4732 231 ⟹	SUFFISANTES A ELLES ...
2 6	A ETRE APPOSÉS SUR LES CARTES 4878 737 2* 1224 7002 18	031160058 031160064
2 7	A EXIGER PARTOUT L'APPLICATION INTÉGRALE DES 4878 30 52 6357 119 15 7734	031120479 032120829
2 7	A FAIRE ACCÉLÉRER L'ÉTABLISSEMENT DES LISTES 4878 305 14 6357 55 7734 6	031120485 032120837
2 7	A FAIRE PESER SUR LES TRAVAILLEURS LES 4878 305 17 1224 7002 1502 7002	031130334 032122019
2 7	A FAVORISER LA MISE EN ŒUVRE DE 4878 42 9902 244 2980 210 13804 ⟹	ET A FAVORISER ...
2 7	A FAVORISER LES EXPORTATIONS DE CAPITAUX ET 4878 42 7002 7 13804 39 7795 ⟹	VISANT A FAVORISER ...
2 7	A IMPOSER SON MAINTIEN AU BESOIN PAR 4878 65 580 69 1467 35 1826 ⟹	PAS A IMPOSER ...

Tableau 5

	C.F.D.T.			C.F.T.C.	C.G.T.			F.O.	
	1	2	3		1	2	3	1	2
118 3 DE L'EMPLOI	9	5	9	31	18	13	16	8	10
107 3 DE L'ETAT	14	8	11	14	16	17	2	11	14
99 3 DE LA SOCIÉTÉ	25	18	35	3	6	8	3	2	1
93 3 ET DE L	16	12	12	9	12	18	7	4	9
98 3 DANS LE CADRE	8	16	10	12	5	10	10	11	16
95 3 DE PLUS EN	15	5	7	6	10	13	17	15	10
94 3 LES CONDITIONS DE	10	9	17	9	16	15	6	9	3
93 3 PLUS EN PLUS	13	5	7	8	10	15	12	15	10
90 3 DES CONDITIONS DE	18	6	10	9	7	17	9	4	10
89 3 LA SÉCURITÉ SOCIALE	0	5	3	28	10	8	7	12	16
87 3 À LA FOIS	20	13	13	5	3	7	9	7	10
87 3 N'EST PAS	12	10	11	6	8	11	14	13	5
86 3 DE L'ENTREPRISE	7	3	6	27	12	16	4	3	8
85 3 DE TOUS LES	6	16	8	12	13	18	5	3	6
84 3 LE DÉVELOPPEMENT DE	4	11	15	7	12	16	16	1	2
83 3 DE TOUTES LES	6	14	8	7	17	14	8	3	6
80 3 MISE EN ŒUVRE	4	5	16	11	8	16	2	10	8

Janine GALLAIS-HAMONNO

LE RÔLE DE L'ANALYSE SYNTAXIQUE DANS LA LECTURE AUTOMATISÉE DES TEXTES SCIENTIFIQUES

1.1 Les développements de la recherche en linguistique informatique offrent aux linguistes, peut-être pour la première fois de leur histoire, la possibilité de se montrer hommes de science. Nous pouvons en effet maintenant tester nos hypothèses et les modifier au vu des résultats obtenus. Nous pouvons par ailleurs répondre à des besoins spécifiques qui font se tourner vers nous non seulement nos collègues informaticiens mais également les producteurs industriels.

En ces circonstances, les linguistes se doivent de répondre de manière efficace aux problèmes qui leur sont posés. Il en va de l'avenir de leur science mais aussi de recherches qui, sans les outils dont ils sont seuls dépositaires, ne pourront évoluer qu'avec beaucoup de mal.

Quels sont donc ces problèmes ? C'est-à-dire quels sont les grands axes de la recherche actuelle en linguistique informatique ? Nous pouvons en distinguer quatre :

. le dialogue homme-machine,
. la reconnaissance des concepts,
. la production de textes,
. la traduction-assistée.

Or, pour aucun de ces axes de recherche, la grammaire générative n'offre de réponse satisfaisante.

2.1 La grammaire générative s'est proposé d'analyser la façon dont sont "engendrées" "toutes et rien que les phrases grammaticales dans une langue donnée" (1).

C'est justement cette attention portée à la phrase qui nous semble être le principal obstacle à une étude qui permette de répondre aux objectifs proposés à la linguistique informatique.

2.2 S'intéresser à la phrase signifie en effet ne plus tenir compte de la structure du texte dans son ensemble : c'est éliminer la rhétorique de l'étude linguistique. Or c'est, croyons-nous, un grand obstacle à l'étude sémantique du texte.

Quel est en effet le rôle de la rhétorique ? Pour nous, elle sert à donner au locuteur une trame qui facilite son encodage, mais qui, surtout, guide le décodage que l'allocutaire devra effectuer. La rhétorique tient en effet compte d'un des éléments essentiels à nos yeux dans la communication : la faculté d'attention limitée de l'homme. C'est parce que l'esprit humain a tendance à se disperser au bout de quelques minutes d'attention que des procédés ont été élaborés permettant à l'allocutaire de retrouver le "fil" d'un discours dont certains éléments lui auraient échappé. Par ailleurs, la rhétorique permet de présenter les différents arguments de telle manière que soit souligné à l'attention de l'allocutaire ce qui, dans l'exposé, est le plus important, facilitant ainsi son travail de décodage.

Or la rhétorique structure le texte dans son ensemble et établit entre phrases des connexions que ne peut étudier l'analyse phrase à phrase de la grammaire générative.

2.3 De même la rhétorique, établissant des liens entre phrases, fait qu'au sein de chacune de ces phrases se rencontrent des éléments qui n'appartiennent pas au même "niveau" que les autres : il y a dans la phrase des éléments rhétoriques qui participent à l'élaboration de la structure du texte et ne tiennent pas à la structure syntaxique de la seule phrase considérée.

3.1 Par ailleurs, l'étude phrase à phrase conduit, et c'est à nos yeux le plus grand défaut de la grammaire générative, à supposer que la syntaxe joue le même rôle dans toutes les phrases.

3.2 C'est ne pas tenir compte du fait qu'au sein d'une même langue nationale, il existe non pas une grammaire mais des grammaires, comme le montre l'analyse syntaxique des langues de spécialité (langues des sciences, techniques et professions).

3.3 C'est en vérité tout le rôle de la syntaxe qui doit être considéré sous un angle nouveau. De même que l'on ne peut faire une théorie du sens qui ne tienne compte de la syntaxe, l'on ne peut faire une théorie syntaxique qui laisse peu de place à la sémantique. Les deux vont de pair et cette co-existence est due au fait que l'un des rôles fondamentaux de la syntaxe est justement, selon nous, de permettre la représentation sémantique. Or, l'analyse syntaxique qui nous est généralement proposée ne nous permet pas de prendre conscience de ce rôle sémantique de la syntaxe.

Ceci est particulièrement clair lorsque l'on cherche à reconnaître les concepts utilisés par un auteur dans un texte donné : le terme qui désigne le concept, d'après les analyses syntaxiques que l'on nous propose, semble avoir la même fonction syntaxique que d'autres termes qui, dans ce même texte, ne désignent pas des concepts. C'est, nous semble-t-il, une des raisons pour lesquelles la grammaire générative ne parvient pas à résoudre de façon efficace les problèmes posés par la reconnaissance des concepts.

4.1 En outre, en s'intéressant essentiellement à la grammaticalité, les générativistes ont mal perçu qu'il existait une variété de niveaux de langue qui ne s'analyse pas par le critère de l'acceptabilité grammaticale. Ce que nous appelons les "niveaux" de langue (2), appelés par d'autres des "registres", peut être analysé, et doit être analysé, par d'autres voies que celle d'une grammaire "générale" d'une langue nationale donnée.

4.2 L'analyse des langues de spécialité montre en effet que pour chaque langue nationale existent des sous-ensembles de langues de spécialité dont une fraction seulement de la population possède la "compétence". Nous avons divisé ces niveaux en quatre groupes distincts (2) : niveau des spécialistes, niveau des apprenants en cours de spécialisation, niveau d'un public général cultivé, niveau du public général.

Pour chacun de ces niveaux existent des règles syntaxiques qui connaissent de légères variantes tandis que, du point de vue sémantique, à chacun de ces niveaux correspond une utilisation propre des termes ou syntagmes.

5.1 L'analyse que j'aimerais vous présenter maintenant est celle qu'effectue le Groupe ATRIL (Analyse textuelle par la recherche informatique et linguistique).

La syntaxe constitue pour nous le fil d'Ariane de la communication dans la mesure où elle devient l'élément essentiel de l'analyse sémantique. C'est-à-dire que notre analyse porte sur le rôle sémantique de la syntaxe.

5.2 Que faut-il entendre par "rôle sémantique" de la syntaxe ? Tout d'abord le fait que la syntaxe permet de retrouver la partie du discours dans lequel se situe une phrase, une proposition, un syntagme ou un terme donné.

Encore faut-il s'entendre sur ce que l'on entend par "partie du discours". Tout texte est, en effet, divisé en quatre niveaux d'énonciation (et non plus de culture comme précédemment) : deux de ces niveaux participent à l'élaboration du message, tandis que les deux autres permettent la communication de celui-ci.

Or, chacun de ces quatre niveaux se distingue des autres par des règles syntaxiques propres.

5.3 L'analyse proposée par le Groupe ATRIL permet, une fois connues les règles syntaxiques propres à :

- à un niveau de culture donné,
- et à un niveau d'énonciation donné,

de retrouver automatiquement :

- les concepts utilisés par un auteur dans un texte donné,
- les notions utilisées dans ce même texte,
- le "lexique" du texte,
- et sa trame rhétorique, que nous appelons le "discours pédagogique".

Par "concepts" nous entendons ce dont traite le texte : les termes ou syntagmes par lesquels l'auteur élabore et énonce son message.

Par "notions" nous entendons les termes ou syntagmes qui désignent le fonds de connaissances nécessaires pour qu'un allocutaire comprenne le message exprimé par l'auteur. Pour qu'il y ait communication, il faut en effet qu'entre le locuteur et son allocutaire existe un fonds commun de connaissances. Ce fonds de connaissances nécessaires varie d'un auteur à l'autre, mais pour un même auteur, il varie également d'un texte à l'autre. De même aucun terme ou syntagme ne désigne un "concept" ou une "notion" dans l'absolu. Cette distinction est établie, au sein du texte, par l'auteur, en fonction de ce dont il décide de "parler". C'est pourquoi, lors de la reconnaissance automatique des concepts dans un texte, un dictionnaire pré-établi des termes ou syntagmes désignant les concepts ne peut être efficace : chaque terme ou syntagme connaît, dans un texte donné, une utilisation qui est fonction non pas du rôle de ce terme ou syntagme dans la langue en général, mais du choix que l'auteur effectue en rédigeant.

Par "lexique" nous entendons l'ensemble des termes (verbes, adjectifs, postpositions, adverbes, etc.) utilisés avec un terme de la terminologie qui sert à désigner les concepts d'une science, technique ou pratique donnée.

6.1 Afin de montrer l'utilisation qui peut être faite de la syntaxe dans le décodage des textes, j'ai choisi de donner en exemples :

- la liste des concepts et celle des notions trouvés dans un texte scientifique anglo-saxon,

- la liste des concepts et des notions trouvés dans le poème de Rimbaud : VOYELLES.

6.2 Par ces deux exemples, j'ai souhaité montrer que :

- l'analyse syntaxique peut permettre, si elle est adéquate, de résoudre une partie des problèmes posés à la linguistique informatique. Précisons que ces résultats ont été obtenus sans utilisation d'un dictionnaire pré-établi des termes ou syntagmes jugés "signifiants" et sans codage. Seule l'utilisation des règles syntaxiques mises en lumière par nos travaux a permis d'obtenir ces listages.

- ce type d'analyse peut fonctionner pour des langues variées : ici le français et l'anglais, nous poursuivons des travaux sur d'autres langues encore : l'allemand, l'espagnol, le portugais et, dans une moindre mesure mais avec des résultats très encourageants, l'arabe et le japonais.

- ce type d'analyse peut fonctionner sur des types de textes variés : ici texte scientifique et poésie.

L'essentiel, pour chaque langue et au sein de chacune pour chaque niveau de culture ou d'énonciation, est d'avoir au préalable effectué l'analyse syntaxique appropriée qui permet d'isoler les traits syntaxiques qui servent à l'analyse sémantique.

Notes

(1) RUWET Nicolas : **Introduction à la grammaire générative,** Paris : Plon, 1968.

(2) GALLAIS-HAMONNO Janine : "Niveaux d'énonciation, niveaux de culture" **in Cahiers de l'Apliut,** 5, juin 1982.

Les programmes informatiques dont les résultats sont présentés ici ont été élaborés grâce à une aide accordée au Groupe ATRIL par l'AGENCE DE L'INFORTIQUE.

Texte 1

Texte scientifique anglais

Concepts utilisés par l'auteur

2
3
4
7
9
11   effect of wall movement
19   intestine
20
32   luminal volume
34
42
51
65   concentrated salt solution and
73
74   disappearence of solute
79
82   tube
96
118 wall
123 Reynolds' number
128 fluid volume
133 no-slip condition
139 luminal surface
146
148 mechanical model
154
158 absorption
164 corresponding analytical model
167
168 analytical model
173 effect
182 increase
186

Texte 1

Texte scientifique anglais
Notions utilisées par l'auteur

0	Macagno	85	
1	E	87	conductivity probes
2		90	
2	O	92	various kinds
3		95	wall motions
3		97	
4		97	
4	Christensen	98	analytical
5		100	equations
6	C	104	flow
7		105	
7	J Lee	106	mass transfer
9		109	
9		110	
13	wall movement	114	contractions
16	absorption	117	axisymmetric
20		121	totally compliant
20		125	number
21		127	low
21	-intestinal wall movements	132	
29	flow	135	-slip condition exists
35		142	
35		143	inertial flow
40		146	
42	weak	147	
43		147	
43		151	wall motions
46		156	
48	mechanical	161	
50	analytical	162	
52		168	
52	Wall motions	176	progressively greater
59		179	nonpropagative stationary contractions
61	dialysis	185	
70		186	
72	tap water	187	
74			
77	solute		

Texte 2   Texte 2

Poème **Voyelles** de Rimbaud   Poème **Voyelles** de Rimbaud

"Concepts" utilisés par l'auteur   "Notions" utilisées par l'auteur
      (ici : le "conscient")   (ici : l'"inconscient")

1		0	voyelles
24	mouches éclatantes	1	
30	puanteurs cruelles	1	
38	vapeurs et des tentes	2	noir
41	tentes	3	E blanc
44	glaciers fiers	5	I rouge
57	lèvres belles dans colère	7	U vert
	ou les ivresses pénitentes	9	O bleu
61	colère ou les ivresses pénitentes	11	voyelles
64	ivresses pénitentes	12	
71	mers virides	13	
75	pâtis semés d'animaux	25	golfes d'ombre
81	rides	28	E
84	alchimie	29	candeurs des vapeurs et des tentes
87	grands fronts studieux	35	lances des glaciers fiers
95	strideurs étranges	39	rois blancs
100	Mondes et des Anges	41	frissons d'ombelles
103	Anges	44	I
106	oméga	45	pourpres
		46	sang craché
		48	rire des lèvres belles dans la colère
			ou les ivresses pénitentes
		59	U
		60	cycles
		61	vibrements divins des mers virides
		66	paix des pâtis semés d'animaux
		72	paix des rides
		83	O
		84	suprême Clairon
			plein des strideurs étranges
		90	silences traversés des Mondes
			et des Anges
		97	-O l'Oméga
		100	rayon violet de Ses yeux
		105	
		106	

Hélène NAÏS

INDEX, GRAMMAIRE, LEXICOGRAPHIE

Editer des index lexicographiques paraît être une des tâches les plus facilement abordables, lorsque l'on songe à traiter des textes par des méthodes informatiques. Et pourtant, on peut toujours se demander si ce n'est pas faire là un mésusage de l'ordinateur. Cet outil est essentiellement voué en effet aux calculs et aux tâches répétitives.

Or, ce qui dans une langue est proprement répétitif de manière stable, c'est la grammaire. Les grandes catégories, comme singulier, pluriel, temps, etc., et les grandes classes de mots : nom, verbe, etc., sont, en principe, aisément identifiables. Je veux dire par là que si vous testez cinq personnes d'un niveau de culture suffisant, mais qui ne se sont absolument pas concertées et que vous leur demandez de relever les substantifs masculins d'une page de texte français, vous obtiendrez cinq listes identiques. Il n'est pas difficile de faire "apprendre" cette notion de substantif masculin à un ordinateur, et de même celle d'adjectif masculin ; on lui aura "appris" des listes de substantifs et d'adjectifs masculins et le programme vous sortira si vous le désirez tous les substantifs masculins immédiatement suivis ou immédiatement précédés d'adjectifs masculins. Il peut même aussi compter les deux listes, les comparer, voir s'il y a des adjectifs communs, des substantifs communs, etc. Mais nous sommes toujours dans le domaine de la grammaire : il s'agit là d'étudier des faits de chaîne et de vérifier le bon fonctionnement des règles d'accord, de placer des adjectifs, etc.

Mais, comme chacun sait, les mots sur lesquels jouent ces règles font partie du vocabulaire, cet autre élément constitutif de la langue. Et là si nous fournissons des listes brutes de mots d'un texte, même lemmatisés et pourvus de leur classe grammaticale, nous ne pouvons pas dire que nous faisons du travail lexicographique à proprement parler. Les auteurs d'index en savent quelque chose, qui s'attachent au maximum à différencier les sens et les emplois des mots du texte dont ils font le lexique, même lorsqu'il s'agit d'un petit lexique, non étudié à fond, comme c'est le cas pour ceux qui ont choisi ce travail comme thèse de doctorat, ainsi celui de R.-L. Wagner à la fin de l'édition de la **Belle Dame sans Mercy** procurée par A. Piaget.

Certes, pour un mot comme JOIE, Wagner s'est contenté d'énumérer sans même donner de définition les différentes références. Elles sont au nombre de 23[1], indication que Wagner, qui a établi cet index bien avant que les ordinateurs n'existent, n'a pas songé à fournir. C'est que si, en soi, l'indication qu'il y a dans un texte "x" substantifs masculins et "y" articles masculins est déjà une information, si "y" est nettement inférieur à "x", on sait que la langue se passe encore facilement d'articles. En revanche, le décompte n'est pas vraiment informatif pour la sémantique. Ce n'est pas de l'information, mais de la documentation et c'est pourquoi ce n'est pas le nombre qui importe, mais les références. En les exploitant, je rencontrerai, par exemple, ce vers-ci de Chartier

Joyeuseté, plaisir, liesce et joie (Balade, II, v. 4, p. 48)

et j'aurai ainsi les autres substantifs du champ dans ce volume de poésie.

Parfois, Wagner est obligé de préciser le domaine sémasiologique couvert par le mot traité. Par exemple, pour GRANT, qui n'a pourtant que 10 occurrences en tout, nous n'avons pas moins de 6 "traductions", dont la première "grand" recouvre la moitié des attestations. Les cinq autres valeurs ne sont donc appuyées que d'un seul exemple à chaque fois.

Derniers renseignements fournis abondamment par ce lexique et par tous ceux qui s'intéressent aux textes de cette période : les locutions dans lesquelles entre le mot objet de l'entrée. Par exemple, JOIE est suivi de JOIE (mener) et JOIE (mettre en) à chaque fois avec une référence. GRANT, à l'inverse, ne fait l'objet d'aucune indication de ce genre. Parfois, il n'y a guère que cela. Ainsi GRE (traduit par "Désir") n'a qu'une attestation, mais à la suite, les locutions présentent 5 entrées, chacune avec une occurrence.

Pour traiter vraiment un lexique par ordinateur, il faudrait donc établir des programmes très élaborés sur la sémantique, programmes qui commencent à exister d'ailleurs. Mais pour pouvoir les appliquer, il faut disposer d'une matière déjà un peu traitée et il est nécessaire que les mots aient reçu une identification minimale. Je voudrais essayer de montrer aujourd'hui l'état de la réflexion de mon équipe sur la part respective de la grammaire et du lexique pour la constitution d'index et ensuite pour leur exploitation, au point de vue lexicographique. En effet, la constitution des règles informatiques nécessaires pour fabriquer les index présuppose des bases linguistiques, mais ce traitement n'est pas lui-même linguistique. Au contraire, lorsqu'il s'agit d'exploiter les données, que j'ai appelées documentaires tout à l'heure, la linguistique peut reprendre tous ses droits, à condition qu'on ait pris la précaution de mettre ce qu'il faut dans les données. Je m'attacherai à montrer les problèmes particuliers qui se posent lorsque l'on s'occupe de moyen français (XIVe-XVe siècle).

Lorsque l'on veut préparer un texte pour une étude lexicologique ou lexicographique, le problème est relativement simple lorsqu'il est écrit dans une langue connue et moderne. On connaît à l'avance, ou presque, quels mots l'on trouvera dans le texte et on procède donc généralement par une méthode du type consultation de table, avec des procédés plus ou moins élégants pour la résolution des homographes. Les quelques mots non prévus, rares par définition, ne causent aucune difficulté particulière. Le seul risque d'erreur grave porte sur les homographies non prévues car mettant en jeu des mots rares. Mais le risque est tout à fait minime dans une langue comme le français moderne, par exemple. Dans la plupart des entreprises de ce type, les ambiguïtés sont levées "à la main", autrefois par correction de listages, maintenant directement à la console, lorsque l'on vise comme "produit fini" les index lemmatisés. Il s'agit alors simplement de linguistique assistée par ordinateur et non pas de linguistique automatique. Parfois l'assistance est encore plus limitée, si on choisit la formule des concordances brutes qui présentent, non triés, les contextes pour les mots ambigüs.

Je rappelle que ce type de travail se différencie totalement de celui de la traduction automatique par exemple, laquelle présente la particularité de devoir faire appel à toutes les ressources de la linguistique et de simuler l'activité de l'esprit humain dans sa fonction langagière. Elle se doit d'être entièrement automatique et mêle la fonction documentaire et la fonction heuristique.

Or, ayant accepté la tâche de rendre le plus exploitable possible par ordinateur, le plus grand nombre de textes possible de moyen français, ceci dans le but de préparer un matériau fiable pour un futur dictionnaire de moyen français, je me trouve avec mon équipe engagée dans une problématique qui se trouve en quelque sorte à mi-chemin entre la constitution habituelle d'index pour les besoins lexicographiques et l'automatisation totale.

Deux données sont en effet primordiales dès que l'on aborde l'étude du moyen français. D'abord, c'est une langue mal connue, et c'est bien à ce titre que le C.N.R.S. a accepté de lancer un dictionnaire pour cette période de l'histoire de notre langue. Nous disposons d'un dictionnaire très fiable pour l'ancien français, celui de Tobler-

Lommatzsch, et avant lui on disposait déjà du dictionnaire de Godefroy, qui peut illustrer pour quelques exemples supplémentaires, le premier dictionnaire cité.

On peut donc considérer que les philologues sont bien outillés pour l'ancien français. E. Huguet a aussi fourni un dictionnaire pour la langue du XVIe siècle, qui, s'il ne donne pas une vision complète de la langue de la Renaissance, est néanmoins très riche pour ce qui est des mots spécifiques à cette langue. Mais, à partir du XIVe siècle, le dictionnaire de Tobler-Lommatzsch est de plus en plus défaillant, car son propos ne visait que l'ancien français. En principe, Godefroy couvre la période suivante, mais il est très insuffisamment fiable. Cet état de fait justifie donc l'entreprise d'un dictionnaire spécialisé dans le moyen français. Il explique aussi que l'on ne dispose absolument pas d'une nomenclature complète à propos de cette langue et que cette nomenclature est en partie à créer.

La seconde donnée qu'il ne faut pas perdre de vue à propos du moyen français, c'est qu'il s'agit d'une langue en évolution constante, où, en particulier, les systèmes graphiques diffèrent d'une époque à l'autre et d'un atelier de scribes (ou d'imprimeurs pour la fin de la période) à l'autre. Les mots n'ont donc pas de graphie standard, nous disons canonique, et, en conséquence, il devient très difficile de prévoir les ambiguïtés. Pour le spécialiste d'un auteur donné, la concordance, même brute, peut rester un instrument de travail, avec toutes les limites qu'elle comporte. Mais, les rédacteurs du futur dictionnaire auront besoin de tout le matériel regroupé par lemmes, comme on dit habituellement en linguistique informatisée. Et de même tous les futurs chercheurs qui voudront travailler sur un mot ou sur un ensemble de mots à travers tout le corpus traité devront disposer de toutes les formes qui les intéressent.

Bien sûr, on pourrait continuer à utiliser la simple consultation de table. Mais on aboutirait très vite à des tables gigantesques. Je voudrais expliquer maintenant le résultat d'une petite enquête préliminaire que je viens de mener sur un mini-corpus expérimental. Nous disposons actuellement comme seule table de formes analysées[2], de celle que nous avons établie à partir des textes d'ancien français que nous avons indexés. Jusque là nous avions cherché à faire de la reconnaissance morphologique, mais pas de la recherche sur le moyen de réduire à l'unité les variantes graphiques d'une même forme. Ainsi, non seulement notre table correspond en principe à un état de langue d'ancien français, mais elle est entièrement tributaire du système graphique des scribes des manuscrits étudiés. Nous avons donc pensé faire nos débuts en moyen français avec un texte du début de la période et pas trop long, simplement pour mettre au point la méthode. Nous avons ainsi été amenés à choisir **Le Miracle de l'Enfant ressuscité**, réédité récemment par Gr. A. Runnals[3], parce qu'on peut dater ces miracles des toutes premières années de la seconde moitié du XIVe siècle ; nous espérions qu'en conséquence une partie appréciable du vocabulaire pourrait être identifiée par notre table.

Or, par la simple comparaison des mots du texte aux formes de la table, le résultat sans être mauvais est loin de ce qu'il pourrait être si un algorithme d'analyse avait été établi avec des règles d'équivalence graphique. Je vais vous donner les résultats pour les cent premiers mots du **Miracle**. Ces cent mots représentent 74 mots différents. Là-dessus, la consultation pure et simple de la table propose une ou plusieurs solutions pour 52 d'entre eux (je laisse de côté pour l'instant le problème de la résolution des homographes). Cela fait 72 % de réponses, ce qui correspond à peu près au résultat d'ensemble.

Voici le texte :

    CY CONMENCE UN MIRACLE DE
    NOSTRE DAME CONMENT UN ENFANT
    RESUCITA ENTRE LES BRAZ DE SA MERE
    QUE L'EN VOULOIT ARDOIR POUR CE
    QU'ELLE L'AVOIT NOIE.

    LE BOURGOIZ

Dame, entendez que je vueil dire.
S'il pleüst à Dieu nostre sire
Que vous veïsse enfans avoir,
J'aroye tresgrant joie, voir,
Et bien y a raison pour quoy ;
Car, Dieu mercy, je sçay et voy
Que nous avons de biaus menages,
Et si avons grans heritages
Et foison de biens temporiex,
Si que s'a Dieu pleüst c'un fiex
Ou une fille nous donnast,
Qui aprés ...

Liste des 22 mots

pour lesquels le programme n'a trouvé aucune proposition d'identification dans la table (par ordre d'apparition première dans le texte) :

cy - resucita - vouloit - elle - noié - bourgoiz - pleüst - veïsse - enfans - j' - aroye - tresgrant - raison - quoy - mercy - sçay - voy - menages - grans - heritages - tremporiex - fiex -

Or sur ces 22 mots sans réponse, seuls trois correspondent à des lemmes absents de notre table :

	Lemmes[4]	
resucita		resusciter
menages		manage
temporiex		temporel

Bien plus, on constate que si le s̲' était déjà connu de nous, il n'en était pas de même de j̲' (Villehardouin emploie très peu la première personne). Cette absence a un caractère contingent, mais elle va nous permettre de poser le problème des apostrophes. Terminons en avec les généralités pour donner la liste des 14 mots dont une forme correspondant à l'identification appropriée figure dans la table, avec la graphie différente :

cy - vouloit - elle - bourgoiz - aroye - j' - enfans - raison - quoy - mercy - sçay - voy - grans - fiex.

En outre, si on ne tient pas compte de la flexion nominale, on peut encore ajouter 2 mots :

noié et héritages.

Les 3 mots restants peuvent être résolus avec un bon programme de morphologie verbale et l'apocope de *tres* dans *tresgrant*.

Restent bien seulement alors les 3 mots correspondant à des lemmes absents. C'est-à-dire que si les règles d'équivalence graphique et de reconnaissance morphologique avaient été opérationnelles, au lieu d'avoir 52 mots sur 74, on en aurait eu 71 sur 74 (96 %).

Cependant, il est juste de remarquer que pour passer de *fiex* à *fil* (ou *fils* ou *filz*), on ne peut guère le faire que par une règle *"ad hoc"*, à faible rendement. C'est déjà un premier problème à considérer de savoir si on veut multiplier les règles pour diminuer au maximum la table des formes, ou si on accepte un petit peu plus de formes, en simplifiant quelque peu les règles. On peut ajouter d'ailleurs que dans l'exemple choisi, une règle seulement aurait permis de "retrouver" trois mots dans la table des formes :

$$Y \longrightarrow I$$

(valable pour *cy*, mot fréquent, *mercy* et *voy*).

A propos de la constitution des règles d'équivalence graphique, je me bornerai à quelques remarques, qui montreront qu'un travail de ce genre se situe au confluent de la philologie (phonétique historique), de la phonologie générative et de l'informatique. Au moment de l'établissement des règles, on peut être guidé à la fois par la phonétique et par le souci d'éviter d'introduire les homographes, là où la langue n'en met pas, si au contraire il faut trouver des solutions de type plus ou moins linguistique pour les homographies. Je m'explique en prenant un exemple.

Le mot *vouloit* n'a pas été trouvé parce que la table ne comportait que *voloit,* comme il est normal en a. fr. Mais ce *voloit* est ambigu, dès l'a. fr., pouvant renvoyer au verbe "vouloir" ou au verbe "voler". En fait, notre table, par un bienheureux hasard, n'a que le verbe "voloir" pour la forme VOLOIT (mais elle a les deux pour VOLOIENT). De la même façon, dans les mots qui ont été analysés du premier coup, "entre" ne figure que comme préposition et l'ambiguïté avec l'indicatif présent du verbe "entrer" (présent dans la table par ailleurs) est provisoirement évitée. Mais ce sont des "chances" destinées à disparaître vite, si nous parvenons à un rendement convenable et donc à une taille de table beaucoup plus considérable. Avant même de considérer en soi le problème de la reconnaissance systématiquement prévue de toutes les formes des verbes dont on en a rencontré au moins une dans un texte, je voudrais évoquer le choix de la forme économique, qui se pose même lorsque les formes verbales sont encore entrées provisoirement une par une.

Pour choisir entre *voloit* et *vouloit,* je pourrais penser à la phonétique. On sait qu'en moyen français, surtout aux XVe - XVIe siècles d'ailleurs, les o et les ou alternaient, en particulier à l'initiale. Néanmoins, l'usage s'est progressivement établi de réserver *voul-* pour "vouloir" et *vol-* pour "voler". Ceci signifie que la majorité des *vouloit* renverront à "vouloir" et celle des *voloit* à "voler", mais qu'il y aura des chassés-croisés, avec finalement une double ambiguïté quelle que soit la solution adoptée, *-vol-* pour les deux, ou *voul* et *vol-*. Mais si dans un cas de ce genre on veut faire présenter en première hypothèse à la console la forme effectivement la plus vraisemblable du mot à identifier, alors il faudra pencher pour *voul-* vers "vouloir" et *vol-* vers "voler". Cela implique aussi que l'on fasse des règles réversibles en quelque sorte :

$$OU \longrightarrow O \quad et \quad O \longrightarrow OU,$$

et enfin, que la phonétique ne soit pas totalement respectée.

Un autre exemple montrera mieux les problèmes causés par le manque de fixité des systèmes graphiques. *Quoy* n'a pas été trouvé parce que jusqu'à présent nos textes nous ont toujours donné *coi* comme forme de neutre tonique du relatif-interrogatif. Une idée simple qui vient à l'esprit c'est de passer par K et de récrire systématiquement en K tous les C devant A, O, U et tous les QU. Si on applique en plus la règle Y———— I, on obtient très facilement   coi ———► KOI

et quoy ———► KOI.

Jusque là tout paraît simple, mais une fois de plus je vais retrouver les homographies. Là encore les habitudes graphiques des scribes privilégient *coi* pour l'adjectif (surtout au masculin, car le féminin, non ambigu, est un peu plus souvent *quoie*) et *quoi* (ou *quoy*), pour le pronom. L'intermédiaire *KOI* matérialise une ambiguïté qui existe, mais assez rarement, en définitive.

L'étendue de la difficulté est bien mise en valeur par le *Doctrinal de la Seconde Rhétorique* de Baudet Herenc, daté de 1432 et édité par Langlois dans son **Recueil d'Arts de Seconde Rhétorique**[5]. Ce traité commence par un A B C c'est-à-dire que ce n'est pas un dictionnaire de rimes, mais tout simplement une liste de mots commençant par les différentes consonnes suivies à chaque fois des cinq voyelles, *pour aprendre a espelir*. On voit ainsi successivement apparaître les mots commençant par KA, KE, KI, KO, KU (p. 112) et quelques pages plus loin ceux par QA, QE, QI, QO et QU, mais pour Q en réalité les mots commencent par *qua-*, *que-* etc. Quelques mots sont communs aux deux listes : à peu près rien pour KA-QA : *kaboche - quaboche* et c'est tout ; en KE il y a 5 mots seulement dont 3 se retrouvent, ou à peu près en QE : *kenoulle - quenoille, kesteur - questeur* et *keste - questes*. Le cas de KI est plus intéressant encore : il n'y a que 3 mots en KI dont la seule *kinquenelle* devient un peu plus loin *quinquenelle*. Mais dans cette série en KI à côté de mots attendus comme *quinze* ou *quintaine,* on a la surprise de trouver :

> *quider - quit - quisant - quisinnier - quillier d'argent*

soit 5 mots sur 12, et la série en CU- ne donnait que *cuisine* et *cuisinier.* On peut aussi se demander si *qustoste* ne renvoie pas aux deux *custodes* sous CU-.

Conclusion, il est impossible de remplacer systématiquement QU par K. Je donnerai un dernier exemple du caractère hésitant de ce système graphique. Il peut paraître évident de récrire par une finale en -e tous les mots terminés par une apostrophe. Avec une règle de ce genre, le programme identifie immédiatement *j'* comme JE, *l'* comme LE ou IL. Pourtant, faire la substitution systématiquement expose à des mécomptes. Je citerai deux exemples :

> s' ─────▶ SE et c' ─────▶ CE

J'aurai pour **s'** comme pour SE l'ambiguïté conjonction (adverbe)/pronom. Mais il se trouve malheureusement que **s'** ajoute une ambiguïté supplémentaire (qui ne vaut pour **se** qu'en picard) le déterminant possessif.

Pour c' ─────▶ CE la situation est pire encore, car les ambiguïtés de c' et de CE ne se correspondent pas.

C' renvoie aux lemmes que (conj.) qui (pron.) ce (pron.)

CE renvoie aux lemmes ce (pron.) et ce (dét. dém.)

Il faut donc absolument dans la table deux formes C' et CE.

Tout ceci montre que si l'algorithme veut être opératoire, il convient de tenir le plus grand compte des ambiguïtés des mots graphiques pour ne pas oublier des analyses éventuelles qui devraient être données. Evidemment, on pourrait prendre un parti autre : puisque n'importe comment toutes les lemmatisations (et analyses) devront être contrôlées à la console par la main humaine (et le cerveau du linguiste), on pourrait se contenter d'une, voire deux au maximum identifications pour un mot ambigu et tout le reste sera écrit lors de la vérification à la console. Mais outre qu'il est plus long de retaper toute l'analyse et la lemmatisation, c'est moins fiable aussi, car on risque toujours d'introduire des erreurs difficilement décelables (se tromper de genre dans les noms, de personne dans les verbes, etc.). Surtout, la table est alors un butoir, qui ne permet pas de passer à une phase suivante de levée d'ambiguïté par analyse syntaxique, au moins partielle. Or qui dit analyse syntaxique, dit nécessité de connaître toutes les "possibilités" de chaque mot.

Il est temps d'aborder un autre aspect de notre Table des Formes analysées : les analyses. Nous avons l'intention de restreindre celles que nous avons proposées dans les derniers index publiés. Un point découle de l'état de la langue : la déclinaison des formes nominales s'est d'abord gravement perturbée dès le début de la période ; elle finit par être abolie au XVe siècle. Il est donc très difficile de parler de cas-sujet ou de cas-régime pour les substantifs et les adjectifs de cette langue. Nous avons ainsi renoncé à toute indication de cas et de nombre pour les substantifs, les adjectifs, les déterminants et les pronoms. Pour les verbes, qui ont des marques de temps et de personnes, nous continuerons à les analyser pratiquement sans changement. Mais surtout nous renoncerons provisoirement à lever certaines ambiguïtés pour aller plus vite, mais en gardant la possibilité de le faire par un programme ultérieur, dans certains cas.

L'exemple typique est la série **le, la, les** et **li** qui existe encore au début de la période) et qui renvoie toujours à la double possibilité de **le** art. ou de **il** pron. Or l'ambiguïté est très soluble, puisque **le** devant un verbe est toujours pronom, et également devant **en** et **y** (c'est alors **l'**) et qu'il est article ailleurs. Mais **là** adverbe, généralement écrit **la** dans les textes de m. fr., est beaucoup plus difficile à déceler car il peut se placer devant les verbes. Et le **Miracle** ne manque pas d'en fournir un exemple dès le v. 48 :

> ... si me convoieras Au moustier ; puis t'en revenras
> Quant **la** seray (= quand je serai là).

Pour avoir une bonne fiabilité avec un programme simple qui affecterait les analyses d'articles ou de pronom, il faut donc que l'ambiguïté sur la = là adverbe soit levée.

De la même façon, nous venons de dire que **l'** était pronom devant l'adverbe-pronom **en**. Mais l'a. fr. et le m. fr. connaissent un autre **en** équivalent de **on** en fr. mod. et qui, comme **on**, peut être précédé de l'article. Comme ce syntagme **l'en** a toujours la fonction sujet, il peut se trouver devant le verbe et être ainsi totalement homographe de **l'en** (pronom personnel + adverbe). En conséquence, tout en renvoyant à plus tard la levée de l'ambiguïté sur **en** préposition ou adverbe, nous identifierons les formes, beaucoup plus rares, de pronom indéfini.

On voit donc par quel biais nous pourrons tout en bout de recherche aborder les problèmes de syntaxe. A partir du moment où on entreprend la gestion informatique d'un grand corpus de texte, il est nécessaire d'automatiser au maximum. Le but essentiel du traitement est la lemmatisation, mais celle-ci doit être aussi la plus informative possible. Lever les ambiguïtés quasi automatiquement, fournir les lexies composées en deux ou plusieurs mots sans trait d'union dans les textes, les locutions, les collocations habituelles, voilà qui permet mieux d'aborder l'étude des lemmes, futures entrées de dictionnaire. C'est aussi à partir de ce moment-là que l'on pourra peut-être se risquer à des comptages ou même des statistiques qui auront un pouvoir informatif beaucoup plus riche.

Je voudrais encore prendre quelques exemples à l'appui de ces affirmations. Que la syntaxe soit essentielle à la levée des ambiguïtés est tellement évident que je ne prendrai qu'un seul exemple. Dans les débuts du **Miracle,** on trouve par deux fois le syntagme *ma suer.* Nos petits corpus ne nous ont pas encore fait rencontrer le verbe "suer", mais lorsque nous en disposerons, on voit tout de suite que le syntagme seul permettra de lever l'ambiguïté. En fait, les chercheurs qui établissent des programmes syntaxiques le font généralement après avoir exploité à fond des corpus relativement vastes déjà tout analysés et qui permettent d'établir des règles de comportement syntagmatique des différents mots d'un corpus donné. Tous nos efforts à la console pour lever les ambiguïtés à la main trouveront donc leur raison d'être dans ces programmes ultérieurs d'exploitation des résultats.

J'insiste ici sur le fait que les premiers programmes vont certes aboutir à une table des formes canoniques tout à fait bâtarde. L'exemple sur **vouloit** déjà donné est assez parlant à cet égard. Philologiquement et phonologiquement aussi, il serait plus opératoire de proposer le radical VOL- pour les deux verbes VOLOIR et VOLER, comme le fera le dictionnaire de Tobler-Lommatzsch, par exemple[6]. Mais il s'agit ici de recettes pour aboutir dans des conditions optimales de rapidité et de sécurité à la lemmatisation des mots d'un texte. Ces recettes, ces formes intermédiaires, ne sont pas des résultats, elles ne servent qu'à les préparer. L'essentiel est alors que les produits finis présentent toutes les garanties linguistiques et donc que les renseignements apportés sur les formes dans la première phase, élémentaire, d'analyse ne compromettent pas irrémédiablement l'avenir.

C'est pourquoi il ne saurait être question lorsque l'on a décidé de ne pas lever, provisoirement, l'ambiguïté, de ne pas affecter au mot correspondant toutes les analyses qu'il est susceptible d'avoir et qui n'ont pas été individualisées. Certains "mots grammaticaux" seront ainsi par là-même analysés. Je prendrai l'exemple de **son**. Ses ambiguïtés renvoient à plusieurs substantifs, à la première personne du verbe **soner** et même, épisodiquement, à une préposition (mais c'est plutôt de l'ancien français). Toutes ces identifications devront être enregistrées. Plutôt que de dire que l'identification "déterminant masculin" sera donnée par défaut si les autres ne sont pas reconnues bonnes, il sera plus simple de proposer d'abord le déterminant, bien plus fréquent. On aura ainsi finalement un petit nombre d'ambiguïtés non levées. Les éléments de syntagmes n'en seront que plus facilement regroupés à partir des corpus déjà traités, ces prétraitements étant primordiaux pour aborder des phases plus automatisées.

Les locutions, expressions figées, etc. devront probablement aussi être d'abord abordées petit à petit, et à la main. Dans les pages 2 et 3 du **Miracle** je relève, par exemple :

puis qu' (v. 40), alons nous ent (v. 51) et s'en voit (v. 66), vez cy (v. 50).

L'intérêt linguistique -et lexicographique- d'isoler *puis que* à l'intérieur de l'entrée *puis* ou *s'en aler* à l'intérieur du verbe "aller" ou *vez cy* pour "voir" et "ici", d'abord, mais aussi pour "voici" lui-même qui existera à la fin de la période comme mot autonome paraît tout à fait évident, surtout s'agissant de lemmes fréquents ou très fréquents. Dans un premier temps, avant d'aborder des programmes syntaxiques plus vastes, on se bornera donc à des recherches de collocations.

Sur tous les plans, donc, nous opérons de proche en proche. Ma conclusion est que ce n'est pas du tout un hasard. Les derniers exemples que je viens de citer, "*alons nous ent*" écrit *ent* avec un -*t* final, *vez ci* non exclusif de *voi ci* dans d'autres textes montrent qu'il est urgent d'essayer d'abord de maîtriser un peu le vaste problème des graphies. Dès que l'on commencera un peu à le dominer, on pourra lancer la morphologie automatique, puis seulement aborder la syntaxe. Mais à chaque étape, nous pourrons disposer des résultats précédents. Ces résultats confortent l'analyse dans le cadre même de l'étape qui les concerne. Les dictionnaires de lemmes et de formes que nous pourrons établir montreront toutes les variantes morphologiques et graphiques auxquelles nous nous heurterons et ils donneront des matériaux pour affiner les règles. Nous ne faisons pas encore de syntaxe, mais je crois avoir montré pourquoi nous ne pouvons pas encore nous offrir ce luxe. Si la syntaxe ne nous apparaît pas comme un but en soi pour l'instant, je crois avoir montré aussi qu'elle nous reste nécessaire pour atteindre à la lemmatisation automatique.

Notes

(1) En réalité, il y en a 24.

(2) Je rappelle que pour nous la forme est nécessairement analysée. "Clers", par exemple, reste un mot tant qu'on ne l'a pas identifié comme une forme d'adjectif masculin (*clair*) ou de substantif masculin (*clerc*).

(3) Droz et Minard, 1972.

(4) Nous adoptons comme lemmes les entrées du dictionnaire de Tobler-Lommatzsch.

(5) Paris 1902, Slatkine repr. 1974 (c'est le 3e traité, p. 104 et suiv.).

(6) Voir le *Dictionnaire inverse de l'ancien français,* de D.C. WALKER, Ottawa, 1982, qui fournit toutes les futures entrées pour le tome non encore paru.

Michel FANTON, Jean-Paul HORN,
Marie-Anne MOREAUX, Patrice POGNAN

PROCÉDÉS DE RECONNAISSANCE DES FORMES EN ANALYSE AUTOMATIQUE DE LANGUES SLAVES ET GERMANIQUES

Les recherches réalisées par le CERTAL sont destinées à obtenir une analyse de contenu des textes scientifiques et techniques écrits dans diverses langues, essentiellement slaves (tchèque et russe) et germaniques (allemand et néerlandais).

Ces travaux trouvent des applications dans le domaine de l'indexation et de l'archivage des textes, dans le domaine de l'enseignement assisté par ordinateur en particulier grâce à la précision des études linguistico-informatiques. Nous souhaitons qu'à l'avenir ils permettent des apports à la TAO. Les algorithmes sont basés sur des procédés de reconnaissance automatique des formes alliés à des dictionnaires réduits (listes ou tableaux) ou à des "méta-dictionnaires".

Des expériences très fécondes, passées dans des groupes de recherche différents, amorçaient déjà ce style de recherche :
- La déclinaison automatique des substantifs géorgiens avec un dictionnaire minimal d'environ 40 termes pour toute la langue, au sein du groupe d'étude sur les peuples musulmans du Caucase, dirigé par G. CHARACHIDZE (Contrat Fondation FORD, 1975-1980).
- entre autres, la reconnaissance automatique et le découpage en deux éléments des mots composés allemands à l'aide d'une quinzaine de procédés différents avec P. DIMON au Centre de Recherche Jean Favard dirigé par D. HERAULT (1972-1981).
- entre autres, études sur le système MOZAIKA - indexation automatique des textes tchèques d'électrotechnique (avec analyse morphologique et lemmatisation, dictionnaire de règles algorithmiques, analyse syntaxique de surface et analyse de la coordination) - avec Z. KIRSCHNER au Laboratoire de Linguistique Algébrique (Université de Prague) dirigé par P. SGALL (depuis 1970. essentiellement par l'intermédiaire du protocole C.N.R.S. - Académie des Sciences de Tchécoslovaquie).

Les quatre conférences qui suivent, naturellement très brèves puisque présentées ensemble en 30 minutes, ont pour but de donner une idée de la diversité des sujets abordés :
- reconnaissance des mots étrangers en tchèque
- reconnaissance des mots composés en néerlandais
- délimitation des syntagmes prépositionnels en allemand
- application à l'EAO : conjugaison automatique du verbe russe.

P. POGNAN

La reconnaissance des mots étrangers en tchèque

A la suite d'expériences concernant l'indexation et l'analyse "processuelle", les analyses morphématiques et morphologiques qui y sont liées, la lemmatisation générale du tchèque (en cours, J.-F. BLANC), il nous a semblé nécessaire de pouvoir manipuler les mots étrangers, en particulier les néologismes, employés dans les textes tchèques. La reconnaissance de ces termes et la proposition éventuelle d'une transcription en français offrent des applications dans les systèmes de traduction automatique ou assistée par ordinateur.

L'ensemble se partage en 3 programmes :
- la reconnaissance
- le découpage
- la transcription en français.

La partie actuellement la plus avancée est la reconnaissance des termes étrangers. L'algorithme examine avec précision la structure de chaque mot rencontré en portant son attention sur :

1) l'apparition de graphèmes impossibles en tchèque :
   a) des "marqueurs simples", lettre unique n'appartenant pas réellement à l'alphabet autochtone
   b) la succession de deux voyelles
   c) la transcription des nasales françaises : KONSTANTA, SYMBOL.
   d) des suites de graphèmes caractéristiques, placés à n'importe quel endroit du mot ou en terminaison (suivies éventuellement d'une désinence).

2) le non-respect de règles tchèques d'ordre morpho-phonologique :
   a) le non-respect des palatalisations : la non-transformation d'une consonne dure (K, H, CH, R) en consonne molle correspondante au contact d'une voyelle molle indique "l'état" de mot étranger.
   b) le non-respect des consonnes molles, p. ex. CY.
   c) les consonnes mixtes suivies d'un "Y" dans une suite qui n'appartient pas à la liste réduite des exceptions tchèques.

Pour une documentation précise sur ce sujet, on pourra se reporter au "Prague Bulletin of Mathematical Linguistics" nº 40.

La partie concernant le découpage est un peu plus complexe que la décomposition morphématique des mots tchèques à cause de l'imbrication constante de préfixes et suffixes tchèques et étrangers.

La transcription vers le français est des trois parties la plus redoutable : le tchèque, comme bien d'autres langues, ne connaît pratiquement pas la gémination de caractères. Si la transcription d'un mot français vers le tchèque est relativement aisée (suppression systématique des caractères doubles), comment par contre décider dans l'autre sens d'une réécriture avec un ou deux "M", "L",... ?

M.-A. MOREAUX

Reconnaissance des mots composés néerlandais

Comme toutes les langues germaniques, le néerlandais est une langue dite "polysynthétique", c'est-à-dire possédant la faculté de former de nouveaux mots par composition.

Le but de cette étude est de reconnaître ces mots composés dans un texte scientifique et de les segmenter en deux éléments. Cette reconnaissance et cette décomposition s'effectuent sans recours au dictionnaire. D'autres procédés ont été mis en œuvre, et, en particulier, dans la perspective des travaux réalisés dans le cadre du CERTAL, des procédés de reconnaissance des formes. En repérant dans un mot, certaines suites de graphèmes impossibles dans un mot simple néerlandais, on en déduit qu'on se trouve dans un mot complexe, à la frontière de deux éléments. Cette frontière peut être une frontière entre : unité lexicale// unité lexicale, préfixe//préfixe, préfixe//racine, racine//suffixe ou suffixe//suffixe.

Afin d'éliminer les dérivés et de procéder au bon découpage, on vérifie la nature des constituants, à chaque fois qu'une suite de graphèmes est repérée. Cette vérification se fait par référence à des listes de préfixes, respectivement de suffixes.

Lorsque l'un des constituants possède une forme de préfixe, il faut cependant encore s'assurer qu'il n'est pas, en fait, une fin de mot. En effet, certains préfixes présentent des homographies avec des fins de mots : dans le mot "harVERvlokken", par exemple, "VER" n'est pas un préfixe mais la fin du mot "harver". On se trouve alors dans le cas d'une ambiguïté dite préfixale. C'est pour cela qu'une procédure levant ces ambiguïtés est appelée au moment de la segmentation si une forme préfixale a été repérée. Cette procédure vérifie, en particulier si ce qui précède ce préfixe peut terminer un mot néerlandais.

- Repérage des mots composés par la suite SCH.

Cette suite de graphèmes représente un moyen simple de repérage. Depuis la dernière réforme orthographique, elle n'apparaît plus que dans le préfixe "ISCH" et là où elle est prononcée /ʃ X/, c'est-à-dire à l'initiale d'une racine. Si une telle suite SCH est repérée dans un mot, il suffit donc de s'assurer qu'elle n'appartient ni au suffixe "ISCH", ni au suffixe "SCHAP" pour en déduire que l'on a trouvé une jointure.

- Repérage des mots composés par la suite VVCV.

Grâce aux règles orthographiques, nous savons :

(1) qu'un mot néerlandais ne se terminera jamais par une voyelle redoublée (seuls quelques mots terminés par un double EE afin d'éviter une homographie font exception à cette règle : zee, la mer ; ze, elle(s) ou ils).

(2) qu'à l'intérieur d'un mot simple, une voyelle redoublée sera forcément suivie d'une consonne redoublée.

Si une suite de graphèmes V=V+C+V est repérée à l'intérieur d'un mot, celle-ci indique donc une jointure. Il faut encore vérifier la nature de chacun des constituants se trouvant de part et d'autres de la frontière :
- à droite, si ce constituant n'est pas un suffixe modifiant l'orthographe de la racine,
- à gauche et à droite, si ce constituant est un préfixe.

- Repérage des mots composés par les suites 2CC ou C2C.

D'après les règles orthographiques, il ressort également qu'un mot néerlandais ne peut se terminer par une consonne redoublée. D'autre part, il est impossible, dans un mot simple, qu'une consonne redoublée précède ou soit suivie d'une troisième consonne. Si une telle configuration est trouvée dans un mot, elle marque une jointure.

- Repérage des mots composés par les segments caractéristiques.

De même que SCH caractérise le début d'un mot, certains segments marquent forcément la fin d'un mot : ING+S, TIE (+flexion éventuelle).
Pour le moment, l'algorithme fonctionne avec une quarantaine de ces segments. On cherche à repérer un de ces segments à l'intérieur d'un mot, la validité de celui-ci est assurée par un double algorithme contextuel qui peut être contigu ou discontinu. On étudie également la possibilité de continuation du segment par un morphème de flexion.

- Repérage des mots composés par les paires.

Ce procédé, comme celui des triades exposé ci-après, est issu des travaux antérieurs réalisés au Centre de recherche Jean Favard. Il repose sur le fait que, dans une langue donnée, certains phonèmes, en l'occurrence certains graphèmes, ne peuvent apparaître côte à côte dans un mot simple. Au cas où une telle paire de graphèmes est reconnue dans un mot, par exemple BK, on peut en conclure que l'on est à la frontière entre deux constituants. Après élimination d'une combinaison préfixe(s)-racine ou racine-suffixe(s), on ne conserve qu'une jointure unité lexical-unité lexicale.

- Repérage des mots composés par les triades.

Une paire non significative peut devenir un segment pertinent lorsqu'on lui ajoute un troisième graphème : BL, par exemple n'est pas une paire significative, mais NBL est une triade pertinente.

On se trouve cependant confronté à un double problème :

- Les préfixes et les suffixes pouvant "empiéter" de deux caractères sur la triade, il faut savoir se déplacer sur celle-ci afin de déterminer la nature de la jointure repérée. Ce problème n'avait pas été résolu auparavant.
- Si une paire se découpe toujours en son milieu, une triade peut par contre être découpée en plusieurs endroits. C'est pour ces raisons que nous souhaitons maintenant réduire ce procédé au minimum et si possible l'abandonner : il est, étant données les nouvelles méthodes développées, peu rentable en résultats et coûteux en temps calcul.

Dans l'avenir, il serait souhaitable afin d'améliorer encore nos résultats (90 % des mots composés sont repérés, 85 % sont segmentés) :

- d'étendre l'utilisation des segments caractéristiques,
- de reprendre l'algorithme pour procéder à un découpage de tous les constituants,
- de repérer simultanément les mots d'origine étrangère afin de rendre pleinement efficace la reconnaissance de certains segments graphiques,
- d'étudier un algorithme de repérage des verbes composés dits séparables.

M. FANTON
La délimitation des syntagmes prépositionnels

Ce travail est la première tentative, réalisée au sein de l'équipe, d'effectuer une analyse syntaxique dans la perspective (et par des méthodes similaires) des études morphologiques qui viennent d'être présentées : analyses effectuées sans dictionnaire à l'aide de techniques s'apparentant à la reconnaissance automatique des formes.

Choix des syntagmes prépositionnels

Il nous avait semblé que la première des études de syntaxe pouvant être réalisée sans dictionnaire était celle des syntagmes prépositionnels, les prépositions constituant un bon point d'entrée pour l'analyse, facile à repérer. Ceci n'est vrai, nous allons le voir, qu'en première approche.

1) Problèmes de définition.

Les prépositions représentent en allemand une catégorie ouverte et difficile à caractériser. Elles posent donc quelques problèmes de définition. Les grammairiens s'accordent, en général, pour conférer aux prépositions les propriétés suivantes :

elles sont

a) invariables

b) toujours employées en liaison avec un mot dont le cas est déterminé par elles,

c) en général placées en tête d'une structure prépositionnelle composée d'une
préposition suivie d'un substantif, un pronom, un adjectif ou un adverbe (dans ce cas, on notera la légère contradiction existant avec le point précédent)

d) de plus, elles constituent une catégorie ouverte. Un certain nombre d'adverbes sont, en effet, de plus en plus fréquemment employés dans des tournures qui le font considérer comme des prépositions par les grammairiens.

Il résulte de l'imprécision de ces caractérisations la quasi-impossibilité d'établir une liste à la fois exacte, exhaustive et incontestable des prépositions en allemand. Cette difficulté a déjà été mentionnée par ceux qui, en Allemagne notamment, se sont intéressés au traitement automatique des prépositions.

2) La notion de syntagme prépositionnel retenue dans l'analyse.

Après avoir défini le "point d'entrée" que nous souhaitions repérer, il nous faut préciser la nature du segment à extraire. Nous avons vu qu'une des caractérisations du type syntaxique couramment reconnues aux prépositions était de figurer dans des structures telles que :

1. PREP + PRON   bei sich
2. PREP + ADJ   im allgemeinen
3. PREP + ADV   nach unten
4. PREP + SUBST   bei Messungen

Nous avons également retenu cette structure en incluant toutefois dans nos segments en ce qui concerne le type 4 les éventuels compléments au génitif du substantif sur lequel porte la préposition :

zur Ansteuerung der Unterträgeroszillatoren

De plus et selon qu'il s'agit d'une pré-, post- ou circumposition, les segments se présenteront de la façon suivante :

1. PREP + ———
2. ——— + POST

so sind (...) die Minister (...) der parlamentarischen Oeffentlichkeit gegenüber verantwortlich

3. CIRC1 + ——— + CIRC2

von der chemischen Reaktion ab

avec CIRC1 : premier élément d'une circumposition et CIRC2 : le second.

Le premier type est, de loin, le plus fréquent, les deux autres sont beaucoup plus rares. Les deux premiers types peuvent se rencontrer sous la forme :

PREP + X   et   X + POST

où X est un segment complexe constitué par une série de substantifs dépendant directement ou non de la préposition et accompagnés de leurs qualificateurs et compléments au génitif éventuel :

in den höchstbelasteten Kanälen eines modernen SWR durch Temperaturänderungen, Dampfblasenerzeugung, Abbrand aus geschmolzenem Carbonat und inertem Füllmaterial.

On peut rencontrer dans ce cas des structures extrêmement complexes et très difficiles à analyser de façon correcte car les qualificateurs peuvent se présenter sous la forme :

- de propositions relatives
- de propositions qualificatives elles-mêmes introduites par une préposition,

les syntagmes pouvant combiner ces difficultés avec celle de groupes nominaux coordonnés.

Voici quelques exemples de structures relativement complexes (cette complexité doit bien entendu s'envisager relativement aux techniques d'analyse employées) :

- zwischen zwei gleichfalls flache, porös gestaltete und mit dem Katalysator imprägnierte Elektroden

- mit Kaliumhydroxid als Elektrolyten, reinem Wasserstoff als Brennstoff und reinem Sauerstoff als Oxydationsmittel
- am Preis des reinem, das heisst von Kohlenstoffoxyden freien Wasserstoffs und Sauerstoffs
- in einem an das öffentliche Elektrizitätsnetz angeschlossenen Kraftwerk
- aus einer als Naphta bezeichneten, zwischen 150 und 180 Grad Celsius siedenden Erdölfraktion
- zwischen den von der industriellen Entwicklung bisher bevorzugten Verdichtungsräumen und den benachteiligten ländlichen Räumen.

3) Les délimiteurs utilisés.

Les exemples donnés à la fin du paragraphe précédent montrent que les techniques utilisées dans la présente version de l'analyse ne prenant en compte qu'un contexte limité ne peuvent fournir une segmentation correcte dans un certain nombre de cas. Cependant le pourcentage élevé de syntagmes relevés avec exactitude les rend intéressantes.

3.1. Les délimiteurs simples.

On nomme ainsi les délimiteurs qui ne comportent qu'un élément. On peut de plus, au sein de cette catégorie, distinguer :

    —les délimiteurs syntaxiques purs :

  + les délimiteurs qui ne peuvent appartenir au syntagme étudié

    - ponctuations finales

    - verbes conjugués

    - prépositions

    - particules verbales séparables

    - conjonctions de subordination

  + les syntagmes dont la segmentation n'est pas ambiguë

    Il s'agit là des syntagmes tels que :

    PREP + PRON réfléchi   bei sich

    PREP + PRON personnel   mit ihm

    PREP + PRON relatif à forme non ambiguë   aus denen

    — les délimiteurs mixtes

Dans cette catégorie entrent toutes les techniques de délimitation qui font intervenir plus d'un élément tant du point de vue de sa morphologie que de sa catégorie grammaticale. On y trouve tous les problèmes liés aux pronoms relatifs ambigus, aux ambiguïtés liés au phénomène de la coordination et aux divers types d'enchâssement.

4) Les ambiguïtés.

Elles sont de deux ordres : les **ambiguïtés liées à l'identification exacte de la catégorie grammaticale d'éléments importants pour la segmentation** entre autres

- homographie entre prépositions et autres éléments (particules verbales séparables, conjonction de subordination,...)
- ambiguïtés entre certaines formes verbales (prétérit et participe passé de certains verbes)

et les **ambiguïtés dues à la segmentation proprement dite.** Ce dernier point concerne en premier lieu le problème des appositions (particulièrement ardu car dans les textes scientifiques il concerne également les suites de nombres et d'abréviations très difficiles à segmenter) et d'une façon générale toutes les structures complexes du type de celle illustrée par la phrase 97 de l'exemple.

5) Résultats.

L'algorithme dont les principes viennent d'être présentés brièvement a été "implémenté" sous forme d'un programme d'environ 1800 instructions PL/1. Il a été testé sur 5 textes de longueurs très différentes (au total environ 24 chaînes PL/1 de 30 000 caractères) couvrant des domaines très divers : centrales nucléaires, piles à combustible, biologie, urbanisme.

Sur le texte concernant les centrales nucléaires (12 chaînes PL/1) qui a servi de base à l'établissement de l'algorithme, environ 95 % des syntagmes prépositionnels sont correctement relevés et délimités ; sur les 4 autres textes le pourcentage est de l'ordre de 90 %. Le temps d'exécution sur l'ordinateur IBM 370/168 du CIRCE est de l'ordre de 1 m 40 s pour un texte de 12 chaînes PL/1.

Les améliorations qui devront être apportées concernent à la fois :
- les étapes antérieures (repérage plus exhaustif des verbes) et
- une segmentation de la phrase qui ne se limiterait plus aux seuls syntagmes prépositionnels.

Cette segmentation plus générale de la phrase, nécessitant la prise en compte d'un contexte plus étendu qu'actuellement donnerait, sur les syntagmes prépositionnels eux-mêmes, de meilleurs résultats.

J.-P. HORN

Conjugaison automatique des verbes russes.

Dans ce programme, le recours au dictionnaire n'est pas totalement absent, mais la liste des formes verbales utilisées a été réduite le plus possible.

a) système verbal.

Le système verbal russe présente de nombreuses particularités dont :
- pauvreté en temps et en modes
- notion fondamentale de l'aspect : tout concept prédicatif est traduit par un couple de verbes, l'un d'aspect perfectif, l'autre d'aspect imperfectif.
- les verbes présentent deux bases, du présent et de l'infinitif, selon lesquelles les différents temps et modes sont classés.
- les verbes sont, quant à eux, classés suivant leur appartenance à l'une des quatre classes paradigmatiques du présent.
- les onze morphèmes significatifs de l'infinitif que nous avons définis et qui definissent à leur tour onze groupes de verbes, sont des critères relativement pertinents pour le choix de la classe paradigmatique.

b) algorithme général.

Ces quelques remarques nous permettent de définir un algorithme de résolution de la conjugaison :
- l'analyse droite du verbe définit le groupe du verbe.

- la définition de ce groupe permet l'activation des blocs d'analyse et de reconnaissance des racines.
- le reconnaissance de la racine entraîne celle de sa classe paradigmatique et la génération de ses différentes bases.
- à ce stade de l'analyse, la conjugaison peut être engendrée en tenant compte de phénomènes connexes, à savoir palatalisations russe et slavonne, modifications des préverbes en cas d'altérations vocaliques de la racine entre ces différentes bases.

c) **analyse des racines.**

L'analyse de la racine du verbe à conjuguer s'effectue par étapes, de droite à gauche, chacune de ces étapes pouvant être suffisante pour la détermination de la conjugaison et des bases du verbe, sinon l'analyse se poursuit de la manière suivante :

- analyse de divers infixes
- recherches de structures morphologiques internes aux racines et spécifiques de certaines classes paradigmatiques.
- comparaison du verbe avec les racines enregistrées dans les fichiers externes.
- analyse de la partie gauche des verbes afin de nous assurer de la présence effective de préverbes quelconques ou donnés.

d) **les fichiers externes.**

Les fichiers comprennent les racines dites irrégulières de chaque groupe, enregistrées sous la forme la plus réduite possible. Les huit fichiers utilisés regroupent moins de deux cent cinquante racines sur les deux mille que nous avons recensées. Ils comprennent également quelques indications sur les modes de palatalisation et de modification des préverbes.

e) **généralisation du programme.**

La généralisation de ce programme actuellement en cours d'étude doit permettre une conjugaison complète des verbes, c'est-à-dire également la génération du doublet aspectuel du verbe proposé. La méthode envisagée consiste à définir des règles de dérivation d'un aspect vers l'autre, fondées sur l'analyse de la morphologie des verbes.

Bibliographie

P. DIMON, M. FANTON, P. POGNAN

"Vers un automate de compréhension des textes scientifiques allemands" in : E. STEGENTRITT : Maschinelle Sprachverarbeitung, Vorträge gehalten auf der 12. Jahrestagung der GAL, MAINZ 1981, in der Sektion "Maschinelle Sprachverarbeitung". **Sprachwissenschaft-computerlinguistik,** Band 8. AQ Verlag, Dudweiler, décembre 1982.

M. FANTON

"Analyse automatique de textes scientifiques allemands : extraction sans dictionnaire des syntagmes prépositionnels". Thèse de doctorat de 3ème cycle en linguistique et phonétique, mention "traitement automatique des langues", Université de Paris 3, 1982.

W. v. HAHN, W. HOEPPNER

"HAM2 - Ein Algorithmus zur Lemmatisierung deutscher Verben". **Zeitschrift für Dialektologie und Linguistik n° 13,** Wiesbaden.

W. v. HAHN, H. FISCHER

"Uber die Leistung von Morphologisierungsalgorithmus bei Substantiven". **Zeitschrift für Dialektologie und Linguistik n° 13,** Wiesbaden.

D. HERAULT, A. LJUDSKANOV, P. POGNAN

"Compréhension automatique et spectre sémantique (français, russe, bulgare et tchèque). **Documents de linguistique quantitative n° 18,** septembre 1981.

Z. KIRSCHNER

"On a device in dictionary operations". Conférence internationale sur la linguistique automatique : COLING 82, Prague.

M. A. MOREAUX

"Vers une compréhension automatique des textes scientifiques néerlandais : extraction et découpage des mots composés sans dictionnaire". Thèse de doctorat du 3ème cycle en linguistique et phonétique, mention "traitement automatique des langues", Université de Paris 3, 1983.

P. POGNAN

"Mise au point de procédés de simulation de la lecture humaine, avec appréhension automatique du contenu sémantique de textes non-littéraires en langue naturelle". Rapport pour l'Action Thématique Programmée "Linguistique générale 1976", rapport multigraphié, CNRS, 1980.

P. POGNAN

"Une reconnaissance automatique des mots étrangers dans les textes scientifiques. Un essai en langue tchèque". **The Prague Bulletin of Mathematical Linguistics,** 1983.

P. POGNAN : Reconnaissance des mots étrangers en tchèque.

```
CENTRE DE RECHERCHE EN TRAITEMENT AUTOMATIQUE DES LANGUES          PAGE NO  3   ( 3/03/83 - 2EH4Y)   PATRICK POGNAN
INSTITUT NATIONAL DES LANGUES ET CIVILISATIONS ORIENTALES           DETERMINATION AUTOMATIQUE DES MOTS ETRANGERS TCHEQUES
    49        KLASICKE/                          1750    5   28   1
    50        DISKRE/TNI/CH                       1787    9   28   1
    51        FUNKC*NI/CH                         1891   10   28   1
    52        ELEKTRONICKY/CH                     1813   11   28   1
    53        TECHNICKO-EKONOMICKY/M              1912   23   28   1
    54        APLIKOVANE/M                        2020   34   28   1
    55        ELEKTRONICKY/CH                     2066   41   28   1
    56        KVALITATIVNE*                       2159   53   28   1
    57        ELEKTRONIKY                         2191   56   28   1
    58        INTEGROVANOU                        2205   58   28   1
    59        ELEKTRONIKU                         2218   59   28   1
PROTOZ*E ZLEPS*OVA/NI/H A ZDOKONALOVA/NI/M KLASICKE/ SOUC*A/STKOVE/ ZA/KLADNY Z DISKRE/TNI/CH FUNKC*NI/CH ELEKTRONICKY/CH PRVKU/ BY
LO HOZ*NO DOSA/HNOUT JEN DI/LC*I/CH ZLEPS*ENI/ A ZDOKONALENI/ S ONEZENI/M TECHNICKO-EKONOMICKY/M PR*I/NOSEM . PROJEVILY SE KONCEN S*
EDESA/TY/CH LET NA PRACOVIS*TI/CH V ZA/KLADNI/M A APLIKOVANE/M VY/ZKUMU U SVE*TOVY/CH VY/ROBCU/ ELEKTRONICKY/CH SOUC*A/STEK PRVNI/ S
NAHY O VYTVOR*ENI/ PR*EDPOKLADU/ PRO PR*ECHOD NA NOVOU . KVALITATIVNE* VYS*S*I/ U/ROVEN* ELEKTRONIKY - INTEGROVANOU ELEKTRONIKU .
----------------------------------------------------------------------------------------------------------------------------------
    60        INTEGROVANE/                        2252    4   29   1
    61        ELEKTRONIKY                         2265    5   29   1
    62        INTEGROVANE/                        2286    8   29   1
S ZA/KLADEN ROZVOJE INTEGROVANE/ ELEKTRONIKY SE STALY INTEGROVANE/ OBVODY .
----------------------------------------------------------------------------------------------------------------------------------
    63        KONSTRUKCI                          2334    5   30   1
    64        ELEKTRONICKY/CH                     2345    6   30   1
    65        KLASICKE/                           2422   16   30   1
    66        INTEGROVANE/                        2460   20   30   1
    67        ENERGIE                             2586   37   30   1
    68        KONSTRUKC*NI/CH                     2643   44   30   1
    69        PARAMETRU/                          2659   45   30   1
MEZI HLAVNI/ ZLEPS*ENI/ V KONSTRUKCI ELEKTRONICKY/CH PR*I/STROJU/ A ZAR*I/ZENI/ , KTERA/ SE ZI/SKALA PR*ECHODEM Z KLASICKE/ SOUC*A/
STKOVE/ ZA/KLADNY NA INTEGROVANE/ OBVODY PR*EDEVS*I/M PATR*I/ : LEPS*I/ SPOLEHLIVOST . MENS*I/ ROZME*RY A VA/HA . ZMENS*ENI/ NA/ROKU
/ NA SPOTR*EBU ENERGIE . ZMENS*ENI/ VY/ROBNI/CH NA/KLADU/ A SJEDNOCENI/ KONSTRUKC*NI/CH PARAMETRU/ .
----------------------------------------------------------------------------------------------------------------------------------
    70        TECHNOLOGICKY/CH                    2676    5   31   1
    71        INTEGROVANY/CH                      2723    7   31   1
    72        TECHNIKA                            2775   12   31   1
    73        MONOLITICKY/CH                      2784   13   31   1
S Z NE*KOLIKA RU/ZNY/CH TECHNOLOGICKY/CH R*ES*ENI/ INTEGROVANY/CH OBVODU/ SE STALA NEJDU/LEZ*ITE*JS*I/ TECHNIKA MONOLITICKY/CH OBVO
DU/ : BYLO TO KROME* JINE/HO UMOZ*NE*NO TI/M . Z*E SPOJITE* NAVA/ZALA NA PR*EDCHOZI/ VY/VOJ POLOVODIC*OVY/CH SOUC*A/STEK .
----------------------------------------------------------------------------------------------------------------------------------
    74        TECHNIKT                            2944    4   32   1
    75        MONOLITICKY/CH                      2953    5   32   1
    76        TECHNICKE/M                         3009   12   32   1
    77        MONOLITICKY/CH                      3126   27   32   1
    78        KONSTRUUJI/                         3165   33   32   1
    79        ELEKTRONICKE/                       3177   34   32   1
S ZDA/RNY/ ROZVOJ TECHNIKY MONOLITICKY/CH OBVODU/ PR*I/HO ZA/VISI/ NA ZHALOSTECH . TECHNICKE/M PR*EHLEDU A TVU/RC*I/CH SCHOPNOSTECH
PRACOVNI/KU/ . KTER*I/ SE JEDNAK PODI/LEJI/ NA TVOR*ENI/ A VY/ROBE* MONOLITICKY/CH OBVODU/ A JEDNAK Z NICH KONSTRUUJI/ ELEKTRONICKE
/ PR*I/STROJE A ZAR*I/ZENI/ .
----------------------------------------------------------------------------------------------------------------------------------
    80        MONOLITICKY/CH                      3229    2   33   1
    81        KVALIFIKAC*NI/                      3282    8   33   1
    82        STRUKTUR*E                          3331    9   33   1
    83        ORGANIZACI/                         3331   13   33   1
    84        ELEKTRONICE                         3345   15   33   1
ZAVEDENI/ MONOLITICKY/CH OBVODU/ VYVOLA/VA/ URC*ITE/ U/PRAVY V KVALIFIKAC*NI/ STRUKTUR*E PRACOVNI/KU/ I CELY/CH ORGANIZACI/ V ELEKT
RONICE .
----------------------------------------------------------------------------------------------------------------------------------
```

M.-A. MOREAUX : Reconnaissance des mots composés en néerlandais.

M. FANTON : Délimitation des syntagmes prépositionnels en allemand.

CENTRE DE RECHERCHE EN TRAITEMENT AUTOMATIQUE DES LANGUES
INSTITUT NATIONAL DES LANGUES ET CIVILISATIONS ORIENTALES

PAGE NO 319   (05/11/82 - 14H38) M. FANTON
DETERMINATION DES SYNTAGMES PREPOSITIONNELS

*FORMES VERBALES DE LA PHRASE :   LIEGT, VORWIEGEND, FORTENTWICKELT, GESAMMELTEN, BEDU*RFEN;

4655   T050 I MIT A*LTEREN *ANLAGEN   16643 19 16656 21   94 11

PHRASE NO 95—

DANEBEM MUESSEN UNFANGREICHE *VORV*ERSUCHE DURCHGEFUHRT WERDEN • WEIL MANCHE *ANLAGETEILE NACH DER *INBETRIEBNAHME AUS
*STRAHLENSCHUTZGRUNDEN NUR BESCHRA*NKT ZUGA*NGLICH SIND •

*FORMES VERBALES DE LA PHRASE :   MUESSEN, DURCHGEFU*HRT, WERDEN, BESCHRA*NKT, SIND;

4656   T740 I NACH DER *INBETRIEBNAHME   16821 11 16830 13   95 11
4657   T670 I AUS *STRAHLENSCHUTZGRUNDEN   16846 14 16850 15   95 11

PHRASE NO 96—
* D IE *INBETRIEBNAHME KANN BE*GINNEN • SOBALD ALLE MASCHINENTECHNISCHEN UND ELEKTROTECHNISCHEN *ANLAGETEILE INSTALLIERT SIND •

*FORMES VERBALES DE LA PHRASE :   KANN, INSTALLIERT, SIND;

                                          PAS DE PREPOSITION   96 11

PHRASE NO 97—

MAN FA*NGT MIT DENJENIGEN *ANLAGETEILEN AN • DIE DEN *KHAFTWERK DIE WICHTIGSTEN *BETRIEBSMITTEL ZUFU*HHREN : *. *L VOLLENTSALTES
*WASSER AUS DER *KWASSERREINIGUNGSANLAGE (ZUM *REINIGEN UND *SPU*LEN DER FERTIGGESTELLEN *ANLAGETILE SOWIE ZUR *DAMPFERZEUGUNG IN
DEN *KESSELANLAGEN) , *. *L *DAMPF AUS DER *HILFSKESSELANLAGE (FU*R *HEIZUNGSANLAGEN , *VERDAMPFER) *VIE *KUHLWASSER (FU*R
*TURBINEN SOWIE ZUM *AUSBLASEN *DE *LEITUNGEN *DRUCKLUFT AUS DER *STEUER- UND *BETRIEBSDRUCKLUFTANLAGE (FU*R DRUCKLUFTGESTEUERTE
*ARMATUREN • ZU DEREN *BETRIEB DIE *BAUSTROHVERSORGUNG *NICHT MEHR AUSREICHT) • FU*R ELEKTRISCHE
*ANTRIEBE • ZU DEREN *BETRIEB DIE *BAUSTROHVERSORGUNG *NICHT MEHR AUSREICHT) •

*FORMES VERBALES DE LA PHRASE :   FA*NGT, ZUFU*HHREN, AUSREICHT;

4658   T870 I MIT DENJENIGEN *ANLAGETEILEN   17046   3 17061   5   97 11
4659   17075   6   97 11
4660   T050 I AUS   17171 20 17179 22   97 11
4661   I ZUM *WASSERREINIGUMGSANLAGE   17253 30 17275 33   97 11
4662   I ZUR *REINIGEN UND *SPUMLEN DER FERTIGGESTELLTEN *ANLAGETEILE   17292 34 17299 36   97 11
4663   T740 I ZUR *DAMPFERZEUGUNG   17330 42 17336 44   97 11
4664   I IN DEN *KESSELANLAGEN   17419 56 17434 59   97 11
4665   1670 I AUS DER *HILFSKESSELANLAGE   17482 67 17503 71   97 11
4666   I FU*R *HEIZUNGSANLAGEN   17529 73 17556 76   97 11
4667   T920 I *VERDAMPFER , *KOMPRESSOREN   17587 79 17591 80   97 11
4668   T740 I FU*R DRUCKLUFTGESTEUERTE *ARMATUREN   17632 87 17640 89   97 11
4669   I ZUM *AUSBLASEN   17663 93 17703 93   97 11
4670   I *DE LEITUNGEN   17695 95 17704 97   97 11
4671   T650 I AUS DER *TIIGENL*DARFSVERSORGUNG
4672   I FU*R ELEKTRISCHE *ANTRIEBE
4673   I ZU DEREN *BETRIEB

PHASE NO 90—

*. IM SANSCHL*USS *HILUUN IRFOLGT DANN DIE *INBETRIEBNAHME VON *HEIZUNG • *LUFUTUNG UND *KLIMAANLAGE • DES *FEUERLO*SCHNETZES • DER
*ABWASSERAUFBE*RETUNG UND DER *SCHLEUSEN •

*FORMES VERBALES DE LA PHRASE :   ERFOLGT;

J.-P. HORN : Conjugaison automatique du verbe russe.

CONJUGAISON DU VERBE BOA*T<SA*

	PPESENT-FUTUR	IMPERATIF	PASSE	
1 SG	BOU*S<		MASC	BOA*LSA*
2 SG	BOIS*<SA*	BOJSA*	FEM	BOA*LAS<
3 SG	BOITSA*		NEUT	BOA*LOS<
1 PL	BOIMSA*			
2 PL	BOITES<	BOJTES<	PL	BOA*LIS<
3 PL	BOA*TSA*			

VAI*'SPET<!!

CONJUGAISON DU VERBE SPET<

	PRESENT-FUTUR	IMPERATIF	PASSE	
1 SG	SPOU*		MASC	SPEL
2 SG	SPOES*<	SPOJ	FEM	SPELA
3 SG	SPOET		NEUT	SPELO
1 PL	SPOEM			
2 PL	SPOETE	SPOJTE	PL	SPELI
3 PL	SPOU*T			

UN AUTRE VERBE PRESENTE LE MEME INFINITIF

CONJUGAISON DU VERBE SPET<

	PRESENT-FUTUR	IMPERATIF	PASSE	
1 SG	SPEU*		MASC	SPEL
2 SG	SPEES*<	SPEJ	FEM	SPELA
3 SG	SPEET		NEUT	SPELO
1 PL	SPEEM			
2 PL	SPEETE	SPEJTE	PL	SPELI
3 PL	SPEU*T			

Marc HUG

L'AMBIGUITÉ A L'INTÉRIEUR DU SYNTAGME NOMINAL

L'ambiguïté syntaxique interne au syntagme nominal est étudiée ici à partir des analyses fournies par un programme d'analyse syntaxique automatique. Ce programme a été élaboré à partir d'une grammaire syntagmatique simple, mais il a pour l'essentiel les caractères d'un automate à nombre fini d'états. L'analyse syntaxique qu'il réalise est sommaire ; son but est de fournir un certain nombre d'informations à exploiter statistiquement. L'ambiguïté syntaxique n'étant pas résolue par le programme, il a été nécessaire de la signaler au moins afin de pouvoir tenir compte des erreurs d'analyse éventuelles. Le programme travaille sur des syntagmes préalablement identifiés et délimités ; il ne sera donc pas question d'ambiguïtés rencontrées à l'occasion de cette délimitation, telles que celle de la phrase (1) :

(1) La cage grise reprit sa place au-dessus du puits.

(**au-dessus du puits** est-il complément de **place** ou du verbe **reprit** ?). Sur les syntagmes complexes, le programme opère un découpage en "groupes". Le groupe se définit par la présence potentielle de marques autonomes de genre et de nombre ; il ne doit donc pas être confondu avec le syntagme (ou le constituant). Par exemple dans

(2) Leurs joues rouges de force

le pluriel de **rouges** est lié à celui de **joues,** mais **force** est au singulier. Le programme fait partir de la préposition **de** le second groupe du syntagme, et le constituant **rouges de force** se trouve donc réparti sur deux groupes.

La possibilité d'une ambiguïté syntaxique à l'intérieur du syntagme nominal a été constatée dans trois cas très simples :

1) Lorsque le syntagme se compose de deux groupes dont le premier se termine par un adjectif postposé au nom. Dans ce cas en effet, le second groupe peut constituer un syntagme avec l'adjectif, dont il est alors le complément en termes traditionnels (comme dans (2)) ; il peut aussi se rattacher à l'ensemble du groupe nominal précédent comme dans

(3) Les deux cicatrices rouges de leurs pommettes brûlées

2) Lorsque le syntagme se compose de deux groupes dont le second se termine par un adjectif, un participe ou une relative. Ainsi dans les exemples (4) à (13). Dans ces cas, l'expansion par laquelle le syntagme se termine peut se rattacher au second substantif, comme dans (5) ; elle peut aussi, comme dans (13), se rattacher au premier, ou si l'on préfère, à l'ensemble des deux.

3) Lorsque le syntagme se compose au minimum de trois groupes :

(14) Les marchands de choux d'Olliergues

Ici on ne sait pas à quel terme principal doit se rattacher le dernier des trois groupes. (Dans (14), qu'est-ce qui est **d'Olliergues** ? Les **choux** ou les **marchands de choux** ?).

En adoptant ces trois critères simples pour repérer les cas d'ambiguïté syntaxique, on fait étiqueter "ambigus" des quantités de syntagmes qui ne le sont pas en fait. Je voudrais faire maintenant quelques observations simples sur quelques critères syntaxiques aisés à observer qui permettent de résoudre une partie de ces ambiguïtés ; je laisserai totalement à l'écart les critères à base sémantique.

1. Dans le cas des syntagmes ambigus au premier groupe - c'est-à-dire dont l'ambiguïté provient de la présence d'un adjectif à la fin du premier groupe - la nature de la préposition qui introduit le deuxième groupe offre des présomptions en faveur de l'une ou de l'autre des analyses possibles. Alors que le complément du nom (exemple (3)) est introduit de façon normale et très largement dominante par **de**, le rôle de **de**, **à** et d'autres prépositions s'équilibre beaucoup mieux lorsqu'on a affaire à un complément de l'adjectif. Mais il ne s'agit que de présomptions. Par ailleurs, le corpus que j'ai utilisé ne fournit pas un nombre suffisant d'exemples pour apprécier le rôle des déterminants du second groupe ou de ceux du premier; on peut supposer que le complément de l'adjectif est plus souvent déterminé que le complément du nom. Quant à l'identité de l'adjectif lui-même, ce serait évidemment un critère important, mais les exemples (2) et (3) montrent qu'il n'est pas forcément déterminant.

2. Lorsque le syntagme est ambigu au 2ème groupe - présence d'une expansion à la fin du deuxième groupe - on dispose d'un ensemble beaucoup plus important de critères :

A. **Le critère de l'accord grammatical,** lorsqu'il s'agit d'un adjectif postposé ou d'un participe passé. Vu la répartition habituelle des genres et des nombres - beaucoup plus de singuliers que de pluriels, un peu plus de masculins que de féminins - il doit arriver dans 30 % des cas en moyenne que le genre et le nombre des deux groupes soient les mêmes, et l'accord devrait donc pouvoir donner une indication dans les 70 % restants des cas. En fait la proportion est sensiblement inférieure. Dans les échantillons examinés, elle n'a jamais été que de 40 à 60 % environ, car il existe un nombre non négligeable d'adjectifs qui n'indiquent que le nombre et non le genre (adjectifs terminés par **-e** au masculin), ou dont la forme masculine n'indique pas le nombre (adjectifs terminés par **-s** ou **-x** au singulier). Le critère de l'accord, là où il joue, a l'avantage d'être contraignant, c'est-à-dire de résoudre l'ambiguïté à coup sûr. Ce ne sera pas le cas des critères suivants.

B. **La nature de la préposition introduisant le deuxième groupe.** La préposition **de** crée entre les deux groupes un lien plus étroit que les autres prépositions, et lorsqu'on a affaire à une autre préposition, il est rare que l'adjectif en fin de syntagme se rapporte au premier nom. C'est rare, mais ce n'est pas exclu. Rien ne m'empêche de parler d'un "œuf sur le plat trop cuit" : c'est l'**œuf** qui est cuit, non le **plat.**

C. **Le déterminant en tête du deuxième groupe.** Lorsque l'adjectif qui suit le deuxième groupe se rapporte au premier nom, le second groupe n'a pas de déterminant le plus souvent; lorsqu'il y en a tout de même un, c'est presque toujours l'article défini. Mais l'absence de déterminant en tête du second groupe (par exemple dans les exemples (4) et (6)) n'empêche pas l'adjectif de rapporter au deuxième nom ! Et là où l'on rencontre l'article défini, les deux analyses sont possibles également (comparer les exemples (5) et (13)).

D. **La nature de l'expansion elle-même.** Si l'expansion est un adjectif, il se rapporte presque toujours au second nom; si c'est un participe accompagné de compléments ou une relative, elle se rapporte au premier groupe plus souvent qu'au deuxième. Cela tient évidemment au fait que des expansions longues comme une relative ne peuvent pas précéder habituellement une expansion courte; par exemple dans (8), il est impensable d'intercaler la relative entre **bonnet** et **à trois pièces.** La relative ne peut pas être ailleurs qu'à la fin du syntagme. Il reste qu'on n'obtient ainsi que des vraisemblances, et non des solutions sûres : les exemples (9) et (10) montrent que la relative qui suit **une face de bon facteur** peut se rapporter à **face** ou à **bon facteur** indifféremment.

3. On pourrait de même développer des critères de type probabiliste pour résoudre les ambiguïtés des syntagmes plus longs, composés de trois groupes ou davantage. Bien entendu, à mesure que le syntagme s'allonge, les ambiguïtés

possibles se multiplient, et pour trouver des paramètres statistiques un peu crédibles, il faudrait des corpus de plus en plus énormes. J'ai négligé aussi toutes les ambiguïtés liées à la coordination.

Mais sans aller plus loin dans l'exploration des types d'ambiguïté, on peut proposer pour conclure les quelques réflexions suivantes :

1. Le programme est, je le répète, linguistiquement rudimentaire. Cela offre l'avantage, pour une utilisation statistique, de permettre un traitement rapide et peu coûteux tout en réunissant un ensemble appréciable d'informations. Par surcroît, les résultats, grâce à la simplicité logique du programme, sont très transparents, et l'on a rarement à s'interroger sur l'origine d'une erreur. Pour d'autres projets, cette analyse demanderait évidemment à être beaucoup affinée. La question que je voudrais évoquer ici en passant est celle de l'adéquation entre le coût d'un programme, en investissement initial et en fonctionnement, et le rendement qu'on en attend.

2. Si j'intégrais dans mon programme des critères de choix fondés très naïvement sur les observations syntaxiques que je viens de résumer, je rattacherais par exemple, dans (9) et (10), les relatives au nom **face,** parce que **bon facteur** n'a pas de déterminant, ou parce qu'il est précédé de la préposition **de.** J'obtiendrais ainsi un gain, relativement modeste d'ailleurs, dans le nombre des analyses correctes, mais j'aurais aussitôt à distinguer entre plusieurs classes différentes d'analyses erronées, ce qui n'est pas très intéressant pour la suite de mon travail statistique.

3. Pour travailler un peu plus rigoureusement, il faudrait mettre en œuvre des probabilités composées, pour tenir compte simultanément de plusieurs facteurs, et minimiser le risque d'erreur. Mais cela suppose acquis au moins deux points qui ne me paraissent guère assurés :

a) que les proportions observées dans un corpus déterminé correspondent à des probabilités applicables à d'autres textes. J'ai pu observer dans mon corpus que certains faits paraissent d'une grande stabilité d'un échantillon à l'autre, alors que d'autres sont d'une étonnante variabilité. C'est ainsi que le nombre des tours potentiellement ambigus sur un ensemble de 4000 syntagmes environ va de 200 à 500 en gros, c'est-à-dire varie dans des proportions allant de 1 à 2 1/2. Mais en même temps la localisation de ces ambiguïtés potentielles, suivant le groupe où elles sont observées : le premier, le second, le troisième groupe du syntagme, ou au-delà, ces différentes localisations restent réparties de façon à peu près identique partout. Si le premier fait est peut-être prévisible, le second ne l'est sûrement pas. Sait-on au juste quels sont les faits syntaxiques dont la fréquence est à peu près stable et quels sont ceux dont l'apparition est beaucoup plus capricieuse ?

b) que l'on réussisse à établir de façon convaincante que deux faits syntaxiques donnés sont indépendants, ou à défaut à mesurer la corrélation qui les relie, par exemple pour ce qui est de la préposition en tête d'un groupe et du déterminant qui suit. L'un et l'autre me paraissent très problématiques.

4. Même si un travail long et méticuleux permettait d'aboutir à une analyse unique et acceptable dans chaque cas concret d'ambiguïté syntaxique - à supposer qu'on maîtrise aussi les contraintes sémantiques qui aident le plus souvent à résoudre ces ambiguïtés - le résultat pècherait alors par excès d'analyse syntaxique par rapport à la pratique normale du langage. Dans des cas tels que (6), l'auteur a rattaché **rongés** à **dés**; mais il lui était possible de l'accorder avec **granit,** et pour le lecteur en situation normale de lecture, cela n'aurait rien changé ; l'image évoquée aurait été strictement la même. De multiples faits de discours montrent que le détail des relations syntaxiques est négligé par le récepteur, qui passe aussitôt aux relations sémantiques. Ceci ne doit évidemment pas faire conclure que les phénomènes d'accord doivent quelquefois être négligés ; on est trop heureux

quand on trouve un critère sûr qui permette de résoudre une ambiguïté. Mais quand on observe dans l'analyse automatique la facilité relative avec laquelle ces phénomènes peuvent être contrôlés, par opposition à la complexité de l'analyse sémantique ; quand on observe en contrepartie l'aisance avec laquelle le locuteur-récepteur manie les relations sémantiques habituelles et sa relative négligence à l'égard des structures syntaxiques, on est obligé de se dire que nos techniques sont loin de simuler un processus normal de reconnaissance d'un message dans une langue naturelle. C'est évident lorsqu'on a affaire à un petit programme tel que le mien ; mais est-ce tellement moins vrai des programmes les plus sophistiqués ?

PHRASES 1 à 14

(1) La cage grise reprit sa place au-dessus du puits.

(2) Leurs joues rouges de force.

(3) Les deux cicatrices rouges de leurs pommettes brûlées.

(4) Un bonnet de laine rouge.

(5) La proximité des gestes voisins.

(6) En dés bien appareillés de granit gris rongés par l'âge.

(7) Une tentative d'examen raisonnable.

(8) Le bonnet à trois pièces qu'elle avait mis elle-même à Henri.

(9) Une face de bon facteur qui fait son travail comme il faut.

(10) Une face de bon facteur qui inspire confiance.

(11) Son pouvoir sur l'élément féminin.

(12) Son mépris pour des amours qu'il soupçonnait d'être ridicules.

(13) Une aristocratie du coltinage très fermée.

(14) Les marchands de choux d'Olliergues.

Barron BRAINERD

ON THE DISTRIBUTION OF THE NUMBER OF OCCURRENCES OF A WORD IN BLOCKS OF TEXT OF FIXED LENGTH

Of some interest in studies of disputed authorship, literary genre and other stylistic matters is the number of occurrences N_m of a word-type (or group of word-types) in an m-word block of continuous text. See for example [2], [4] and [6]. For simplicity's sake let us talk of a single type. The study of N_m for a text yields more information about the author's use of the word than the simple relative frequency in the text as a whole because, for example, from a random sample of say k m-word blocks, a (sample) variance,

$$s_{N_m}^2 = \frac{1}{k-1} \sum_{i=1}^{k} (N_{m,i} - \bar{N}_m)^2$$

can be computed as well as a sample mean

$$\bar{N}_m = \frac{1}{k} \sum_{i=1}^{k} N_{m,i} \ .$$

The latter may serve as an estimate of the relative frequency of the word in the text :

$$\hat{r} = \bar{N}_m / m \ ,$$

but more importantly $s_{N_m}^2$ gives a picture of the variability in the author's use of the word-type. A histogram may also be constructed from the sample $\{N_{m,i}\}_{i=1}^{k}$ giving some idea of the (hypothetical) underlying distribution of N_m.

A philosophical remark should be injected here regarding what we are assuming when we posit the notion of *the* distribution of N_m. It is a set of values

$$\{P(N_m = n)\}_{n=0}^{m}$$

where, if a frequentist point of view were taken,

$$P(N_m = n) = \lim_{k \to \infty} \frac{\#(N_{m,i} = n \mid i = 1, 2, \ldots, k)}{k}$$

Thus we are assuming that our sample of k m-word blocks is one among an infinite number of such, so that in effect the text itself has to be construed as a sample of what the author *might* have written. From this standpoint the relative frequency of the word in the text has to be taken as *an estimate of the expected value of* N_m/m.

Hypotheses about the similarity of distributions of N_m for distinct samples can be tested using only their histograms (sample distributions). Knowledge of the underlying distribution is not needed to apply, for example, the chi-square test for homogeneity. However, knowledge of this underlying family of distributions can enable us to apply more powerful and sophisticated statistical machinery.

At the basis of statistics is the notion of random sample from a population — in our case a random sample of blocks that our author might have written. The philosophical status of a sample of blocks (even chosen at random) from the text our author **actually has written,** as a random sample from the population of possible blocks is moot. Leaving aside such niceties, how should we choose our sample ? One method is to choose k random starting places and take as our sample the k m-word blocks corresponding to these starting places. There is no problem if km is small relative to the size of the total text. In this case the probability of overlap of blocks is small. However, we want to use as much of the information that the text provides as we can. Presupposing a text in machine readable form, my coworker Glenn McNamara and I devised a program (1) which segments it into successive non-overlapping blocks of arbitrary but fixed length and counts the tokens of the target word within each block. Then either the totality of these counts, or a random sample drawn from them, can be used as the sample corresponding to that text. The former choice is appropriate if the sequence of observations corresponding to the blocks in their textual order is a statistically random sample. A classical test for this is the runs test : Choose a number D that dichotomizes the sample (the sample mean will do). Construct a sequence of 0's and 1's by assigning a 0 to a place in the sequence of observations if the observed value is less than D and a 1 if not. Then count the number u of runs (00101111000 contains 5 runs). If N_0, the number of 0's in the sequence thus constructed, and N_1, the number of 1's, both exceed 10, a normal approximation for the distribution of u exists under the null hypothesis of random fluctuations about the sample mean of a variate whose underlying distribution remains constant over the sequence of observations.

The first 80 100-word blocks of **Woodstock** (Wood), a Renaissance drama of unknown authorship, contained 31 instances where the observed count of *the* exceeded the mean value of 3.16 and 49 where the count did not exceed this mean. In this case the expected number of runs is u = 39.0 with a variance $\sigma^2 = 17.8$. The observed number of runs is 41 yielding a unit normal

$$z = \frac{41 - 39.0}{\sqrt{17.8}} = 0.48$$

indicating no significant departure from randomness. Analogous results obtain from all other text samples I have considered.

The family of distributions appropriate for a random variable like N_m can be approached in at least two different ways.

(1) A principled derivation based on explicit assumptions may be posited, or
(2) A family of distributions whose values are indexed by one or more parameters can be chosen based on some intuitive insight of the researcher.

In (1) the usefulness of the distributional family obtained is closely related to the degree to which the assumptions used in its derivation are fulfilled, as the following discussion indicates.

As a first approximation, assume, as Yule did, that an author forms his text by successive selections (with replacement) of balls from an urn. Each ball has a word of the author's vocabulary written upon it and the number of balls with a given word *w* written upon them is proportional to the probability that the author will use *w*. Considerable simplification of reality is embodied here. For example, the model implies that at any given place in the text the author has a fixed probability, say p, of writing *the* and so, having written *the* the probability that the next word will be *the* is *p* instead of 0 as is the case in reality. The effect of such dependence may however be small and the resulting model adequate.

We are here concerned with a particular word type w so we can simplify our approach to Yule's urn. We need only remember how many times a w-ball is drawn as the author writes an m-word block of text ; this will be N_m. If p represents the probability of writing w, then a standard argument yields,

$$P(N_m = x) = \binom{m}{x} p^x (1-p)^{m-x}$$

i.e N_m follows a binomial distribution with parameters m and p ; m is fixed by the block size and p will depend on author, genre and perhaps other pragmatic properties of the text. For the binomial distribution, the distributional mean and variance are mp and mp$(1-p)$ respectively. The minimum variance unbiased estimate of p is $\hat{p}$ = $\bar{N}_m/m$ and it is well known that for a random sample of k observations of N_m,

$$\chi^2_{k-1} = \frac{(k-1)s^2_{N_m}}{m\hat{p}(1-\hat{p})}$$

has approximately a chi-square distribution with k-1 degrees of freedom. This provides the standard test of the *composite* hypothesis that both the urn model is a good approximation of reality for w *and* that the corresponding p is constant from block to block in our sample. For example N_{50} for *the* in a sample of 343 block from Christopher Marlowe's **Tamburlaine**, Part 1 (TAMI) yields a binomial variance ratio of χ^2_{342} = 314.6 which is not a significant departure from the expected value of χ^2_{342}. N_{50} for *the* in a 227 block sample from the 1604 edition of Marlowe's **Dr. Faustus** (DF04) yields χ^2_{226} = 273.0 just significant at the 5%level. The goodness-of-fit test in this case yields χ^2_4 = 7.75 (P = 0.10) under a binomial null hypothesis.

A large class of distributional families, including the binomial family, have the Poisson distribution

$$P(X = x) = \frac{\lambda^x e^{-\lambda}}{x!} \qquad x = 0,1,2,\ldots$$

as a limiting distribution. It is the limit of a binomial distribution where m→∞ with λ = mp held fixed. How can an infinite valued distribution be used to approximate a finite valued one ? The answer is that if m is large enough and p small enough, then the probabilities

$$P(X = m+k) \qquad 1,2,\ldots$$

are so small that their sum can be neglected without appreciable error. If n is large and p small the Poisson approximation is routinely used in place of the binomial.

A test for Poissonness and for homogeneity of the expected value (λ) given a sample of k values of N_m is analogous to the test for binomiality :

$$\chi^2_{k-1} = \frac{(k-1)s^2_{N_m}}{\bar{N}_m} .$$

Note that if $\bar{N}_m/m$ is small the binomial and Poisson tests yield approximately the same result. The quantity

$$s^2_{N_m}/\bar{N}_m$$

can be used as a measure of clumping or contagion. Its expected value is 1 when instances of the target word corresponding to N_m occur at random in the text. If it is greater than 1, they tend to occur in clumps and if it is less than 1, they tend to occur at regular intervals. To see what this might mean consider blocks of length 50 words with a random distribution of target word tokens with say $E(N_{50})$ = 30. A roughly Poisson histogram would be as in the second column of Table 1, when a sample of 100 blocks is chosen. Now suppose we are assured of finding the target word say every 30th word whereas in the rest of the text the target word occurs at random. The 50 word blocks would have either one or two of these additional instances of the target word, each type of addition being equally likely. In this case

$$P(N_{50} = x) = P(N_{49} = x-1, \quad \text{block contains 1 additional tgt. wd)}$$

$$+P(N_{48} = x-2, \quad \text{block contains 2 additional tgt. wds)}$$

$$= \frac{1}{2}[P(N_{49} = x-1) + P(N_{48} = x-2)] .$$

A sample of 100 blocks drawn from this distribution might look like the third column of Table 1. The variance ratio yields a $X^2_{99} = 61.6$, which is significantly small at the 0.1% level. However if the expected frequencies are computed under a Poisson null hypothesis (col. 4), the goodness-of-fit chi-square is non-significant.

A second type of contamination may be the result of the sample being drawn from two distinct populations, one with Poisson distribution as in Col. 2 and the second from a population with distribution : $P(N_2 = 1) = P(N_2 = 2) = \frac{1}{2}$. If a sample of 100 blocks were drawn half from one and half from the other, Col. 5 would be the result with a non-significant variance ratio chi-square but a highly singnificant goodness-of-fit chi-square. It is therefore a good idea when testing for the Poissonness (and also the binomialness) of N_m to apply both a goodness-of-fit test and a variance ratio test.

The second manner of arriving at a family of distribution is illustrated by the following development : A similar pan — Poissonian situation existing in biology led Bardwell and Crow [3] to concoct the *hyperpoisson distribution family* generalizing the Poisson family,

$$P(X = x) = [M(1, b; \lambda)]^{-1} \frac{\lambda^x}{(b)_x}$$

where $(b)_x = b(b+1) \cdots (b+x-1)$ and

$$M(a, b; \lambda) = \sum_{k=0}^{\infty} \frac{(a)_k}{(b)_k} \frac{\lambda^k}{k!}$$

is the confluent hypergeometric function. A member of this family of distributions has a variance ratio less than 1 if $b < 1$ and greater if $b > 1$. The family generalizes the Poisson since for $b = 1$ it reduces to the Poisson. It provides an improvement over the Poisson, sometimes dramatic (as in Table 3), but its performance is in general poorer than other families that we are about to consider.

Clumping or contagion can be the result of variations in : the values of λ for different blocks, even though the underlying distribution in each case is Poisson. Mixing blocks with different λ's always leads to contagion so that significant anticontagion ($s^2/\bar{x} < 1$) implies an underlying distribution that is not Poisson.

In the contagious case an intuitively compelling extension of the Poisson model presents itself. Assume that λ itself is a random variable taking some positive real value for each block selected. The standard assumption is that λ follows the gamma distribution. Once λ is chosen, then

$$P(N_m = x \mid \lambda) = \frac{\lambda^x}{x!} e^{-\lambda}.$$

and

$$P(N_m = x) = \int_0^{\infty} g(u) \frac{u^x e^{-u}}{x!} du$$

where g is the gamma distribution function, the form of which need not trouble us. After the integration has been performed, the result is

$$P(N_m = x) = \frac{(\kappa)_x}{x!}(m\delta)^x(1 + m\delta)^{-k-x}$$

where $x = 0,1,2,\ldots,k$, $\delta > 0$, and if   is the relative frequency of w, i.e. $E(N_m)/m$, then $k\delta = \rho$. This is the form of the negative binomial distribution used by Mosteller and Wallace [6] in their Federalist study. If N_m follows this distribution, then

$$E(N_m) = m\rho$$

$$Var(N_m) = m\rho(1 + m\delta)$$

so that δ measures the non-Poissonness. The variance ratio

$$\frac{Var(N_m)}{E(N_m)} = 1 + m\delta .$$

As $\delta \rightarrow 0$, this ratio approaches 1 and a calculation shows that

$$P(N_m = x) \rightarrow \frac{(m\rho)^x e^{-m\rho}}{x!} .$$

Take m = 50 and let N_{50} be the number of instances of α or αn in 50-word blocks in a sample of 343 such blocks chosen from TAMI. The Poisson variance ratio is 1.1 466 indicating a degree of contagion ; $X^2_{342} = 342 (1.1\,466) = 392.1$; not quite significant at the 5% level. As indicated in Table 2 the goodness-of-fit test under a Poisson null hypothesis yields $X^2_3 = 5.0$ (P = 0.17). That table shows a comparison between Poisson expected values based on $\overline{N}_{50}$ and negative binomial expected values based on the estimates

$$\hat{K} = 3.468 \quad and \quad 50\hat{\delta} = 0.1672$$

obtained by the method of moments. Although the negative binomial expected values appear to yield a better fit, both models appear to be adequate.

In the anticontagious case, we might retrogress to the only well known anticontagious distribution the binomial and, as with λ in the Poisson case, consider p to be a random variable. Since $0 \leq p \leq 1$ we must choose a family of possible distributions which satisfy this restriction. The most versatile such distribution is the ß-distribution with probability density function

$$g(u) = B(\alpha,\beta)^{-1}u^{\alpha-1}(1-u)^{\beta-1} , \qquad \alpha,\beta > 0$$

and

$$P(N_m = x) = \int_0^1 g(u) \binom{m}{x}u^x(1-u)^{m-x} du .$$

$$= \binom{m}{x}\frac{(\alpha)_x (\beta)_{m-x}}{(\alpha+\beta)_m}$$

This family of distributions is more versatile than the negative binomial in that it has the binomial, the negative binomial and the Poisson as limiting distributions. This is the negative hypergeometric distribution used by Altmann and Burdinski in their recent article [1].

None of the models considered so far take into consideration the possibility of systematic dependence from one word to the next as the author writes his text. Such a dependence is exhibited by a Markov chain. In using a Markov model we would be assuming that whether or not the author writes the target word at a specific instance depends upon what he has written before but only for a fixed specific number of backward steps, rather like his memory extended back only that number of steps. The length of this "memory" is the order of Markov chain generating the text. Recently S.M. Chang and I [5] obtained the distribution of N_m for texts generated by a Markov chain of 2nd order, i.e. the author's memory extends two steps backward. Presumably this could be accomplished for chains of higher orders, but the derivation for the 2nd order case was sufficiently arduous to preclude our trying to go further. Indeed, the calculation of the distribution in the 2nd order case is in general too complex to be useful. However, recently, I discovered that the limiting distribution for N_m as $m \to \infty$ with $E(N_m)$ held fixed is the Polya-Aeppli distribution :

$$P(N_\infty = 0) = e^{-\lambda\alpha},$$

$$P(N_\infty = k) = \frac{\lambda\alpha^2(1-\alpha)^{k-1}}{k} L_{k-1}^{(1)}\left(\frac{-\lambda\alpha^2}{1-\alpha}\right) e^{-\lambda\alpha}$$

where $L_k^{(1)}$ is the kth first order Laguerre polynomial. Since quite a bit is known about Laguerre polynomials, including a recurrence relation, we are able to obtain maximum likelihood estimates for λ and α because $\alpha = 1$ corresponds to the Poisson distribution with parameter λ, the likelihood ratio can be used to see if anything is to be gained by having $\alpha \neq 1$. Unfortunately, this distribution is also contagious in the sense that the variance ratio cannot be less than 1.

Table 2 gives the expected frequencies corresponding to five of the distributions just discussed for the counts of $\alpha(n)$ in the sample 343 blocks from TAMI. The variance ratio for this work indicates contagion but is non-significant. All three two parameter distributions perform better than the Poisson but more or less on the same level. Table 3 displays the expected frequencies for the same distributions for an analogous sample of 227 blocks from DF04. The variance ratio in this case indicates significant contagion. Here the hyperpoisson lags behind the other but provides an adequate fit.

In the two sample distributions fitted above the frequencies decrease with N_m. This is not the case in Table 4, yet the relative ability of the various distributions to fit the data is the same as in the earlier two tables.

Table 5 shows the efficiency of the various distributions when applied to a wider range of data. JEWM is **The Jew of Malta,** another play by Christopher Marlowe ; Articles are *a, an, th'*and *the* ; for BE the target words are the bare inflected forms *be, is, was, are,* etc. of the verb *to be ;* for CONJ the target words are *and* and *but ;* and for PREP the tarfet words are the prepositions among the one hundred most frequent word-types in the Brown Corpus of American English. In all contagious $(s_N^2 > \bar{N})$, cases whether significant or not, i.e. anywhere the negative binomial can be used to fit the data, its performance, that of the negative hypergeometric and that of the Polya-Aeppli distribution, are roughly comparable but usually superior to the hyperpoisson. In the anti-contagious $(s_N^2 < \bar{N})$ cases (where the negative binomial does not apply) the negative hypergeometric and the hyperpoisson appear to offer little improvement over the Poisson.

Table 6 contains the results of trying to fit a significantly anti-contagious sample distribution. Since the negative hypergeometric distribution is a compound binomial distribution, it will be more contagious than the binomial, i.e. a sample drawn from a population governed by it will have binomial variance ratio greater than 1. Hence it is not surprising that it yields almost the same expected counts as its limiting distribution, the binomial.

In contagious samples the classical negative binomial does as well or better on the data I have tested than the other more complex distributions. In anticontageous samples the more complex distributions appear to offer little or no improvement over the binomial and Poisson.

Note

(1) Program is in IBM compatible SNOBOL. and is available upon request.

References

1. G. Altmann and V. Burdenski, "Towards a law of word repetition in text-blocks", *Glottometrika* **4** (1982), 147-67.

2. C.W. Anderson and G.E. McMaster, "Computer assisted modeling of affective tone in written documents", *C. Hum* **16** (1982), 1-9.

3. G.E. Bardwell and E.L. Crow, "A two-parameter family of hyper-poisson distributions", *J. Amer. Stat. Assoc.* **59** (1964), 133-41.

4. B. Brainerd, "An exploratory study of pronouns and articles as indices of genre in English", *Language and Style* **5** (1972), 239-59.

5. B. Brainerd and S.M. Chang, "The distribution of the number of occurrences of an event governed by two state Markov chains of first and second ordrer", *Can. J. of Stats.* **10** (1982), 225-31.

6. F. Mosteller and D.L. Wallace, *Inference and Disputed Authorship : The Federalist* (Reading, Mass., 1964).

Table 1 :
Some hypothetical contaminations of samples from a Poisson distribution.

N_{50}	Obs. Poisson freq.	Obs. contaminated freq.	Exp freq. under Poisson null hyp.	2nd contaminated freq.	Exp freq. under Poisson null hyp.
0	4	0	} 7.0	2	10.4
1	16	3		8 + 23	23.6
2	22	11	12.3	11 + 27	26.6
3	24	20	17.8	12	20.1
4	16	23	19.3	8	11.3
5	10	19	16.7	5	5.1
6	6	13	12.1	3	2.0
7	0	6	7.5	0	} 1.9
8	2	3	} 7.4	1	
9	0	2			

$$\bar{N}_{50} = 2.98 \qquad \bar{N}_{50} = 4.34 \quad \chi^2_6 = 4.9 \qquad \bar{N}_{50} = 2.26$$

$$s^2_{N_{50}} = 2.79 \qquad s^2_{N_{50}} = 3.05 \quad (P \doteq 0.25) \qquad s^2_{N_{50}} = 2.07$$

$$\chi^2_{99} = 92.7 \qquad \chi^2_{99} = 69.7 \quad (P \gtrless 0.01) \qquad \chi^2_{99} = 90.8 \quad (P \doteq 0.25)$$

$$\chi^2_6 = 18.2 \quad (P = 0.005)$$

Table 1: Some hypothetical contaminations of samples from a Poisson distribution.

Table 2 :
Goodness-of-fit tests for various distributional hypotheses
for 343 samples of $\alpha(n)$ per 50-word block from TAMI.

N	Obs. freq.	Neg. Hyperg.	N.B.	Poisson	Hyperpoisson	P. - A.
				Expected freq.		
Λ_0	199	199.2	199.6	192.0	199.5	199.3
1	101	101.5	101.0	111.4	100.9	101.4
2	35	32.1	32.0	32.3	32.3	32.2
3	5	8.1	8.1	6.2	8.2	8.0
4	2	} 2.1	} 2.3	} 1.1	} 2.1	} 2.1
5	1		$\dot{U}$			
	343					
χ^2		1.8	1.7	5.0	1.9	1.8
df		2	2	3	2	2
P		0.41	0.43	0.17	0.39	0.41

Poisson var. ratio $\chi^2_{342} = 392.1$ (non-significant)

Table 2: Goodness-of-fit tests for various distributional hypotheses
for 343 samples of $a(n)$ per 50-word block from TAMI.

Table 3 :
Goodness-of-fit tests for various distributional hypotheses
for 227 samples of $\alpha(n)$ per 50-word block from DF04.

		Expected freq.				
N	Obs. freq.	Hyperpoisson	P. - A.	Neg. Hyperg.	N.B.	Poisson
0	121	125.0	122.3	122.3	124.8	104.1
1	63	57.8	60.0	60.8	58.6	81.2
2	29	25.7	27.1	26.3	25.4	31.7
3	7	11.0	11.0	10.8	10.7	8.2
4	4	4.6	4.2	4.2	4.5	⎫
5	1	1.8	⎫	1.6	1.8	⎪
6	1	⎫	⎬ 2.4	⎫	⎫	⎬ 1.8
7	0	⎬ 1.1	⎭	⎬ 1.0	⎬ 1.3	⎪
8	1	⎭		⎭	⎭	⎭
	227					
χ^2		3.6	1.9	2.9	3.2	22.25
df		4	3	4	4	3
P		0.46	.59	0.57	0.53	.00007

Poisson var. ratio $\chi^2_{226} = 375.6$ (Upper tail of 1% level begins at 285.)

Table 3: Goodness-of-fit tests for various distributional hypotheses
for 227 samples of $a(n)$ per 50-word block from DF04.

Table 4 :
Goodness-of-fit tests of the's per 50-word block from DF04.

N_{50}	Obs. freq.	Expected freq.					
		Binomial	Poisson $\hat{\lambda}=1.4493$	P. - A.	Hyperpoisson	Neg. Hyperg.	N.B.
0	54	52.2	53.3	58.9	57.9	59.0	59.6
1	86	77.9	77.2	74.0	73.2	73.9	73.7
2	45	56.9	56.0	51.6	53.3	51.5	51.0
3	25	27.2	27.0	26.2	27.2	26.2	26.0
4	10	9.5	9.8	10.8	10.7	10.9	10.9
5	5	3.3	3.7	5.5	4.7	5.5	5.8
6	1						
7	1						
	227						
χ^2		7.75	6.26	3.72	5.14	3.75	3.65
df		4	4	3	3	3	3
P		0.10	0.18	.28	0.16	.28	.30

Poisson var. ratio $\chi^2_{226} = 265.1$ (Upper 5% boundary 269)

Table 4: Goodness-of-fit tests of *the*'s per 50-word block from DF04.

Table 5 :
Probability of a goodness-of-fit chi-square larger than that obtained when the data is compared to the indicated distribution.

R = non-sig. 5 % (two-tail test)
A = significantly anticontagious
C = significantly contagious

Text	Target Form	Bl. Size	Poisson	Neg. Binomial	Neg. Hyperg.	Hyper-Poisson	Polya-Aeppli	Poisson Var. Ratio Test
DF04	the	50	0.18	0.30	0.28	0.16	0.28	C (almost 5%)
		100	0.01	0.14	0.14	0.05	0.14	C (almost 5%)
		150	0.31	0.76	0.78	—	0.78	C
		200	0.12	0.17	0.17	—	0.17	C
TAMI	the	200	0.79	—	0.79	0.70	—	R
		100	0.36	0.46	0.38	0.43	0.38	R
TAMI	a(n)	50	0.17	0.43	0.41	0.39	0.41	R
		100	0.38	0.36	0.31	0.26	0.35	R
		150	0.89	0.46	0.59	—	0.80	C (just 5%)
		200	0.50	0.56	0.58	—	0.58	C (just 5%)
DF04	a(n)	50	<0.01	0.53	0.57	0.46	0.59	C
		100	<0.01	0.85	0.86	0.70	0.82	C
		150	0.01	0.90	0.93	—	0.92	C
		200	<0.01	0.06	0.08	—	0.08	C
JERM	a(n)	200	<0.01	0.76	0.76	0.15	0.73	C
DF04	Articles	50	0.04	0.63		0.54		A
TAMI	Articles	100	0.37	0.60		0.16		R
TAMI	BE	50	0.05			0.16		R
		150	0.22					C (just 5%)
DF04	BE	100	0.04	0.64	0.52		0.52	R
JERM	BE	100	0.57		0.59			R
TAMI	CONJ.	100	0.41	0.41	0.41		0.41	A
DF04	"	100	0.01		0.01	0.01		R
JERM	"	100	0.02		0.01	0.01		A (just 5%)
DF04	PREP.	100	0.10		0.10	0.10		R
JERM	"	100	0.16		0.15			R
WOOD	a(n)	100	0.33	0.33	0.33			C
		200	0.04	0.83	0.83			C
JERM	the	100	0.03	0.24	0.24		0.24	C

Table 5: Probability of a goodness-of-fit chi-square larger than that obtained when the data is compared to the indicated distribution.

R = non-sig. 5% (two-tail test)
A = significantly anticontageous
C = significantly contageous

Table 6 :
Goodness-of-fit tests of CONJ data from TAMI.

N_{100}	Obs. freq.	Binomial	Poisson	Neg. hyperg.	Hyperpoisson
0	0	1.0	1.2	1.1	0.3
1	9	5.5	5.9	5.5	3.4
2	5	14.2	14.7	14.2	12.5
3	18	24.2	24.3	24.2	24.9
4	41	30.7	30.2	30.7	33.5
5	39	30.8	30.0	30.8	33.7
6	21	25.5	24.8	25.5	26.9
7	21	17.9	17.6	17.9	17.7
8	10	10.8	10.9	10.8	10.0
9	6	5.6	6.0	5.8	4.9
10	1	} 4.6	} 5.2	} 4.5	} 3.2
	171				
χ^2		18.4	18.9	18.4	20.3
df		8	8	7	7
P		0.02	0.01	0.01	0.01

Binomial var. ratio χ^2_{170} = 130.9 which is significant at the 5% level.

Table 6: Goodness-of-fit tests of CONJ data from TAMI.

Marthe FARIBAULT, Vincent MEISSONNIER, Gian Piero ZARRI

DU LANGAGE NATUREL AU "METALANGAGE" DE RESEDA : UNE APPROCHE SÉMANTIQUE

1. Introduction.

Le travail que nous présentons est une étude préliminaire sur la transposition automatique du français en métalangage RESEDA. Cette recherche est financée conjointement par l'"Agence de l'Informatique - A.D.I." (convention CNRS-ADI n° 507568) et par le "Centre National de la Recherche Scientifique - C.N.R.S." (ATP n° 955045). Le directeur du projet est Gian Piero Zarri.

RESEDA s'applique à la constitution et à l'exploitation d'une base de données biographiques par des techniques d'Intelligence Artificielle (IA). Le terme "données biographiques" doit être compris ici dans son sens le plus large, soit tout évènement, que celui-ci relève de la vie privée ou publique, des caractéristiques physiques ou intellectuelles, etc., d'un personnage donné.

Dans l'état actuel des choses, le système RESEDA traite uniquement la période 1350 à 1450 approximativement, et pour un objet bien précis : les personnages de l'Histoire de France ; cependant, nous cherchons actuellement à adapter la méthodologie développée dans RESEDA au traitement d'autres types de données biographiques.

RESEDA se distingue des bases de données factuelles habituelles en deux points essentiels :

- l'information est enregistrée dans la base dans un **métalangage original,** qui repose sur des techniques particulières de représentation des connaissances ;
- un utilisateur qui interroge RESEDA peut obtenir non seulement des informations qui ont été introduites telles quelles dans la base, mais aussi des informations "cachées", dégagées par les automates d'inférence du système. Toute l'originalité du système repose sur cette possibilité d'utiliser les techniques d'inférence pour poser des questions sur les relations de cause à effet qui **pourraient** exister entre des faits enregistrés indépendamment, et qui ne sont pas explicitement codées au moment de la saisie des données (Zarri 1979, 1981). Par exemple, le système peut chercher à expliquer de nouvelles attributions de postes aux niveaux supérieurs de l'administration publique par des changements au niveau du pouvoir politique.

2. Le métalangage RESEDA.

2.1 Catégories du métalangage. Les informations biographiques de la base de données sont organisées sous forme d'unités appelées "épisodes codés" ou "plans". Il y a différents types de plans, le "plan prédicatif" étant le plus important ; chacun correspond à un "flash" qui illustre un moment particulier de la vie d'un ou plusieurs personnages. Un plan prédicatif est formé autour de cinq "prédicats" reconnus par le système : DEPLACER, ETRE-AFFECTE, ETRE-PRESENT, PRODUIRE, SE-COMPORTER ; au prédicat, peuvent être reliés un ou plusieurs "modulateurs". Les modulateurs ont la tâche de préciser et de délimiter le rôle sémantique du prédicat. Dans un plan, le prédicat est accompagné de l'indication des "cas" qui introduisent ses arguments ; les plans prédicatifs comportent aussi l'indication des coordonnées spatio-temporelles et de la source bibliographique de l'information. Les plans prédicatifs peuvent être reliés entre eux de plusieurs façons, entre autres,

en utilisant des liens explicites de "coordination", "alternative", "causalité", "finalité", etc. Le mode de représentation des données utilisé dans le projet RESEDA
est donc essentiellement du type "grammaire de cas", dans le sens où on l'entend
en IA : voir Bruce (1975), Rosner et Somers (1980), Charniak (1981).

L'information : "André Marchant est nommé prévôt de Paris par le Conseil du
roi le 22 septembre 1413 ; il perd cet office le 23 octobre 1414, au profit de Tanguy
du Châtel qui a impétré l'office" sera représentée en trois épisodes : la nomination
d'André Marchant, sa destitution et la nomination de Tanguy du Châtel. Le codage
de l'information doit s'effectuer selon deux niveaux différents : un codage "externe",
réalisé jusqu'à maintenant manuellement par l'analyste, fait l'objet d'un premier
type de représentation formalisée dans les termes des catégories du métalangage
de RESEDA. Une seconde étape, automatique, aboutit à un codage numérique
"interne". Par exemple, le codage externe "manuel" des trois épisodes ci-dessus
donnera lieu aux trois plans de la figure 1.

1) incep+soc+ETRE−AFFECTE	SUJ		André-Marchant
	OBJ		prévôt : Paris
	SOURCE		conseil-du-roi
	date1	:	22-septembre-1413
	date2	:	
	bibl.	:	Demurgerl, 273
2) fin+ETRE+AFFECTE	SUJ		André-Marchant
	OBJ		prévôt : Paris
	date1	:	22-octobre-1414
	date2	:	
	bibl.	:	Demurgerl, 273
3) incep+ETRE−AFFECTE	SUJ		Tanguy-du-Châtel
	OBJ		prévôt : Paris
	MODAL		lettres-de-don
	date1	:	23-octobre-1414
	date2	:	
	bibl.	:	Demurgerl, 273

figure 1

Les codes en lettres majuscules indiquent le prédicat et les cas qui lui sont
associés. A chaque plan prédicatif correspond toujours un couple de repères
temporels "date1-date2" qui donne la durée de l'épisode en question. Dans les
trois plans précédents, "date2" est vide, parce que les modulateurs associés aux
prédicats (incep, fin) impliquent un changement d'état pris d'un point de vue
ponctuel (début d'un état, fin d'un état). "André-Marchant" et "Tanguy-du-Châtel"
sont des "vedettes", c'est-à-dire des personnages historiques connus par le
système : "prévôt", "conseil-du-roi" et "lettres-de-don" font partie du "lexique" de
RESEDA. Les classifications associées aux termes du lexique fournissent l'essentiel
des connaissances du système à propos du contexte socio-historique de la
période. "Paris" est le "lieu de l'objet". Si les sources historiques dépouillées nous
donnaient les causes précises des événements, on introduirait dans la base
les plans correspondants et on leur associerait ces trois plans par un lien explicite du type "CAUSE".

En plus des plans prédicatifs et des plans parenthétiques de liaison, le métalangage RESEDA utilise un troisième type, dit plan (parenthétique) de relation. Ces plans servent à noter les relations familiales ou sociales qui existent entre les personnages. Ainsi, l'information "Guy d'Aigreville laisse un fils, Philippe d'Aigreville" sera représentée dans le plan de relation de la figure 2.

(COORD Philippe-d'Aigreville (SPECIF fils)
Guy-d'Aigreville (SPECIF père)

figure 2

La principale caractéristique de ce type de plans est de ne pas avoir de prédicat explicitement exprimé, voir Zarri **et al.** (1977). Les "acteurs" de la relation sont inscrits dans une liste COORD (pour "COORDination") et le type de relation qui existe entre eux est précisé dans une liste SPECIF (pour "SPECIFication").

2.2 Inconvénients du codage manuel. Cette procédure manuelle de transformation de l'information en langue naturelle en un ou plusieurs plans présente au moins deux inconvénients majeurs auxquels l'étude envisagée se propose d'apporter des solutions :

- La représentation des informations biographiques dans les termes du métalangage ne peut être effectuée que par un personnel très spécialisé. Il est actuellement accompli par les chercheurs mêmes qui construisent le système. Conserver une telle procédure est évidemment hors de question dans la perspective d'une utilisation quotidienne du système par une clientèle non-initiée, d'autant plus que RESEDA a été conçu comme un système alimenté **en permanence** d'informations biographiques extraites des sources les plus diverses.

- Bien que la syntaxe du métalangage de RESEDA impose de nombreuses contraintes sur la formation des schémas prédicatifs acceptés par le système et que ceux-ci soient en principe complètement recensés, on ne peut exclure la possibilité que deux codeurs traduisent la même information de deux façons différentes.

3. Description d'ensemble de la solution envisagée.

Nous avons adopté pour ce projet une approche de type "sémantique", voir Schank (1975), De Jong (1979), Wilensky (1982), etc., en utilisant les structures de la représentation interne propre à RESEDA pour guider l'analyse de l'expression de surface.

Pour présenter notre méthode de traduction, nous l'appliquerons sur l'exemple donné en 2.1. Le texte de départ en langage naturel est d'abord (pré-)traité pour en dégager les constituants grammaticaux; pour ce faire, nous utilisons à titre expérimental, la Grammaire française de surface du logiciel DEREDEC (Plante 1980a, 1980b), mis au point par Pierre Plante à l'Université du Québec à Montréal. Ce système, qui se rapproche des analyseurs ATN, permet de dégager d'un texte écrit en français naturel ses constituants syntaxiques sous forme arborescente; il permet également d'établir entre ces constituants les liens syntagmatiques de type "thème-propos", "déterminant-déterminé", "coordonnés", qui les unissent. Cette analyse préliminaire fournit une base pour les traitements (informatiques) ultérieurs, sans que toutes les ambiguïtés soient nécessairement levées pour autant.

Les instruments que nous entendons mettre au point dans cette étude sont de deux types : une procédure générale, que l'on peut assimiler à une sorte de **"parsing"** sémantique, et un ensemble de règles heuristiques.

3.1 **"Parsing" sémantique.** La procédure générale comprend plusieurs étapes.

3.11 Une première étape consiste à repérer les "déclencheurs", définis comme des unités lexicales qui appellent un ou plusieurs des schémas prédicatifs prévus par le métalangage de RESEDA. Nous ne prenons donc pas en considération chacun des items lexicaux rencontrés dans le texte de surface mais nous retenons seulement ceux qui sont directement pertinents pour la "traduction" à effectuer.

Nous ne nous limitons pas, toutefois, à une simple approche par mot-clé. Dans un contexte donné, certains items lexicaux peuvent être considérés comme d'éventuels déclencheurs, mais ils ne déclencheront un schéma prédicatif que s'ils répondent à certaines contraintes dictées tant par l'analyse morpho-syntaxique fournie par DEREDEC que par les informations socio-historiques enregistrées dans le système RESEDA.

Le DEREDEC fournit, entre autres, une sorte de lemmatisation qui permet de ramener les formes de surface d'un texte à une forme canonique, par exemple, l'infinitif pour les verbes. Par la suite, ces formes canoniques sont comparées avec une liste de déclencheurs potentiels, stockée de façon permanente dans le système. Pour notre exemple, cette procédure permet de construire la liste de déclencheurs suivante ' formes verbales : **"nommer"**, **"perdre"**, **"impétrer"**; termes appartenant au métalangage, ou termes qui correspondent directement à un élément lexical du métalangage : **"office"**, synonyme de "emploi" dans RESEDA ("emploi" étant un générique, une tête de sous-arborescence dans le lexique de RESEDA), et son spécifique **"prévôt"**. Les résultats de la pré-analyse effectuée par DEREDEC permettent d'éliminer parmi les schémas potentiels associés au déclencheur **"nommer"** celui qui correspond à une construction "active" en surface, comme par exemple dans "Le duc d'Orléans a nommé André Marchant prévôt de Paris...". Les schémas retenus sont, par conséquent, ceux de la figure 3.

---

nommer = incep+(soc+)ETRE−AFFECTE SUJ <vedette>−sujet de surface du
(forme passive)   déclencheur
                              OBJ <emploi> −complément de surface
                        (SOURCE <vedette> | <représentant-de-vedette>−
                        complément d'agent de surface du déclencheur
                                            date1   :   obligatoire
                                            date2   :   interdit
                                            bibl.   :   obligatoire

prévôt = (soc+)ETRE−AFFECTE SUJ <vedette>
                              OBJ <emploi>−déclencheur
                        (SOURCE <vedette> | <représentant-de-vedette>)
                                            date1   :   obligatoire
                                            date2   :   facultatif
                                            bibl.   :   obligatoire

perdre = fin+ETRE−AFFECTE SUJ <vedette>−sujet de surface du déclencheur
(forme active)   OBJ <terme du lexique>−objet de surface du déclencheur
                                            date1   :   obligatoire
                                            date2   :   interdit
                                            bibl.   :   obligatoire

office = (soc+)ETRE−AFFECTE SUJ <vedette>
                              OBJ <emploi>
                        (SOURCE <vedette> | <représentant-de-vedette>)
                                            date1   :   obligatoire
                                            date2   :   facultatif
                                            bibl.   :   obligatoire

impétrer = incep+(soc+)ETRE–AFFECTE SUJ <vedette>–sujet de surface du
(forme active)   déclencheur
                                    OBJ <emploi>–complément de surface
                            (SOURCE <vedette> | <représentant-de-vedette>–
                                    complément d'agent de surface du déclencheur)
                                    MODAL   lettres-de-don
                                    date1   :   obligatoire
                                    date2   :   interdit
                                    bibl.   :   obligatoire
office = (soc+)ETRE–AFFECTE SUJ <vedette>
                            OBJ <emploi>
                            (SOURCE <vedette> | <représentant-de-vedette>)
                                    date1   :   obligatoire
                                    date2   :   facultatif
                                    bibl.   :   obligatoire
                            figure 3

On remarquera que, pour le déclencheur **"nommer (forme active)"**, la vedette assumant le rôle d'"objet de surface" viendrait remplir la position associée au cas SUJet du prédicat ETRE–AFFECTE, tandis que le sujet de surface se trouverait associé au cas SOURCE.

3.12 En réalité, les structures prédicatives retenues ne se limitent pas à celles de la figure 3. Elles sont en effet doublées d'autres schémas prédicatifs du type ETRE–AFFECTE, mais dont la position SUJet doit être remplie par un "représentant de vedette" et celle correspondant au cas OBJet par une "vedette" suivie d'une spécification ("SPECIF") de "emploi". Ces dernières correspondent à une information du type : "Une vedette reçoit un poste dans un organisme (un organisme, SUJet est "augmenté", ETRE–AFFECTE, d'un nouveau membre, OBJet, en rapport, SPECIF, avec un certain emploi)". L'équivalent en langage naturel serait par exemple : "André Marchant (vedette) est nommé secrétaire (emploi) de la papauté (représentant de vedette)". Ainsi, par exemple, on doit associer le schéma prédicatif de la figure 4 au déclencheur **"nommer (forme passive)"**. A la fin de la procédure de construction, on éliminera les schémas prédicatifs de la seconde série puisqu'il n'est pas possible de trouver en surface une actualisation du concept "représentant de vedette" pour remplir la position SUJet et que, de ce fait, les structures prédicatives obtenues sont incomplètes.

---

nommer = incep+(soc+)ETRE–AFFECTE SUJ <représentant-de-vedette>
(forme passive)   OBJ <vedette>–sujet de surface du
                                    déclencheur SPECIF <emploi>
                                    –complément de surface
                            (SOURCE <vedette> | <représentant-
                                                de-vedette>)
                                    date1   :   obligatoire
                                    date2   :   interdit
                                    bibl.   :   obligatoire
                            figure 4

3.13 La dernière étape de la procédure générale consiste à examiner les déclencheurs appartenant aux mêmes environnements morphosyntaxiques, définis par l'analyse DEREDEC.

S'il y a plusieurs déclencheurs dans le même environnement et s'il y a une possibilité de coïncidence des divers schémas prédicatifs déclenchés - même prédicat, même jeu de cas, modulateurs et thématique compatibles - on peut considérer que ces déclencheurs se rapportent à une même situation. En conséquence, les schémas prédicatifs sont combinés de manière à obtenir la description la plus complète possible et les "prévisions" portant sur le remplissage des positions associées aux cas des différents schémas prédicatifs dirigent ensemble la recherche dans l'expression de surface.

Ainsi les deux premiers déclencheurs de notre exemple, reconnus comme relevant d'un même environnement, se combinent dans la formule de la figure 5, qui donne le cadre général du plan 1 de la figure 1.

incep+(soc+)ETRE—AFFECTE SUJ <vedette>—sujet de surface de "est nommé"
OBJ <emploi> —"prévôt"
(SOURCE <vedette> | <représentant-de-vedette>—
complément d'agent de "est nommé")

date1	:	obligatoire
date2	:	interdit
bibl.	:	obligatoire

figure 5

3.14 L'exemple que nous venons de proposer illustre une situation particulièrement simple, où il n'a pas été nécessaire d'établir des liens entre les schémas déclenchés. A l'opposé, si on avait pris la phrase "Philibert de St Léger est nommé sénéchal de Lyon le 30 juillet 1412, à la place de A. de Viry, décédé", trois plans auraient été déclenchés : le premier pour couvrir la nomination de Philibert de St Léger, le second pour la mort de A. de Viry, et le troisième pour établir un lien de causalité faible (CONFER, dans le métalangage de RESEDA) entre les deux premiers plans. Les éléments du langage naturel tels que les conjonctions, les prépositions et les adverbes modificateurs de phrase peuvent être utilisés pour déclencher des liens de causalité, de finalité, de coordination, etc., entre plans. Plus concrètement, dans le dernier exemple, "à la place de" est identifié comme déclencheur potentiel en vertu de la règle suivante : si le groupe nominal principal du syntagme prépositionnel de surface comporte un déclencheur, l'ensemble du syntagme constitue l'environnement d'un plan qui sera lié à un autre plan par CONFER.

3.2 **Règles heuristiques.** La procédure que nous venons d'exposer exige un corpus de règles heuristiques - exprimées en termes de contraintes associées aux schémas prédicatifs du métalangage RESEDA. Ces règles permettront de remplir les positions correspondant aux cas des schémas déclenchés par l'utilisation des informations de surface qui concordent avec les "prédictions" associées à ces cas. Pour le schéma de la figure 5, le remplissage ne pose pas de problème, puisque les éléments de surface "André Marchant", "prévôt", "conseil du roi" et "22 septembre 1413" - normalisés conformément aux règles du métalangage RESEDA, voir figure 1 - vont remplir les positions "SUJet", "OBJet", "SOURCE" et la position "date1" directement. Mais les procédures de remplissage sont souvent beaucoup plus compliquées et peuvent nécessiter le recours à des règles d'inférences complexes, en particulier lorsque le texte de surface contient des expressions anaphoriques, qui doivent être résolues avant de pouvoir remplir les positions des schémas déclenchés.

Un certain nombre de "théories" pour la résolution automatique des expressions anaphoriques ont été mises au point dans le cadre des recherches en intelligence artificielle ; on rappellera à ce propos les travaux de Grosz (1977), Webber (1978) et Sidner (1979). Étant données les finalités éminemment pratiques du projet que nous présentons ici, il est évident que, en affrontant le problème des anaphores, il n'était pas question pour nous de développer une "théorie générale"; les considérations qui suivent doivent être rapprochées plutôt de certains travaux heuristiques développés récemment dans un contexte IA pour la résolution des références pronominales à l'intérieur d'univers de discours très limités, voir Hayes (1981), Walker et Hobbs (1981), par exemple.

A l'aide du fragment de biographie qui suit, nous allons illustrer le type de règles que nous utilisons pour résoudre les cas d'anaphores.

"Guy d'Aigreville.

(...)
Il est mort avant le 12 juillet 1414, date à laquelle **sa veuve,** Isabelle d'Aigreville, rapporte au Parlement les sceaux du bailliage de Sens. **Il** laisse un fils, Philippe d'Aigreville.

Sa veuve doit répondre, devant le Parlement, à plusieurs accusations portées contre **son mari."**

Dans cet exemple, les anaphores sont marquées en surface par des pronoms personnels et par des déterminants possessifs; leur résolution relève de deux mécanismes légèrement différents. Les unes peuvent être résolues sur des bases purement morpho-syntaxiques ("**il**"); les autres nécessitent, en plus, le recours à des règles d'inférence sémantique ("**sa veuve, son mari**"). Dans les deux cas, il s'agit de retrouver le personnage représenté par l'expression anaphorique, pour pouvoir ensuite remplir les positions des schémas déclenchés. Ceci est une contrainte très stricte dans la construction de la base de données RESEDA. Ainsi, pour une biographie donnée, si aucun nom propre ne peut être identifié comme co-référent d'une expression anaphorique donnée (comme cela aurait pu se vérifier pour "**sa veuve**" dans le fragment ci-dessus), un numéro d'identification temporaire doit être généré pour remplacer le nom propre manquant.

3.12 **Résolution des pronoms de la troisième personne du singulier.** Il convient de souligner au préalable que les biographies de personnages historiques sont écrites à la troisième personne, dans un style relativement figé : le personnage qui fait l'objet de la biographie est donné en tête de texte; au début de chaque paragraphe, le pronom personnel sujet de la troisième personne du singulier ("**il**") renvoie systématiquement à ce personnage. Cette règle d'écriture des textes de type biographique, réutilisée dans la procédure d'interprétation, permet de lever un certain nombre d'ambiguïtés possibles des pronoms personnels. En réalité, cette "règle du paragraphe" peut être étendue également aux déterminants possessifs de la troisième personne du singulier : voir dans le fragment ci-dessus "**il**" et "**sa veuve**", tous deux en position sujet de surface en tête de paragraphe, où "**il**" et "**sa**" renvoient à l'en-tête de la biographie, "**Guy d'Aigreville**". On peut donc poser la règle suivante :

Règle du paragraphe

Tout pronom personnel et tout déterminant possessif de la troisième personne du singulier dans le rôle de sujet de surface au début d'un paragraphe renvoie à l'en-tête de la biographie, à condition, bien sûr, que les contraintes de genre soient respectées.

A l'intérieur du paragraphe, les pronoms personnels et les déterminants possessifs de la troisième personne du singulier en position sujet renvoient (si les contraintes de genre sont respectées) au focus courant, qui est défini comme étant le dernier personnage mentionné en position de sujet de surface dans une proposition principale. Ainsi, la seconde occurrence du pronom "**il**" dans notre exemple renvoie à "**Guy d'Aigreville**", identifié comme co-référent de la première occurrence de "**il**".

3.22 Résolution des anaphores nominales définies. Ce second type d'anaphores nécessite le recours à des règles d'inférence. Sidner (1979), entre autres, utilise des **frames** associés à des réseaux sémantiques pour effectuer ces inférences. Nous utilisons, pour notre part, le système de représentation de connaissances de RESEDA, pour effectuer les inférences nécessaires.

Ainsi, les occurrences de **"sa veuve"** et de **"son mari"**, dans l'exemple précédent, déclenchent une série de schémas, dont les positions doivent être remplies par un nom de personnage masculin (le mari décédé) et un nom de personnage féminin (sa femme), voir figure 6. Étant donné que la structure interne du métalangage RESEDA exige que les positions associées aux cas des schémas déclenchés soient remplies par des noms propres représentant des personnages, les référents de **"veuve"** et **"mari"** doivent être trouvés. Pour ce faire, on doit d'abord identifier le type du pre-déterminant (ici, le possessif **"sa"**, **"son"**) et reconnaître l'arborescence du lexique RESEDA correspondant au nom de l'expression anaphorique (soit l'arborescence de parenté pour **"veuve"** et **"mari"**). Le possessif guidera la recherche vers l'un des personnages nésessaires au remplissage des plans déclenchés, et le nom vers l'autre personnage, par la mise en œuvre conjuguée de règles morphosyntaxiques et sémantiques.

---

veuve = const+ETRE−AFFECTE SUJ <vedette-fém>
OBJ veuve-déclencheur

"Il y a un personnage féminin qui se trouve dans l'état de veuve"

(COORD <vedette-fém> (SPECIF épouse)
<vedette-masc>(SPECIF époux))

"Le personnage féminin est marié à un personnage masculin"

fin+abs+ETRE−PRESENT SUJ <vedette-masc>

"Le personnage masculin est mort"

mari = (COORD <vedette-masc>(SPECIF époux)
<vedette-fém> (SPECIF épouse))

"Il y a un personnage masculin qui est marié à un personnage féminin"

figure 6

Comme nous l'avons vu précédemment, tout déterminant possessif de la troisième personne du singulier en position sujet en tête de paragraphe renvoie au personnage qui fait l'objet de la biographie (autrement dit, à l'en-tête du texte). Dans toute autre situation, le déterminant possessif renvoie au dernier personnage mentionné dans le rôle de sujet de surface de la proposition principale. D'où la règle du possessif :

Règle du possessif

Tout déterminant possessif de la troisième personne du singulier qui n'est pas en position sujet en tête de paragraphe co-réfère avec le dernier personnage mentionné dans le rôle de sujet de surface dans la proposition principale.

Pour la première occurrence de **"sa veuve"**, la "règle du possessif", appliquée à **"sa"** permet de remonter à **"il"**, qui a déjà été reconnu comme co-référant avec **"Guy d'Aigreville"** : c'est le personnage masculin requis pour remplir les positions adéquates des schémas déclenchés par **"veuve"**. Le nom du personnage féminin se trouve en surface, en apposition au terme déclencheur; il est récupéré par l'application d'un modèle de recherche sur l'analyse syntaxique fournie par DEREDEC. Les trois schémas déclenchés par **"veuve"** peuvent alors être remplis (voir figure 7), puis insérés dans la base RESEDA, où ils pourront être retrouvés facilement. Parallèlement, la résolution de l'expression anaphorique ("Isabelle d'Aigreville" pour **"sa veuve"**) sera attachée à l'expression de surface.

```
const+ETRE—AFFECTE  SUJ  Isabelle-d'Aigreville
                    OBJ  veuve
                    date1 : 12-juillet-1414
        (COORD  Isabelle-d'Aigreville (SPECIF épouse)
                Guy-d'Aigreville (SPECIF époux)
fin+abs+ETRE—PRESENT  SUJ  Guy-d'Aigreville
                      date1 : avant-le-12-juillet-1414
```

figure 7

Pour la seconde occurrence de **"sa veuve"**, le possessif, suivant la "règle du paragraphe", est reconnu comme co-reférent du personnage central de la biographie, **"Guy d'Aigreville"**. Les inférences nécessaires à la résolution de cette expression anaphorique sont désormais possibles grâce aux plans qui viennent d'être stockés dans la base. Ainsi le nom de la veuve est récupéré dans les plans associés à la vedette **"Guy d'Aigreville"** de la façon suivante : on cherche dans l'index un plan représentant le mariage de cette vedette, voir le deuxième plan de la figure 7 ; le nom féminin contenu dans ce plan en est extrait. Les positions des schémas déclenchés par le reste de la phrase sont alors remplies. Enfin, la résolution de l'expression anaphorique ("Isabelle d'Aigreville") est attachée à l'expression de surface (**"sa veuve"**), comme précédemment.

Pour la dernière anaphore nominale **"son mari"** le possessif **"son"** est identifié comme renvoyant à la dernière occurrence de **"sa veuve"**, suivant la règle du possessif. L'expression **"sa veuve"** ayant déjà été identifiée comme représentant "Isabelle d'Aigreville", le nom du mari sera retrouvé dans les plans associés à la vedette "Isabelle d'Aigreville", par une inférence similaire au cas précédent.

La procédure que nous venons d'exposer illustre assez bien la complexité du problème de la résolution des expressions anaphoriques. Encore faut-il noter que nous n'avons traité que des expressions anaphoriques marquées par des pronoms. La complexité du système de représentation de connaissances générales à mettre en place et celle des règles d'inférences à développer serait encore plus grande pour les expressions anaphoriques non-marquées, c'est-à-dire les syntagmes nominaux déterminés par un simple article, voir Sidner (1979). On remarquera cependant que l'organisation même du système RESEDA facilite la mise en œuvre de ces procédures d'inférence et fournit déjà un système de représentation.

4. Conclusion.

Le travail que nous venons de présenter a été développé dans le but de générer automatiquement une représentation sémantique du type RESEDA pour des expressions françaises de surface.

D'un point de vue plus général, on peut avancer que, si nous arrivons à résoudre la question de l'enregistrement automatique des données en langage naturel, nous pourrons par la suite aborder avec un certain espoir de succès le problème, analogue en bien des points, de l'interrogation de RESEDA en langage naturel. On se rendra compte de l'importance de ce dernier sujet dans la perspective d'une utilisation extensive du système par des usagers non spécialistes des techniques IA. On remarquera de plus qu'on pourrait très bien envisager d'appliquer les résultats de notre étude à un certain nombre de problèmes similaires tels que, par exemple, le résumé automatique et l'encodage automatique dans une base de données factuelles directement à partir du langage naturel.

Bibliographie

BRUCE, B. (1975) "Case Systems for Natural Language", **Artificial Intelligence**, VI, 327-360.

CHARNIAK, E. (1981) "The Case-Slot Identity Theory", **Cognitive Science**, V, 285-292.

DeJONG, G. (1979) "Prediction and Substantiation : A New Approach to Natural Language Processing", **Cognitive Science**, III, 251-273.

GROSZ, Barbara (1977) "The Representation and Use of Focus in a System for Understanding Dialogs", in **Proceedings of the 5th International Joint Conference on Artificial Intelligence - IJCAI/5.** Los Altos : William Kaufmann, Inc.

HAYES, Philip J. (1981) "Anaphora for limited Domain Systems", in **Proceedings of the 7th International Conference on Artificial Intelligence - IJCAI/7.** Los Altos : William Kaufmann, Inc.

PLANTE, P. (1980a) **Une grammaire DEREDEC des structures de surface du français, appliquée à l'analyse de contenu des textes.** Montréal : Université du Québec à Montréal.

PLANTE, P. (1980b) **DEREDEC - Logiciel pour le traitement linguistique et l'analyse de contenu des textes, manuel de l'usager.** Montréal : Université du Québec à Montréal.

ROSNER, M., SOMERS, H.L. (1980) **Case in Linguistics and Cognitive Science** (Working paper nº 40). Genève : Institut pour les études sémantiques et cognitives.

SCHANK, R.C., ed. (1975) **Conceptual Information Processing** (Fundamental Studies in Computer Science, 3). Amsterdam : North-Holland.

SIDNER, Candace L. (1979) **Towards a Computational Theory of Definite Anaphora Comprehension in English Discourse** (Ph. D. thesis). Cambridge (Mass.) : MIT Artificial Intelligence Laboratory.

WALKER, D.E., HOBBS, J.R. (1981) **Natural Language Access to Medical Text** (SRI Technical Note nº 240). Menlo Park : SRI International.

WEBBER, Bonnie L. (1978) **A Formal Approach to Discourse Anaphora** (BBN Report nº 3761). Cambridge (Mass.) : Bolt, Beranek and Newman.

WILENSKY, R. (1982) **Planning and Understanding.** Reading (Mass.) : Addison-Wesley.

ZARRI, G.P. (1979) "What Can Artificial Intelligence Offer to Computational Linguistics ? The Experience of the RESEDA Project", in **Advances in Computer-Aided Literary and Linguistic Research**, D.E. Ager, et al., eds. Birmingham : The University of Aston.

ZARRI, G.P. (1981) "Building the Inference Component of an Historical Information Retrieval System", in **Proceedings of the 7th International Conference on Artificial Intelligence - IJCAI/7.** Los Altos : William Kaufmann, Inc.

ZARRI, G.P., ORNATO, Monique, KING, Margaret, ZWIEBEL, Anne, ZARRI-BALDI, Lucia (1977) **Projet RESEDA/O : Rapport Final.** Paris : Equipe Recherche Humanisme Français.

ZARRI, G.P., ORNATO, Monique, LEE, G., MEISSONNIER, V., CRIDFORD, Lesley, NEDELEC, Y., ZARRI-BALDI, Lucia (1979) **Projet RESEDA/1 : Rapport sur les recherches effectuées du 1er octobre 1978 au 1er avril 1979** (Rapp. LISH/129). Paris : Laboratoire d'Informatique pour les Sciences de l'Homme.

Gérold STAHL

MOINS DE TRAITEMENT SÉMANTIQUE ET PLUS DE PRÉÉDITION EN TRADUCTION ASSISTÉE PAR ORDINATEUR

Quand le traducteur humain fait une traduction, il utilise non seulement sa connaissance des langues mais aussi une certaine connaissance du monde. On pourrait penser qu'en traduction assistée par ordinateur, un traitement purement syntaxique, qui établit une certaine correspondance d'expressions et structures linguistiques entre les langues respectives, n'est pas suffisant, qu'on a besoin aussi d'un traitement sémantique, qui prenne en considération les rapports avec quelque chose d'extralinguistique [1].

On pourrait s'inspirer de la logique mathématique, qui, depuis longtemps, ne se limite plus aux seuls ensembles d'expressions des langues formelles. Ce qu'elle fait est d'établir des rapports entre les langues formelles et des "modèles", c'est-à-dire, des structures abstraites assez complexes (voir [2], [3], [4] et [5] dans la bibliographie). Ces structures n'ont rien de linguistique et représentent, sinon le monde réel, au moins des constructions créées à partir d'une vision scientifique du monde. Des classes formées sur certains "individus" (au sens logique), et des relations (binaires, ternaires, etc.) entre ces individus constituent les modèles, tandis que l'analyse des rapports entre les expressions formelles, d'une part, et les individus, classes et relations, d'autre part, constitue le traitement sémantique en logique.

En traduction assistée par ordinateur, même les partisans d'un traitement sémantique renforcé ne vont pas aussi loin que la logique mathématique. Et avec raison ! Les structures linguistiques, par exemple les arborescences, qu'on utilise **actuellement** en traduction assistée par ordinateur représentent seulement des **relations entre certaines expressions** (mots, suites de mots, phrases, etc.). Elles ne peuvent pas représenter en même temps des **relations entre choses**. On peut bien coller des étiquettes sémantiques uniques ou multiples à des expressions ; mais ce qui n'est pas dit plus ou moins explicitement dans le texte à traduire ne peut pas être exprimé d'une façon adéquate par ces étiquettes.

Afin de donner un exemple, supposons que nous ayons, dans notre conception du monde, une relation binaire comme **aimer, critiquer**, ou **raser** ($\longrightarrow$) entre certains individus (**a, b, c, d**) :

Ce croquis représente une relation "objective", c'est-à-dire, extralinguistique. Supposons que dans le texte à traduire, seulement **a, b** et la relation entre les deux soient mentionnés. Ainsi on dispose de trois sommets (sujet, complément direct et prédicat) pour y coller des étiquettes concernant la relation. Dans ce cas, même le mini-modèle supersimplifié ne sera pas représenté par des étiquettes dans le traitement sémantique actuel.

Naturellement, dans certains cas simples, on pourrait procéder de la façon suivante : Pour exprimer que entre l'individu du sommet **m** (plus précisément, l'individu symbolisé par l'expression du sommet **m**) et l'individu du sommet **n** il y a la relation objective binaire **R**, on pourrait ajouter au sommet **m** l'étiquette "**R** vers **n**" ou à **n** "**R** à partir de **m**". On ne le fait pas dans la pratique. On ajoute, plutôt, l'étiquette "**R**" sans référence à l'autre sommet. Cela se justifie quelquefois, parce qu'on voit clairement vers où la relation **R** va, même si l'autre sommet n'est pas mentionné dans le texte à traduire. Mais ce n'est pas une solution qui peut être généralisée.

En plus, les relations (ensembles de n-uplets) très spécifiques des modèles logiques ont peu à voir avec les relations qui intéressent les sémanticiens en traduction assistée par ordinateur, avec leur préférence pour une vision plutôt spéculative des choses.

A part les relations objectives, on s'occupe aussi des "traits sémantiques", qui fréquemment indiquent certaines classes objectives auxquelles appartiennent l'individu ou les individus du sommet considéré. De nouveau, la classification est presque exclusivement inspirée par une attitude traditionaliste, particulièrement peu adaptée à la vision scientifique, qui est à la base de beaucoup de textes d'aujourd'hui.

Relations objectives ou traits sémantiques, ce qu'on fait dans la pratique sémantique, c'est de coller, à des sommets, des étiquettes comme CAUSE, BUT, OBJET ABSTRAIT, etc. Appliqué avec modération, ce procédé peut résoudre certains problèmes syntaxiques et éclairer certains points douteux (pour quelques groupes prépositionnels, pour certaines phrases subordonnées, etc.). C'est l'exigence d'une généralisation de l'étiquetage sémantique (par exemple son application à presque tous les substantifs) qui me semble douteuse. Pour la justifier on s'appuie sur la croyance qu'un étiquetage sémantique peut résoudre la plupart des problèmes (concernant les compléments des noms, les appositions, les ambiguïtés, etc.) que la seule syntaxe ne peut pas résoudre. Cependant, en utilisant les étiquettes de caractère spéculatif, seule une fraction infime de ces problèmes peut être résolue. Même un étiquetage beaucoup plus actualisé et beaucoup plus détaillé ne remplace ni les modèles logiques ni la connaissance du monde, que possède le traducteur humain. Je ne crois pas que, **dans l'état actuel de l'informatique,** l'étiquetage sémantique généralisé puisse être d'une utilité comparable au coût de son introduction, pour la traduction assistée par ordinateur.

Avec l'étiquetage pratiqué actuellement, presque tous les noms peuvent recevoir presque toutes les étiquettes sémantiques. Le mot qui dans la phrase précédente dénotait une cause, dénote dans la phrase suivante une conséquence, ou un but, ou un moyen d'atteindre un but. Ce qui était concret dans un paragraphe, devient abstrait dans l'autre.

Deux exemples illustreront ces idées. On collera volontairement l'étiquette TEMPS au mot "année". Cependant, dans "des années d'insouciance ont conduit ...", le groupe nominal "des années d'insouciance" devrait porter l'étiquette CAUSE. Bien entendu, pour un philosophe, c'est l'insouciance qui est la cause ; mais pour l'ordinateur ? Ce qui s'accorde avec la forme verbale "ont conduit" c'est "les années" et non "l'insouciance". Naturellement, on peut arranger tout cela par des règles spéciales, mais cela vaut-il réellement la peine de les introduire ? Comme deuxième exemple, un verbe comme "admirer" suppose, dit-on, un sujet personnel. Réellement ? L'**aviation** anglaise, le **parti** conservateur, l'**aile** droite du parti conservateur et le **noyau** dur du parti conservateur peuvent tous admirer Madame Thatcher.

Dans les textes scientifiques et techniques, qui constituent l'application principale de la traduction assistée par ordinateur, une grande partie des noms s'utilise au sens figuré, tandis que pour les étiquettes sémantiques, on a plutôt tendance à prendre les mots au sens littéral.

En plus, la traduction par ordinateur est facilitée considérablement par l'utilisation de dictionnaires spécifiques différents, quand on s'occupe de sujets différents (c'est là une façon efficace de réduire le nombre d'ambiguïtés). Par conséquent, on devrait changer, pour chaque sujet, les étiquettes sémantiques des dictionnaires spécifiques et aussi celles des dictionnaires généraux.

Finalement, on arrivera à un programme géant avec un grand nombre de règles spéciales, qui prennent en compte les problèmes sémantiques. Pour l'établissement des dictionnaires, on aura besoin d'un personnel d'opérateurs spécialisés avec une culture philosophique et linguistique profonde, afin d'assurer une indexation sémantique "correcte" des mots (1). Et tout cela pour résoudre très peu de problèmes.

Si l'étiquetage sémantique généralisé n'est pas particulièrement efficace (comparé au coût de l'opération) et si un autre traitement sémantique est encore plus coûteux et incompatible avec les structures linguistiques utilisées, comment résoudre les difficultés actuelles de la traduction assistée par ordinateur ? Un remède simple et, à mon avis, beaucoup plus efficace, est la préédition. Dans une traduction multilangue, elle a, vis-à-vis de la postédition, l'avantage d'être unique ; elle ne répare pas les dégâts déjà faits, elle empêche leur formation. En plus, on l'utilise déjà, quoique de façon très limitée, par exemple pour dégager les titres, les croquis, les formules mathématiques, etc. (au fond, on devrait rectifier aussi certaines erreurs, comme des virgules oubliées, etc.). Un léger renforcement de cette préédition déjà existante pourrait résoudre les problèmes mentionnés d'une façon simple et efficace (il faudrait seulement vaincre la réticence de quelques utilisateurs).

Pour l'allemand, et quelques autres langues de structure similaire, les trois procédés suivants peuvent résoudre la plupart des difficultés (probablement, la pratique montrera qu'il fallait encore ajouter quelques points) :

(1) Certains compléments de nom (au moins, quand ils peuvent causer des problèmes) seront mis entre "(; ... ;)". Exemples :

la décision (; du Ministre de l'Education ;) de construire ...
la décision (; du Ministre (; de l'Education ;), qui se déplace, ;) ...

(2) Les appositions et enclaves avec virgules seront mises entre "(: ... :)". Exemples :

Pauline (:, la maîtresse de maison, :) pense que ...
Pauline est (:, semble-t-il, :) satisfaite.

(3) Dans certaines formes elliptiques qui peuvent causer des problèmes, on remet chaque fois **explicitement** la forme répétée. Exemple :

Pierre mange des pommes et Paul des poires devient :

Pierre mange des pommes et Paul **mange** des poires.

Les signes ajoutés dans les points (1) et (2) seront éliminés automatiquement dans l'analyse syntaxique, aussitôt qu'ils ont assuré une analyse correcte.

La remise explicite des formes elliptiques du point (3) est maintenue dans la traduction ; cela signifie une traduction moins élégante mais plus compréhensible.

La discussion, d'une part, et l'expérimentation pratique (2), d'autre part, permettront sans doute d'améliorer ces idées, de peser le pour et le contre et de retenir ce qui reste valable.

Notes

(1) La situation changera un peu, si un jour, au lieu de fabriquer des dictionnaires spéciaux pour la traduction assistée par ordinateur, on pourra utiliser des dictionnaires existants, qui contiennent de l'information sémantique. Encore faut-il que cette information soit standardisée, réellement bien conçue (pas d'étiquettes plus ou moins spéculatives) et adaptées aux besoins de la traduction assistée par ordinateur.

(2) D'après quelques essais, pour 300 mots (une page) de textes techniques 4 mises entre parenthèses en moyenne étaient nécessaires, tandis que l'insertion des formes elliptiques est très exceptionnelle (2 fois pour 5 pages).

Bibliographie

[1] KING, M., **Eurotra** (preliminary draft, second version), Genève, 1979.

[2] ROBINSON, A., **Introduction to Model Theory and the Metamathematics of Algebra,** Amsterdam, 1965.

[3] STAHL, G., Linguistic Structures Isomorphic to Object Structures, **Philos. and Phenom. Research,** Philadelphie, 1964, vol. XXIV, no 3, pp. 339-344.

[4] STAHL, G., Modal Models Corresponding to Models, **Zeitschr. f. math. Logik,** Berlin, 1974, vol. XX, pp. 407-410.

[5] STAHL, G., **Estructura y conocimiento científico,** Editorial Paidos, Buenos Aires, 1977 (trad. française : **Structure et connaissance scientifique,** IREM Université Paris Nord, Villetaneuse, 1980).

Christian BOITET, N. NEDOBEJKINE

L'INFORMATIQUE AU SERVICE DE LA LINGUISTIQUE ILLUSTRATION SUR LE DÉVELOPPEMENT D'UN ATELIER DE TRADUCTION AUTOMATISÉE.

INTRODUCTION - LE SYSTÈME ARIANE-78

Il s'agit d'un environnement de programmation destiné à être utilisé :

- par des linguistes, lexicographes et terminologues, en vue de préparer et d'essayer des modèles de traduction automatique ;

- par des clavistes et des traducteurs-réviseurs, en vue d'entrer des textes, de les soumettre au processus de traduction automatique, et de réviser le résultat (en plein écran, multifenêtres, avec éventuellement accès à un dictionnaire "naturel" informatisé).

Ce système de programmation repose sur :

- 4 "LSPL" (langages spécialisés pour la programmation linguistique), qui permettent d'écrire les dictionnaires et les grammaires qui constituent les différentes étapes du processus de traduction automatique ;

- un moniteur interactif, lié à un SGBD spécialisé, ainsi qu'à un système de traitement de textes sophistiqué (éditeur plein écran et système de production de documents).

Tout le système existe en deux versions, anglais et français. Il est implanté en France et à l'étranger, et a servi à de nombreuses expériences, de type recherche (maquettes) ou développement (applications de grande ampleur).

Dans la version 5 de ce système, en cours d'achèvement, le schéma d'un processus de traduction automatique est donné par le tableau suivant :

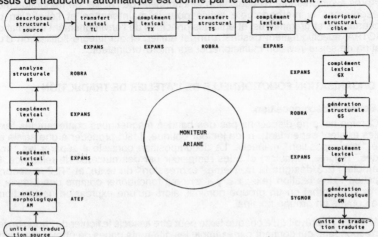

Les phases en X, Y sont optionnelles. ATEF, ROBRA, EXPANS, SYGMOR sont les LSPL sur lesquels repose le système.

Une remarque très importante est qu'un tel système est neutre par rapport aux théories linguistiques. Sa seule contrainte réside dans les structures de données et les opérateurs associés disponibles. Par contre, la structure du processus de traduction telle qu'elle est prévue par le système, repose sur un certain nombre de principes tirés de l'expérience :

- l'analyse et la génération sont monolingues ;
- autant que possible, on sépare les traitements "structuraux" des traitements "lexicaux" ;
- en phase de mise au point, l'exécution peut se faire en pas-à-pas interactif. Par contre, l'environnement d'exploitation proprement dit (traduction automatique) interdit toute interaction (traitement par lots).

Le second point reflète les deux aspects essentiels d'un travail sur un corpus réel : les grammaires sont spécialisées en fonction de la **typologie,** et les dictionnaires le sont en fonction du **domaine.** Le premier travail est fait par un linguiste-informaticien (ou par un "tendem" informaticien/linguiste), et le second par des lexicographes et terminologues.

Depuis plusieurs années, le GETA a poursuivi le développement d'une application russe-français. Depuis un an, nous sommes passés à un début d'utilisation effective, dans laquelle des textes (résumés du Referativnyij Zhurnal portant sur la métallurgie en avionique et sciences spatiales) sont envoyés régulièrement, saisis manuellement à l'écran (sous ARIANE-78), traduits automatiquement, et, le cas échéant, révisés (du point de vue de l'expression linguistique, mais pas du contenu technique, hors de nos compétences).

Cette expérience concrète a fait ressortir un certain nombre de problèmes, liés à la maintenance et au développement, qui sont à la fois des problèmes d'environnement informatique et d'ingéniérie linguistique, et auxquels nous avons cherché à apporter quelques réponses.

Cet exposé ne porte donc pas sur la stratégie linguistique implémentée dans les grammaires et dictionnaires, bien qu'une telle expérience apporte des renseignements précieux pour l'étude et le traitement d'un tel sous-langage.

Après avoir présenté l'organisation fonctionnelle de l'atelier de traduction, nous présenterons la méthodologie suivie pour la maintenance et l'évolution des dictionnaires et grammaires, et enfin les principes de l'environnement informatique PROTRA, spécifiquement destiné à un tel atelier, et qui intègre l'utilisation d'une station de saisie-révision multialphabet sur micro-ordinateur.

I - ORGANISATION FONCTIONNELLE DE L'ATELIER DE TRADUCTION

1- Saisie et décomposition

Comme nous ne disposons pas des bandes magnétiques contenant les textes (elles existent cependant), ni de lecteur optique, il faut procéder à une saisie et à une "décomposition" manuelle. La décomposition consiste à séparer les "hors-textes" (figures, formules) et à les remplacer par des numéros de référence. Par exemple, "E_3 désigne la troisième "expression" du texte, et "R_2 la seconde "relation". Une relation (ex. : $x \leq y + z$) peut fonctionner comme une phrase, ou un groupe verbal ou un groupe nominal, alors qu'une expression ne fonctionne que comme un groupe nominal.

ARIANE-78 prévoit qu'à chaque texte peut être associé le fichier de "hors-textes" correspondant, qui contient par exemple les différents codes de photocomposition associés aux hors-textes. Pour l'instant, nous n'utilisons pas cette possibilité, destinée en fait au traitement automatique d'une bande d'entrée.

La personne qui saisit les textes introduit des codes permettant au système de traitement de textes de produire une mise en page analogue à celle de l'entrée. Ces codes sont traités par le système linguistique (grammaires et dictionnaires), de façon à obtenir une mise en page parallèle en sortie. De plus, ils ont en fait pratiquement toujours une pertinence linguistique : codes de changement d'alphabet, de mise en relief, de titres, paragraphes, changement de page, majuscules/minuscules, etc.

2 - Vérification préalable

Cette étape consiste à faire passer l'analyseur morphologique, de façon à détecter les fautes d'orthographe et les mots inconnus. Les mots inconnus sont traités par le système, dans des grammaires ou sous-grammaires particulières. Cependant, s'il y en a une trop grande proportion, le résultat de la traduction automatique ne peut être, au mieux, qu'indicatif.

On est alors conduit à corriger les fautes du texte d'entrée, puis à décider si ce texte sera soumis au système, ou si on attendra que les dictionnaires aient été suffisamment complétés.

3 - Traduction automatique

On utilise l'environnement TRAGEN d'ARIANE-78 pour préparer la liste des textes à soumettre. Par exemple, en une commande, on peut demander de traduire tous les textes d'un corpus (ensemble de textes homogènes). La traduction s'effectue alors en "background" (tâche à priorité la plus faible, utilisant les ressources non utilisées par les utilisateurs interactifs).

Dans l'implémentation actuelle, sur mini (4300) ou gros (370, 3030), sous VMSP, la traduction tourne sur une "machine virtuelle" dédiée, à mémoire virtuelle de 2200 K, la place disque nécessaire étant de 3 à 5 M octets (programme de traduction, textes, traductions, révisions). Avec la version courante, il faut environ 1 s (VCPU) par mot sur un 370/158, le temps "horloge" dépendant évidemment de la charge globale et du taux de pagination.

Le responsable de l'atelier de traduction reçoit sur demande, outre les traductions produites, une trace du traitement, la liste des mots inconnus, pour chaque texte, et le décompte des temps de traitement (horloge, virtuel et total CPU).

4 - Révision

La révision a un double but : améliorer la qualité linguistique de la traduction, bien sûr, mais aussi recenser les différents types d'erreur, et les classer selon leur effet sur la révison. Par exemple, une mauvaise dérivation (comme "écoulage" au lieu de "écoulement") n'est pas très gênante, puisqu'on rétablit le bon terme en une commande de l'éditeur, pour tout un texte.

Le réviseur travaille en plein écran, avec 1, 2, 3 ou 4 fenêtres, dans lesquelles peuvent apparaître le texte source, la traduction brute, le texte révisé, et un dictionnaire naturel informatisé. Le GETA a mis au point un système appelé THAM (traduction humaine aidée par la machine), maintenant intégré à l'environnement REVISION d'ARIANE-78, et qui enrichit les fonctions classiques d'un éditeur multifenêtres (XEDIT dans notre cas) de fonctions spécialisées pour la traduction ou la révision humaine : recherche automatique d'équivalents dans le dictionnaire "naturel", mouvement de l'équivalent choisi vers le texte révisé, permutation de groupes de mots, redéfinition fonctionnelle des fenêtres, etc.

5 - Sortie et recomposition

La recomposition consiste à recombiner les "hors-textes" avec les textes sources, traduits et révisés. Pour obtenir des sorties correctes, on effectue, selon le périphérique choisi, un certain nombre de transformations automatiques, qui se fondent sur l'existence d'une convention uniforme de représentation des textes, et permettent de produire la typographie la plus adaptée, compte tenu du matériel disponible.

Par exemple, "é" et "ê" sont représentés par "e ′" et "e ^" dans la convention uniforme, et sont transformés pour donner (par surimpression) "é" et "ê" sur l'imprimante disponible, dont la chaîne n'est pas très riche. De même, on peut traiter à ce moment les transcriptions standard des alphabets étrangers, annoncés dans les textes par des codes à maintien ("0, "1, ...).

Si le matéreil adéquat est disponible, cette étape doit donc produire le texte définitif, sur papier ou sous forme de bande de photocomposition.

II - MAINTENANCE ET ÉVOLUTION DU SYSTÈME DE TRADUCTION AUTOMATIQUE

1- Maintenance

La maintenance a un aspect lexical et un aspect grammatical. L'aspect lexical consiste à corriger des erreurs dans les dictionnaires codés. Il peut s'agir d'un mauvais choix des morphes, des unités lexicales, des équivalents, ou encore d'erreurs sur les propriétés attribuées aux éléments lexicaux, comme les codes sémantiques, les codes de rection (avec les contraintes sémantiques), les codes de dérivation (cf. l'exemple donné plus haut), etc.

A ce propos, on peut remarquer combien il est facile d'augmenter hâtivement la taille d'un dictionnaire, et difficile ensuite de le corriger. Cela est vrai des dictionnaires codés comme des bases terminologiques (voir à ce sujet l'expérience de la banque TERMIUM au Canada).

L'aspect grammatical consiste à chercher à repérer la source des constructions erronées trouvées en sortie. La grande variété de modes de trace du système permet de localiser rapidement la phase en cause (analyse, transfert, génération), puis la grammaire, et enfin la règle ou la procédure erronée, si toutefois l'erreur en question est bien une "coquille" ("bug"), et ne provient pas d'une limitation intrinsèque de la méthode linguistique suivie.

Enfin, la maintenance, outre les corrections, peut comporter quelques extensions mineures (indexage de quelques mots inconnus, par exemple).

2 - Evolution

L'évolution du système présente aussi ces deux aspects. L'évolution lexicale consiste à enrichir les dictionnaires d'une façon systématique, en partant de dictionnaires du commerce ou de listes terminologiques bi- ou multilingues. C'est ce qui a été fait pour l'application russe-français, en partant du dictionnaire de Chanski pour les termes généraux, et de dictionnaires et ouvrages spécialisés pour les termes techniques.

Réalisant que ce genre d'opération est très délicat et très coûteux, nous avons développé le système ATLAS, qui fournit une aide informatisée à l'indexage. Les "cartes d'indexage" (questionnaires hiérarchiques permettant de trouver les codes désirés) sont entrées en machine, avec une syntaxe très simple, puis compilées. ATLAS peut alors les imprimer sous forme graphique, ou encore les "interpréter", de façon interactive, pour poser les questions à l'indexeur, en lui proposant les réponses sous forme de menus.quand on arrive au code cherché, celui-ci peut automatiquement être envoyé à l'endroit adéquat dans l'article du dictionnaire codé en cours de construction.

Du point de vue grammatical, il s'agit de spécialiser les systèmes transforma- tionnels des phases structurales à la typologie des textes traités. Certains phéno- mènes qui apparaissent très souvent peuvent ainsi faire l'objet d'un traitement direct. Si par exemple les phrases et titres de moins de 10 ou 15 mots présentent un nombre de structures relativement faible, on peut envisager d'écrire autant de règles, qui effectueront chacune la totalité de la transformation associée. En analyse, cela revient à dire qu'on passe du résultat de l'analyse morphologique au descripteur structural (multiniveau) en une opération.

Un autre exemple peut être le traitement de phénomènes comme l'actualisation ou la détermination. Dans un certain type de textes, on constate par exemple que les passés russes d'aspect ambigu (perfectif/imperfectif) sont en général perfectifs. Cela permet de traduire "on a analysé l'influence des rayons X sur ..." plutôt que "on analysait l'influence des rayons X sur ..." à partir de "Analizirovalosq vliyanie ...".

L'évolution du modèle grammatical peut rejaillir sur la partie lexicale du système. En effet, on peut être conduit à remanier l'organisation des informations portées sur les éléments lexicaux ("variables" ou "attributs"), ainsi que les classes ("formats") associées. On modifie alors les "cartes d'indexage" pour les différents types de codes.

3 - Interaction avec l'utilisateur final

L'utilisateur final effectue une révision critique du résultat, à caractère essentiel- lement technique. Vu la rareté des lexiques spécialisés, et souvent leur obsoles- cence, il est très fréquent que les équivalents produits paraissent vraisemblables à des non-spécialistes et soient en fait incorrects. Par exemple, on doit dire "métal de transition" et non "métal transitoire", "sur le fond des sporades" et non "sur le fond sporadique", etc.

Cette interaction est donc très utile sur le plan lexical et terminologique, mais beaucoup moins sur le plan grammatical. Pour cette raison, il faut que la base lexi- cale du système puisse être rendue compréhensible à des non-initiés. C'est le but du système VISULEX, auquel on donne en entrée tout ou partie de la base lexicale (codée) d'une application écrite en ARIANE-78, et qui fournit une sortie où tous les renseignemens dispersés dans les différents dictionnaires codés sont regroupés, pour chaque unité lexicale, ainsi que les équivalents, et présentés non pas avec les codes du système linguistique (du genre VB1A2Z, NMW1, etc.), mais à l'aide de leurs commentaires, qu'on choisit voisins des abréviations utilisées dans les diction- naires usuels.

III - ENVIRONNEMENT INFORMATIQUE SPÉCIALISÉ ET DISTRIBUÉ

Du point de vue informatique, cette expérience d'utilisation nous a conduit à définir et à commencer à réaliser un environnement spécialisé et distribué, PROTRA, différent d'ARIANE-78.

1 - Un environnement spécialisé

Pour les phases de construction et de mise au point d'une applicaton linguistique, sous ARIANE-78, il faut disposer, dans l'espace utilisateur, d'une ou deux versions de l'application (dictionnaires et grammaires "sources" et "compilés"), ainsi que d'un volumineux corpus d'essai, de l'ordre du million de mots. Toutes les opérations (saisie, vérification, traduction, ...) peuvent se faire dans le même espace utilisateur.

Au contraire, pour l'exploitation, il est convenable d'associer un espace utilisateur (une "machine virtuelle") à chaque étape fonctionnelle. PROTRA est un environnement qui doit gérer un réseau de machines (concrètes ou abstraites, réelles ou virtuelles) pouvant communiquer entre elles. La machine de traduction n'a besoin de contenir que les "modules de traduction" (programmes binaires générés sous ARIANE-78), et un corpus "tampon" de taille modeste (-15000 mots) pour le traitement des textes, qui arrivent dans une file d'entrée et repartent dans une file de sortie. Il est même possible de partager le module de traduction entre plusieurs machines de traduction.

Il y a de même des machines dédiées à l'entrée, à la révision et à la sortie des textes, traductions et révisions, et une machine de "stockage" destinée à archiver les dernières versions du système, et les résultats obtenus. En fait, chaque machine du réseau contrôlé par PROTRA est définie par un certain nombre des possibilités fonctionnelles de l'atelier (cf. I-1).

2- Un environnement distribué

Initialement, nous avons été conduits à envisager l'utilisation d'un microordinateur à cause des limitations typographiques du plus gros matériel sur lequel tourne ARIANE-78. En effet, il n'offre que l'alphabet romain, sans la plupart des diacritiques, ce qui impose de traiter le cyrillique au moyen d'une transcription peu esthétique et mal perçue des russisants. Il se trouve que certains systèmes de traitement de textes sur micro-ordinateur offrent ce type de possibilités.

De façon plus fondamentale, il nous a semblé essentiel de pouvoir décentraliser le plus possible les fonctions non automatiques de l'atelier. Ainsi, un microordinateur multialphabet peut-il devenir, à terme, une "station de révision", vrai "bureau automatisé" du traducteur-réviseur. S'il n'y a pas de système de traduction automatique disponible, de qualité suffisante, on peut utiliser la station de révision pour traiter les textes en "THAM" (ce type d'environnement a déjà été implanté sur micro).

Dans le cas contraire, l'idée est de considérer la station de révision comme une autre machine, physique, contrôlée par PROTRA. La communication peut alors se faire par câble, ou par disquettes. Dans l'implémentation actuelle, nous avons préféré la deuxième solution, de façon à pouvoir déplacer la station de révision n'importe où, par exemple à Paris, sans devoir utiliser de connexions coûteuses. Le matériel actuel est un North-Star Horizon avec terminal bialphabet Falco et imprimante Sanders Media 12/7 (multialphabet et de qualité typographique), utilisant une version multialphabet du système Spellbinder. A cause de difficultés diverses (Logiciel et matériel), son utilisation effective dans l'atelier ne pourra vraisemblablement commencer avant l'été 1983.

CONCLUSION

Les débuts d'utilisation effective de technique mises au point en laboratoire font apparaître un certain nombre de problèmes intéressants, parmi lesquels certains thèmes de recherche. Du point de vue informatique, il s'agit essentiellement, d'une part d'outils de gestion destinés à incorporer harmonieusement les techniques de TAO dans l'activité de traduction, et d'autre part, de systèmes à concevoir, où le traitement des textes se ferait d'après leur nature profonde, et non pas d'après une image déformée par de multiples transcriptions et simplifications.

Du point de vue linguistique, il s'agit non seulement de systématiser un certain "savoir-faire", en vue d'arriver à une réelle "ingéniérie linguistique", mais aussi d'étudier des problèmes ardus et assez nouveaux, à savoir tous ceux qui sont liés à la définition, à l'étude, et au traitement informatique des "sous-langages".

Enfin, une expérience de ce type est irremplaçable pour déterminer de quelle façon des techniques d'intelligence artificielle (systèmes "experts" visant à une compréhension "explicite") peuvent venir compléter les techniques de "compréhension implicite" (traitements formels) utilisées jusqu'ici en TAO.

Plusieurs thèses sont actuellement en cours au GETA sur les aspects "recherche" qui viennent d'être évoqués. En annexe, nous donnerons pour terminer quelques exemples des travaux de l'atelier de traduction (produits sur une imprimante à typographie assez pauvre).

RÉFÉRENCES

COMMUNICATIONS COLING

[1] Boitet, Ch. (1976). Problèmes actuels en traduction automatique : un essai de réponse. (COLING-76 - OTTAWA 1976).

[2] Nédobejkine, N. (1976). Niveaux d'interprétation dans une traduction multilingue : application à l'analyse du russe. (COLING-76 - OTTAWA 1976).

[3] Boitet, Ch. - Guillaume, P. - Quézel-Ambrunaz, M. (1978). Manipulation d'arborescences et parallélisme : le système ROBRA. (COLING-78 - BERGEN 1978).

[4] Boitet, Ch. - Nédobejkine, N. (1980). Russian-French at GETA : outline of the method and detailed example. (COLING-80 - TOKYO - Octobre 1980).

[5] Boitet, Ch. - Chatelin, Ph. - Daun Fraga, P. (1980). Present and future paradigms in the automatized translation of natural languages. (COLING-80 - TOKYO - Octobre 1980).

[6] Boitet, Ch. - Guillaume, P. - Quézel-Ambrunaz, M. (1982). Implementation and conversational environment of Ariane-78, 4, an integrated system for automated translation and human revision. (COLING-82 - PRAGUE - Juillet 1982).

RAPPORTS DE CONTRATS

[1] Le point sur Ariane-78, début 1982. (DSE-1 - Avril 1982 - 617 p.).

[2] Equipe de russe (1980). Exemples de traductions russe-français obtenues par le système de traduction russe-français, version RUS-FRA. (Document DRET no 11 - Juin 1980).

[3] Equipe de russe (1980). Exemple complet de session sous Ariane-78, application du système de traduction russe-français, version RUS-FRA. (Document DRET no 13 - Juin 1980).

[4] Equipe de russe (1980). Nouvelles traductions obtenues avec le système de traduction automatique russe-français, version RUS-FRA, après correction des données linguistiques. (Document DRET no 27 - Décembre 1980).

[5] Equipe de russe (1981). Traduction brute non révisée d'environ 20.000 mots de texte nouveau, avant et après l'indexage de la plupart des mots inconnus. Analyse des erreurs et présentation parallèle des résultats. (Document DRET no 30 - Mars 1981).

[6] Equipe de russe (1982). Exemples de traductions russe-français obtenues avec la version RUB-FRB. (Document DRET no 52 - Mars 1982).

[7] Equipe de russe (1981). Conception d'un environnement opérationnel pour le CEDOCAR. Architecture générale et étude d'un environnement déporté pour la saisie et la révision en cyrillique. Architecture d'un système d'aide à l'indexation. (Document DRET no 41 - Juillet 1981).

[8] Equipe de russe (1982). Environnement opérationnel expérimental pour le CEDOCAR : état d'avancement. Extensions à Ariane-78, aide à l'indexage et architecture du système de production. (Document DRET no 47 - Mars 1982).

[9] Bachut, D. (1983). ATLAS : Manuel d'utilisation. (Document ESOPE - Mars 1983).

[10] Bachut, D. - Esnault, L. - Vérastégui, N. (1982). VISULEX : Cahier des charges. (Document ESOPE - Décembre 1982).

[11] Bachut, D. - Esnault, L. - Vérastégui, N. (1983). VISULEX : Document de Spécifications Externes. (Document ESOPE - Janvier 1983).

ARTICLES

[1] Boitet, Ch. (1982). Informatisation de la traduction et traduction automatisée.
(La jaune et la rouge n° 380 - Décembre 1982).

[2] Boitet, Ch. (1983). Le logiciel Ariane 78.5 du GETA : principes généraux, applications actuelles et futures. (Congrès National sur l'information et la documentation - IDT 83 - GRENOBLE - Juin 1983).

[3] Boitet, Ch. - Nédobejkine, N. (1981). Recent developments in Russian-French machine translation at Grenoble. (Linguistics 19, 1981, 199-271).

[4] Andreewski, A. (1981). "Translation : Aids, Robots, and Automation".
(META Translators' Journal, 26/1, 57-66).

[5] Kay, M. (1979). "Functional grammar". Proceedings of the Fifth Annual Meeting of the Berkeley Linguistic Society, 1979.

[6] Kay, M. (1980). "The proper place of Men and Machines in Language Translation".
(Palo Alto Research Center : Xerox corporation).

[7] Kay, M. (1982). "Unification grammar", privately commnicated at the CNRS-NSF symposium, Cadarache, 1982.

[8] Melby, A. (1982). · Multilevel Translation Aids in a distributed system", COLING-82, ed. by Jan Horecky, 215-220, Amsterdam, North-Holland.

[9] Melby, A. (1982). "Machine Translation vs. Translator Aids : a false dichotomy".

ANNEXE

AO309 TOUO2

LANGUES DE TRAITEMENT: RUB - FRB

----- (TRADUCTION DU 8 MARS 1983   21H 08MN 56S) -----
VERSIONS : (A : 8/03/83 - T : 8/03/83 - G : 8/03/83)

26/04/83 ----- (REVISION DU 26 AVRIL 1983   15H 20MN 37S) -----

-- TEXTE SOURCE --   -- TEXTE TRADUIT --   -- TEXTE REVISE --

TEXTE SOURCE	TEXTE TRADUIT	TEXTE REVISE
1.41.39.	1.41.39.	1. 41. 39.
Zapusk indijskogo sputnika sovetskoj raketoj-nositelem .	Lancement du satellite indien par la fusée porteur soviétique .	Lancement d'un satellite indien par vecteur soviétique .
1. Gaz " Pravda ", 1981, 21 noyabrya.	Pravda, 1981, 21 novembre, 1.	La Pravda du 21 novembre 1981. 1
V sootvetstvii s programmoj sotrudnikhestva mezhdu SSSR i Indiej v oblasti issledovaniya i ispolizovaniya kosmikheskogo prostranstva v mirnyix celyax 20 noyabrya 1981 j. v SSSR s pomothqyu sovetskoj RN osushestvien zapusk indijskogo ISZ "Bxaskara-2 ".	Conformément au programme de la collaboration entre l'Urss et l'Inde dans le domaine de l'étude et de l'utilisation de l'espace cosmique dans les buts pacifiques. 20 novembre 1981 an Urss à l'aide du vecteur soviétique on a réalisé l'allencement du satellite indien "Cbxaskara-2".	conformément le 20 novembre 1981, au programme de collaboration entre l'Urss et dans le domaine de l'étude et de l'utilisation de l'espace cosmique à des fins pacifiques. on a procédé en Urss au lancement du satellite indien "Bxaskara-2" à l'aide d'un vecteur soviétique.
ISZ prednaznakhen dlya issledovaniya prirodnyix resursov Zemli s pomothqyu televizionnoj apparaturyi i mikrovolnovyix radiometrov razrabotannyix izgotovlennyix specialistami Indii. ISZ vyiveden na orbitu s parametrami : maks. rasstoyanie ot poverxnosti Zemli (v apojee) 557 km; minm. rasstoyanie ot poverxnosti Zemli (v perigee) 514 km ; nakhalqnyij period obratheniya 95.2 min ; naklonenie orbityi 50.7 . ISZ sozdan pri naukhno-texnikheskoj pomothi SSSR. V podgotovke ISZ k zapusku prinimali ukhastie specialistyi Indii. Priem informacii s ISZ " Bxaskara-2 " osushestvlyaetsya nazemnymi stanciyami SSSR i Indii.	Le satellite est destiné à l'étude des ressources naturelles de la terre à l'aide de l'appareillage télévisé et des radios mètres de micro onde élaborées et fabriquées par les spécialistes de l'Inde. Le satellite est mis sur l'orbite avec les paramètres: distance maximum de la surface de la terre (à l'appogée) 557 km; distance minimale de la surface de la terre (au perigée) 514 km; période initiale de la rotation de 95.2 minutes; inclinaison de l'oroite de 50.7 Le satellite est créé avec l'aide technique de l'Urss. Dans la préparation du satellite au lancement les spécialistes de l'inde ont pris la participation. la prise de l'information avec le satellite "Bxaskara-2" est réalisée par les stations terrestres de l'Urss et de l'Inde.	Ce satellite est destiné à l'étude des ressources naturelles de la terre à l'aide d'un appareillage de télévision et de radiomètres à microondes élaborés et fabriqués par les spécialistes de l'Inde. Il a été mis sur orbite avec les paramètres suivants : distance maximum de la surface de la terre (à l'apogée) 557 km; distance minimale de la surface de la terre (au périgée) 514 km; période initiale de rotation : 95.2 minutes; inclinaison de l'orbite : 50.7 Ce satellite a été créé avec l'aide technique de l'Urss. Les spécialistes indiens ont pris part aux préparatifs de son lancement. La réception des informations émises par "Bxaskara-2" a été effectuée par les stations terrestres d'Urss et d'Inde.

Guy BOURQUIN

L'INTÉRÊT LINGUISTIQUE DE LA TRADUCTION AUTOMATIQUE

1. On ne tient pas sur la traduction automatique le même discours selon qu'on s'adresse à des praticiens de la traduction, à des littéraires, à des linguistes, à des informaticiens ou à des utilisateurs potentiels. De la traduction le praticien connaît les pièges et les ruses. Le littéraire sait que toute traduction est un leurre. Le linguiste, que la langue naturelle est tout sauf un système formel. L'informaticien, que rien n'est réalisable sans explication préalable des objectifs ni formalisation rigoureuse de la démarche. L'utilisateur veut une information intelligible et fiable, obtenue rapidement et au moindre coût.

Mon propos visera ici tout particulièrement le milieu sans doute à l'heure actuelle le plus réfractaire à la traduction automatique, à savoir celui des linguistes. Paradoxalement, je ne chercherai pas à leur prouver que la traduction automatique est réalisable, ni à quel niveau, ni à quelles conditions, ni dans quels délais. Le problème, pour moi, n'est pas là. Je n'ai pas non plus l'intention de parler de ce que la linguistique peut apporter à la traduction automatique. Je vais adopter la démarche inverse et tenter, par quelques exemples, de montrer en quoi les recherches sur la traduction automatique -- que cette dernière réussisse ou non -- peuvent contribuer aux progrès de la réflexion linguistique.

A mes yeux, la traduction automatique est une chance unique offerte au linguiste de faire des expériences de simulation en grandeur réelle, et de donner à ces expériences les dimensions de son choix. Mais une première mise au point s'impose. L'intérêt principal de la TA ne vient pas de ce qu'elle pourrait offrir un champ d'application ou un ban d'essai privilégié pour des théories linguistiques déjà élaborées. Il tient plutôt au fait que la traduction automatique conduit à explorer **autrement,** à problématiser différemment, à jeter un regard insolite sur les phénomènes de langage.

Je vais d'abord poser le problème en m'attardant un peu sur deux exemples -- qui peuvent paraître classiques, peut-être trop classiques -- posés en traduction automatique de l'anglais vers le français, à savoir le pronom ON (langue cible), le déterminant zéro (langue source).

2. La traduction du passif anglais par ON.

Un programme de traduction de textes scientifiques d'anglais en français a essayé de prévoir les cas où un passif anglais (dans une construction du type **Sujet ... verbe passif ... absence de complément d'agent**) pourrait être rendu par un actif français avec ON. La règle est assortie des restrictions suivantes : le passif ne doit être ni statique ni résultatif, l'agent non exprimé est nécessairement humain et son absence doit, d'autre part, être le fait d'une indétermination et non pas simplement de l'ellipse d'un agent spécifique. Les procédures de vérification de ces conditions ne sont pas évidentes : leur automatisation ouvre déjà un domaine de recherches neuf en grammaire contextuelle.

Mais ces conditions, pour nécessaires qu'elles soient, ne sont pas encore suffisantes. Leur application systématique produit immanquablement des traductions inacceptables ou douteuses ou gauches. Le pronom ON confère une tonalité particulière à l'énoncé scientifique où il figure. Son emploi a, en général, pour effet de relativiser le couple procès-patient, soit en le subordonnant à l'agent indéfini soit en le reliant plus ou moins directement à l'énonciateur (réel ou fictif). On est ainsi amené à déborder peu à peu le cadre initial (celui de la traduction du passif anglais) et à s'interroger sur le statut linguistique du pronom ON en français. Il apparaît assez vite que ON appartient plus au "discours" qu'au "récit" (pris au sens que Benvéniste donne à ces termes), qu'il relève de la "deixis" plutôt que de l'"anaphore". Dans un texte scientifique, il désigne indirectement, comme fugitivement, la présence discrète (ou simplement la proximité) de l'énonciateur (ou d'un substitut de l'énonciateur). Une recherche plus systématique est en cours, qui remettra peut-être en cause ces hypothèses.

Ce qu'il convient de relever, c'est que c'est la traduction automatique, et non la traduction humaine, qui a permis de poser le problème. Le traducteur humain, lui, selon les cas, décidera d'employer ou d'exclure ON, sans s'interroger sur les raisons de ses choix : dans ses acceptations comme dans ses refus, il procède par sauts intuitifs. Or ce sont justement ces comportements intuitifs-là qui sont à expliciter pour l'automate. Qu'on y parvienne ou non, la recherche linguistique trouve ici un point de départ.

3. La traduction du déterminant zéro anglais en français.

Un GN anglais dépourvu de déterminant (ex. water, houses, convincing arguments, etc ...) se traduit en français, selon les cas, par LE + GN ou par DU + GN ou par Ø + GN. Il s'agit de donner à l'automate les moyens de faire le choix adéquat.

On touche ici à une grande variété de faits grammaticaux, tels que la définitude, l'anaphorisation, la quantification, la spécification, la détermination, l'actualisation ... Ces phénomènes constituent un écheveau assez difficile à démêler. Le linguiste s'emploie en général à les traiter séparément, à les distinguer soigneusement. La traduction automatique, au contraire, oblige à les aborder ensemble, dans toute leur complexité, dans leurs intrications mutuelles. La présence ou l'absence d'articles dits définis (ou autres) n'en est qu'une des multiples manifestations de surface. Les autres facettes sont à rechercher en divers lieux (au départ non évidents) de la syntaxe, du lexique, etc ...

Le problème se pose de manière encore plus aiguë dans les langues dépourvues d'articles (langues slaves, nombre de langues ouralo-altaïques ...). On sait, par exemple, que dans certaines langues l'aspect verbal a partie liée avec l'expression du total et du partiel. En finnois, le cas auquel on met l'objet direct (partitif ou accusatif) reflète la distinction partiel/total. Dans d'autres langues, identifier un GN comme sujet grammatical revient dans le même temps, à l'identifier comme défini, alors que l'objet direct est nécessairement indéfini ...

Pour traiter convenablement des phénomènes énumérés ci-dessus, il faut être à même d'élucider, de maîtriser, la distribution syntaxique de l'**information** à l'intérieur du discours et surtout la genèse et l'économie de cette distribution. En fonction de quels critères et de quels procédés, à un moment donné du déroulement d'un texte, se fait le départ entre déjà-là et information posée pour la première fois, entre information fléchée et information non fléchée, entre information quantifiée et non quantifiée, précisée et non précisée, stable (permanente, durable) ou labile (momentanée ou modifiable), etc ... ? On ne peut répondre à ces questions sans prendre en compte l'espace référentiel dans lequel s'inscrit le texte.

4. Le terme d'espace référentiel est lui-même délibérément vague et renvoie à une réalité encore peu explorée. Les phrases d'un texte sont construites compte-tenu de la transparence ou de l'opacité de son espace référentiel. Les ambiguïtés d'interprétation qui en résultent se rencontrent en TA pratiquement dans chaque phrase, non seulement à propos des faits de grammaire évoqués ci-dessus, mais

aussi à propos des regroupements syntaxiques de tous genres (bases d'incidence, séquences de substantifs et/ou d'adjectifs dans un GN, coordinations de tous niveaux ...). L'être humain ne résout ces ambiguïtés que parce qu'il reconstitue, par son expérience de l'univers référentiel du texte, les concepts et les êtres **représentés** (au sens lui-même ambigu de ce terme) dans le texte ... Tout le problème est de sensibiliser un programme de TA à la saisie, à l'analyse, à l'interprétation des interactions entre faits grammaticaux, configurations syntaxiques, unités lexicales et "traits référentiels" (au sens de rapports privilégiés avec telles configurations de l'espace référentiel). Quel statut théorique accorder au "trait référentiel" ? Sur quelles bases construire une théorie et une description adéquate de l'espace référentiel ?

Devant ces exigences, le linguiste est encore démuni. Il prend conscience de la diversité et de l'immensité des champs à découvrir, puis à explorer, puis à théoriser. Le domaine de la textualisation est à peine effleuré par la recherche théorique. On peut le définir comme l'interaction des quatre composantes du schéma suivant :

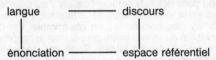

Le traducteur humain, pour sa part, textualise (dé-textualise, retextualise) intuitivement. L'automate ne le pourra que lorsque les processus de cet enchevêtrement de phénomènes auront été identifiés, triés, ordonnés. Pour l'instant, et sans doute encore pour longtemps, faute d'une perception adéquate des opérations discursives et culturelles impliquées, la textualisation automatique, au sens fort du terme, restera une gageure. Mais l'entêtement à poursuivre envers et contre tout dans cette voie stimulera la réflexion théorique, dont les résultats seront de toutes façons positifs : ou bien on finira par surmonter l'obstacle, ou bien on saura pourquoi il est insurmontable.

5. Le moindre problème linguistique conduit le plus souvent à poser l'**entier** de la relation interactive langue - discours - énonciation - espace référentiel. Trop souvent, en dehors de la TA, faits de langue, faits de discours, faits culturels sont traités indépendamment. Or il n'y a pas nécessairement de solution de continuité, en particulier entre faits de langue et faits de discours. Le fait de langue est, en réalité, du discours **condensé** (au sens que Freud donne à ce terme), occulté par des formulations de surface **elliptiques.** Un exemple, parmi bien d'autres : la concession, figure de discours travaillée d'une part par le système réducteur de la langue et développée, d'autre part, par les divers procédés de la rhétorique de discours. Or il apparaît que plus on explore les divers procédés de cette rhétorique, plus on se donne les moyens de capter et d'expliquer les opérations sous-jacentes aux mécanismes de langue.

Ceci nous introduit à un aspect important de ce qui constitue, à mes yeux, l'intérêt linguistique des recherches conduites en vue de la TA. Ayant pour horizon la construction d'un automate qui doit manipuler, gérer, transformer du discours, on est bien contraint de regarder de près, de très près, les structurations, les configurations internes de toutes sortes présentes dans divers types de discours. Il est donc nécessaire pour le linguiste d'"aller au charbon", de s'attaquer à des masses de textes qu'il faut avoir préalablement rassemblés. C'est à ce titre que la recherche en traduction automatique conduit à redéfinir et à revaloriser la notion de "corpus", conçu non pas comme domaine clos, mais au contraire comme ensemble ouvert, constamment augmentable, et surtout comme pourvoyeur d'**observables.** Non pas d'observables immédiats, mais d'observables qui n'apparaissent le plus souvent qu'après de longues et patientes confrontations entre les divers fragments ou microfragments des textes étudiés. A cet effet, tout corpus constitué doit apparaître sous plusieurs formes, notamment être transformé en concordances et en bases de données à accès aussi diversifié que possible. Le grand avantage d'une concordance est souvent de révéler à celui qui sait voir des co-occurrences inattendues, et qui **ne sont pas toujours immédiatement explicables.** C'est dans ce sens qu'on peut effectivement parler d'**observables, i.**e. de configurations immanentes mais non évidentes, qu'on ne percevrait pas si on ne se livrait pas à l'exploration systématique de masses de données textuelles, mais qu'on découvre le plus souvent incidemment, par hasard, à propos d'autres recherches.

Soit l'adverbe anglais **vastly,** étudié dans une concordance établie pour un millier d'adverbes anglais à partir d'un corpus d'environ trois millions de mots. Une consultation de la liste des contextes de cet adverbe -- en vue de lui trouver une traduction française valable pour le maximum de cas -- a abouti à une constatation inattendue : **vastly** est toujours incident à un terme qui, sémantiquement, exprime une "différence". **Vastly,** autrement dit, ne quantifie pas n'importe quoi. Quel est l'intérêt de cette constatation ? Est-elle éclairante pour le sémantisme de **vastly** ou pour celui de la différence ? ou pour celui de l'intensification ? ou pour le genre de relation que la langue perçoit entre intensification et différence ? Ce comportement de **vastly** est, dans tous les cas, comme tel, un **observable.** On peut se demander de quels autres observables du même ordre on pourrait le rapprocher -- et où les chercher ? Autre exemple : l'adverbe **widely.** Tous ses contextes font référence à la dispersion des unités d'un ensemble et incluent un nombre passablement élevé de verbes d'opinion ou d'activité humaine : le rôle de **widely** est de marquer la dispersion des sujets (grammaticaux) de ces verbes. Qu'en conclure ? On voit comment des foules de problèmes surgissent inopinément. Peut-être sont-ils des problèmes tout simplement mal posés -- comme le sont souvent les problèmes qu'on pose pour la première fois -- mais les recherches qu'ils susciteront devraient aider à les mieux poser, voire à les déplacer.

6. Deux mots, pour finir, sur l'aspect **épistémologique** du problème. Le paradoxe de la traduction automatique envisagée comme discipline de recherche est qu'on s'y trouve contraint d'avoir recours à la démarche formalisante, non pas pour formaliser ce qu'on connaît déjà, mais pour **découvrir** ce qui est à formaliser. Autrement dit, c'est d'abord par ses **échecs,** i.e. par la leçon tirée de chacun de ses échecs et par les prises (les crises ?) de conscience qui en résultent, que la TA peut devenir féconde pour la linguistique. Une traduction automatique qui réussirait immédiatement serait linguistiquement inintéressante. L'intérêt heuristique de la traduction automatique est qu'elle oblige à conduire des recherches sur le lieu même où l'homme est -- provisoirement ? -- contraint de prendre la relève de l'automate.

Il faut, de toutes façons, quoi qu'il en coûte, se garder de simplifier. Les vrais problèmes, on le sait, sont ceux qu'on découvre à l'occasion de la résistance des faits. La tentation peut être forte de renoncer dès maintenant à la T.A.A. (traduction automatique autonome) pour glisser vers la T.A.O. (traduction assistée par ordinateur). Absolument indispensable -- et seule possible -- pour les applications utilitaires, la T.A.O. risque cependant d'avoir un effet démobilisant sur les visées heuristiques à long terme esquissées ici.

En bref, s'il est vrai que la TA a besoin d'une recherche linguistique permanente pour se réaliser, la linguistique a encore bien davantage besoin de la TA pour faire évoluer sa problématique et renouveler ses interrogations.

Daniel HÉRAULT

L'organisation technique d'un "Système" en "Linguistique Automatique". Application pour l'interprétation en français des mots composés d'un texte non-littéraire écrit en allemand, en néerlandais ou en luxembourgeois.

INTRODUCTION

La notion de **Système** en Linguistique Automatique est étroitement liée à la situation technologique de l'électronique informatique. C'est donc cette situation que nous examinerons en premier lieu. De là, découlera la description générale d'un système, telle qu'on peut le créer actuellement et dans les quelques années à venir.

A titre d'exemple, on montrera comment fonctionne le système qui permet d'**interpréter** en français (interpréter a, ici, un sens différent de celui de traduire) l'ensemble des mots composés d'un texte écrit en allemand, en néerlandais ou en luxembourgeois.

Ce système est, en fait, un sous-système d'un assez vaste système d'interprétation qui, pour le moment, a pour langues-sources les langues germaniques déjà citées, le japonais et le malo-indonésien, et pour langues-cibles les mêmes langues germaniques, l'anglais, le français et l'italien. Les articles, dans ce même ouvrage, de Robert SAUSSÉ ou de Pierre DIMON et Jean-Claude LEJOSNE donnent des informations indispensables qui permettent de mieux comprendre ce que signifie le mot "système" et quelle en est sa complexité.

1. SITUATION ACTUELLE DE L'ÉLECTRONIQUE INFORMATIQUE

L'informatique de 1983 se développe, de façon évidente, dans une double direction : la micro-informatique qui prend une place de plus en plus importante et acquiert une puissance déjà considérable, et la macro-informatique, ou informatique des très grands ordinateurs, dont le coût de location-achat et de maintenance est tel qu'ils ne peuvent être considérés comme faisant partie d'un univers technologique ordinaire.

Ceci étant, une question se pose donc : la micro-informatique est-elle en état de satisfaire les exigences très particulières de la Linguistique automatique ?

Jusqu'en 1982, la réponse à cette question était nettement négative, puisque les micro-ordinateurs du marché disposaient d'une trop petite mémoire vive, ne pouvaient avoir un interface permettant l'utilisation d'un disque dur, et ne pouvaient utiliser des langages quelque peu développés. Il était donc hors de question que ces petits systèmes puissent "manipuler" des textes écrits dans une quelconque langue naturelle.

Mais, l'évolution de la technologie ayant pris la vitesse que l'on sait, la réponse à la question posée est devenue positive dès le dernier trimestre 1983.

En effet, voici, à titre d'exemple, la description d'une construction qui, par son choix, sa simplicité et sa puissance, pourra donner toute satisfaction en Linguistique automatique. Cette construction part du micro-ordinateur IBM PC, dont le processeur est l'INTEL 8088 et auquel est adjoint 256 K-octets de mémoire dynamique vive. On ajoute ainsi à ce micro-ordinateur de base un ou deux processeurs NS 16032, avec 1024 K-octets de mémoire vive, 2 groupes de 128 K-octets de mémoire statique vive et 1 disque dur d'environ 20 méga-octets. Dans le cas d'un bi-processeur (2 processeurs NS 16032), on aboutit à un prix voisin de 80.000 F.

Examinons de plus près les propriétés d'un tel bi-processeur. Le processeur NS 16032 (voir note 1) a un langage-machine très simple, contient toutes les opérations élémentaires (arithmétiques et logiques) ainsi que la gestion de la "mémoire virtuelle", c'est-à-dire le partage sur le disque dur du contenu de la mémoire qui n'est pas immédiatement indispensable. Par ailleurs, ce processeur peut supporter un système de gestion de type UNIX, de même que le compilateur d'un langage évolué, comme, par exemple, le langage PASCAL. Pour un monoprocesseur, un système de gestion de type CP/M remplirait le même rôle.

L'avantage de créer un **bi**-processeur, c'est-à-dire d'avoir mis en parallèle deux processeurs identiques, apparaîtra ultérieurement. Mais on peut dire immédiatement que cela permet d'augmenter d'au moins 50% la vitesse de fonctionnement de cette construction.

A titre de comparaison, et pour en mesurer la véritable puissance, cette construction est à peu près équivalente à un ordinateur IBM 370 entre le milieu et le haut de la gamme.

Les conclusions que l'on peut tirer de ce qui précède sont alors les suivantes :
- les logiciels que l'on doit créer devront tenir compte de la présence de ces nouveaux "macro-micro-ordinateurs", **macro** par leur puissance et l'importance de leurs mémoires, mais **micro** par leur coût et l'indépendance qu'ils donnent ;
- par conséquent, ces logiciels pourront avoir une quelconque complexité, mais devront s'interdire d'imposer de très nombreuses opérations d'entrée/sortie. En effet quelle que soit la qualité du lecteur de disque dur, les temps d'accès se comptent en millisecondes. Donc, tout système de linguistique automatique dont le fonctionnement est fondé sur d'innombrables entrées/sorties ne peut être que très lent. On le constate déjà quand on travaille avec des moyens ou grands ordinateurs ; la lenteur sera encore plus importante quand il s'agira d'un "macro-micro" (elle pourrait atteindre plus de 30 secondes par phrase dans le cas d'un logiciel extrêmement complexe, qui fonctionne sans faire appel à de grands fichiers) ;
- on doit donc exclure l'utilisation d'immenses dictionnaires : 2 groupes de 50.000 mots, avec 256 octets de commentaires par mot, mot inclus, représentent 25 mégaoctets, c'est-à-dire l'intégralité d'un disque dur de taille moyenne. Le calcul suivant permettra de mieux comprendre ce propos : en prenant l'hypothèse que, pour chaque mot, plusieurs centaines de consultations seront nécessaires, le seul temps moyen d'accès correspondrait, fin 1983, pour les systèmes de disques les plus performants, à au moins **5 minutes** de temps - CPU, et ceci pour chaque phrase.

En conclusion finale, si l'on fait l'hypothèse, très raisonnable, que les "macro-micro" se développeront considérablement, la stratégie du logiciel est fondée sur ce que l'on vient de décrire : absence de grands dictionnaires, opérations d'entrée/sortie réduites au minimum (pour faire en sorte que tout se passe en mémoire vive, dynamique ou statique, donc avec la vitesse maximale). On peut cependant préciser encore plus ce qu'est un **système,** dans une telle situation.

2. DESCRIPTION GÉNÉRALE D'UN SYSTÈME EN LINGUISTIQUE AUTOMATIQUE

Un système complet est, pour nous, tout système qui cherche à extraire, par une méthode fiable, un ensemble d'informations réelles à partir d'un texte écrit dans une langue naturelle, n'ayant pas subi la moindre préédition. Dans ce qui suit, tout **logiciel** correspondra à un système complet, et l'expérience montre alors qu'il faut au moins 20.000 à 25.000 lignes de programmation pour créer un logiciel de ce type.

Dans ce contexte, la hiérarchie qui s'est imposée est la suivante :
- **programme** ou sous-système complet (plusieurs milliers de lignes de programmation) ;
- **module** ou élément autonome d'un programme (plusieurs centaines de lignes de programmation).

Ainsi, chaque programme contient plusieurs dizaines de modules, conçus pour s'enchaîner séquentiellement. Mais, il est fréquent que deux programmes puissent être indépendants l'un de l'autre : d'où tout l'intérêt de disposer d'un bi-processeur avec lequel les deux programmes peuvent fonctionner simultanément.

Par ailleurs, un macro-micro, ayant les caractéristiques présentées dans le paragraphe précédent, permet de limiter au maximum les opérations d'entrée/sortie. Pour ce faire, doivent être présents en mémoire vive :
- les données de la langue du texte,
- le texte lui-même,
- le compilateur du langage utilisé,
- le logiciel du système de gestion,
- au moins quatre modules consécutifs ;

Les données de la langue du texte sont toutes groupées dans les 128 K de mémoire statique ; le texte est, pour le moment, limité à une chaîne de 32.768 octets (soit 32 K) ; un compilateur de langage évolué dépasse rarement 170 K, tandis qu'un logiciel de gestion n'excède pas usuellement une centaine de K ; enfin, un bloc de quatre modules représente, au plus, 200 K. Ainsi, l'ensemble "texte-compilateur-gestion-modules" occupe, au maximum, 500 K, soit 700 K si l'on se place dans la situation effective d'un bi-processeur. On voit donc pourquoi on a adjoint aux deux processeurs NS un ensemble de 1024 K de mémoire vive.

Par rapport au disque dur, sur lequel se trouvent tous les modules (ou environ 2 mégaoctets), on fait en sorte qu'à chaque instant 4 modules consécutifs soient présents en mémoire vive, le module utilisé étant le deuxième. Ainsi, pendant son fonctionnement, le premier module du bloc est transféré sur le disque dur, tandis que le "module qui suit" (ou cinquième module) est placé en mémoire vive. Dans ces conditions, les opérations avec le disque dur ne perturbent que très peu le fonctionnement des programmes.

Enfin, remarquons que le découpage d'un programme en petits modules présente un autre avantage : on peut ainsi vérifier, pas à pas, la qualité du fonctionnement du logiciel et, s'il y a lieu, rectifier une erreur ou effacer un oubli ; et ceci, par des modifications très limitées et ne portant que sur un seul module.

3. DESCRIPTION DU PROGRAMME GERMANIQUE "MOTS COMPOSÉS"

Pour illustrer ce qui précède, on va décrire, brièvement, le programme **germanique** "Mots Composés".

Il s'agit bien d'un programme **multi-lingual,** car il fonctionne aussi bien sur l'allemand que sur le néerlandais ou le luxembourgeois, et ceci sans la moindre adaptation.

Par ailleurs, les ambitions de ce programme sont les suivantes :
- localiser et segmenter tous les mots composés d'un texte donné ;
- donner de chaque mot composé une **interprétation** en français, c'est-à-dire une sorte de "traduction premier jet", dont la principale propriété doit être la compréhensibilité par des lecteurs ayant une bonne connaissance du domaine du texte.

Ce programme est, à notre connaissance, actuellement, **le seul au monde** à atteindre presque complètement ces ambitions, sans que l'on ait à utiliser un dictionnaire. Un tel résultat est particulièrement intéressant car, dans une langue germanique, le nombre de mots composés est, par définition, **infini.** Par conséquent, la technique du dictionnaire ne peut être que totalement infructueuse et c'est sans doute ce qui explique pourquoi les langues germaniques ne sont pratiquement jamais prises comme langue-source dans les systèmes-TALN (Traitement automatique des Langues Naturelles).

Ceci étant, voici comment fonctionne ce programme "Mots Composés".

En premier lieu, il ne fonctionne qu'après un programme "Prologue" et un programme "Verbe".

Le programme "Prologue" effectue de nombreuses préparations, formatage du texte, extraction des nombres écrits en chiffres et de multiples désambiguïsations des mots-outils, etc ... Le programme "Verbe" localise, pour chaque texte, tous les verbes, sans oubli ni erreur pour l'allemand et le luxembourgeois, avec quelques localisations supplémentaires pour le néerlandais.

En second lieu, on doit noter qu'un mot composé ne peut être ni un mot-outil (près de 1000 en allemand), ni un verbe : grâce aux programmes précédents, on peut donc procéder à une élimination considérable de mots que le programme "Mots Composés" n'a pas à examiner.

Enfin, quant au programme lui-même, il est composé de cinq étapes ou sous-programmes, correspondant à environ 11.000 lignes de programmation, et répartis en 50 modules.

Voici quelles sont les cinq étapes :

* Première étape
Etape générale qui permet la localisation à 75% et une segmentation assez importante, tout ceci, en particulier, grâce à l'analyse des jonctures potentielles (paires ou triades) ;

* Deuxième étape
Analyse morphématique des segments mis en évidence ci-avant, ainsi que des mots considérés jusque-là comme non-composés. Par sélection générale, cette étape distingue à 100% et sans erreur les mots ou segments germaniques, les mots ou segments non-germaniques (pratiquement tous romans).
Il en résulte une localisation intégrale des mots composés et déjà une préparation pour la dernière étape (connaissance des mots ou segments romans que l'on n'a pas à interpréter).

* Troisième étape
Etape de la "cohérence interne", c'est-à-dire utilisation de tous les mots ou segments reconnus pour segmenter, grâce à eux, ce qui ne l'est pas encore.
Cette méthode, qui est évidemment liée à la longueur du texte et à sa qualité, permet de faire passer le taux de segmentation de 75% à 95% (pour des textes d'essai d'au moins 2000 mots).

* Quatrième étape
Segmentation des formes verbales composées (qui ne sont que des formes participiales). Le taux de segmentation atteint alors au moins 97%. Le résidu, localisé mais non totalement segmenté, représente un ensemble très variable suivant les textes. Il semble difficile d'envisager une méthode suffisamment fiable pour le traiter.

* Cinquième étape

Etape de l'interprétation où, en premier lieu, sont ressoudés les mots composés **figés,** c'est-à-dire dont le sens ne peut absolument pas provenir de la connaissance du sens de leurs segments (exemple : Wasserstoff, découpé en wasser et stoff, mais signifiant "hydrogène" et non "matériau de l'eau"); en second lieu, on distingue les segments fortement verbaux, pour lesquels la position final/non-final joue un rôle essentiel.

Exemple : – WECHSEL . SPANN(ung) qui s'interprète en "TENS(ion) (de) [action de (CHANG.er)]"

– SPANN . BETON qui s'interprète en "BETON de [action de (TEND.re)]" ou en "BETON de TENS(ion)".

Remis dans leur contexte (Electricité/Génie civil), il devient évident pour tout lecteur familier du domaine en français que
"TENS(ion) de CHANG(ement)" = "Tension variable" et que
"BETON de TENS(ion)" = "Béton précontraint".

Cet exemple très simple montre ce que l'on entend par "compréhension implicite" et en quoi elle est complètement différente de la "Compréhension explicite" de l'Intelligence Artificielle".

Au niveau du temps de fonctionnement, par rapport à un texte d'essai de 3500 mots, et par rapport à un ordinateur NAS 9080 (extrêmement puissant), environ 25 secondes-CPU sont nécessaires pour la totalité des cinq étapes. Se plaçant dans une optique IBM 370, on aboutit, par un calcul très approximatif, à moins de 2'30" : il est possible que ce soit là le temps-CPU qui correspondrait au "macro-micro" précédemment décrit (voir note 2).

4. CONCLUSIONS

– Le programme qui vient d'être décrit très rapidement fait partie d'un **système général d'interprétation germanique ⎯→ roman,** pour lequel il est évident qu'un important programme d'analyse syntaxique est nécessaire. Ce programme correspond à une cinquantaine de modules et réalise, extrêmement rapidement, une très bonne analyse de l'allemand. Par exemple, sur un texte d'essai de 150 phrases, sur 7 % d'entre elles, certaines erreurs apparaissent. Ces erreurs perturbent souvent assez faiblement l'interprétation. De façon plus précise, on ne trouve que 20 erreurs sur les 790 syntagmes nominaux prépositionnels : ces erreurs sont celles qui ne donnent pas une limite-droite exacte du syntagme nominal ;

– La **morphologie,** au sens usuel du mot, ne permet pas d'améliorer de façon significative l'analyse faite, ni au niveau "mots composés" ni au niveau "analyse syntaxique" ;

– Il s'agit d'une situation **vraiment multilinguale** puisque l'analyse n'est pas différente, qu'il s'agisse de l'allemand, du luxembourgeois ou du néerlandais ;

– Enfin, ce système, qui est d'**interprétation** et non de **traduction,** fonctionne environ **cent fois plus rapidement** que tous les systèmes actuels de traduction. C'est là une caractéristique essentielle qui, quel que soit le support informatique, demeurera et lui donnera une **valeur** non négligeable, car son fonctionnement coûtera toujours cent fois moins qu'un système de traduction.

* Daniel HÉRAULT :

Directeur du Service de Linguistique de l'Université Pierre-et-Marie Curie.
Fondateur-Directeur du Centre de Recherche Jean Favard.
Adresse : Centre de Recherche Jean-Favard, 41 rue du Moulin-Vert, 75014 PARIS

NOTES
(décembre 1983)

Cet article a été rédigé conformément à ce qui a été exposé au Colloque. Cependant, pendant ces six derniers mois, la situation technologique a beaucoup évolué, d'où les deux notes suivantes :

1) A titre de précision, ce qu'on appelle ici le processeur NS 16032 et, en fait, une carte qui contient, outre ce processeur une unité de gestion de mémoire, un processeur arithmétique, une horloge interne, etc...

2) Pendant le second trimestre 1984, la variante IBM XT/370 du micro ordinateur IMB XT sera disponible sur le marché et aura une performance très voisine de celle des "grands" ordinateurs IBM 370 du milieu de gamme, et ce, pour un prix **cent fois** plus faible (en francs 84). Ce que nous avions pris comme hypothèse probable en juin 1983 se trouve donc vérifié dans la réalité dès novembre 1983.

Jean-Philippe MASSONIE

LOGICIEL DE TRAITEMENT INFORMATIQUE DES TEXTES SUR MICRO-ORDINATEUR

Lorsque l'on est un petit laboratoire, sans grands moyens, que l'on se trouve dans une Faculté des Lettres où la demande est forte, on essaye de fournir "aux clients" des instruments efficaces mais surtout, peu coûteux.

Le logiciel PATATE d'analyse de textes essaye donc de remplir ces deux critères.

Il comporte un premier module de "gestion de fichiers" :

- saisie en continu des textes
- édition sur imprimante
- correction à partir d'une adresse approximative
- transformation du fichier texte en un fichier MYTOP (ce qui permet de donner autant d'indications que l'on veut sur chacun des mots -indications syntaxiques, sémantiques, lemmes, etc ...-).

Un deuxième module permet de gérer les lexiques :

- constitution du lexique des formes
- correction du lexique avec des possibilités de regroupement entre des formes aussi dispersées soient-elles dans le lexique
- mise du lexique par ordre de fréquence
- édition du lexique
- construction d'un tableau de contingence pour plusieurs textes (tableau qui permet d'enchaîner sur le logiciel ANACONDA (1) et donc, d'effectuer des analyses factorielles des correspondances).

Un troisième module permet de revenir à l'interrogation du texte :

- recherche du vocabulaire simultanément sur- ou sous-employé dans plusieurs textes, en faisant varier la définition du sur- ou sous-emploi,
- recherche de contexte : on peut chercher une racine, un mot, plusieurs mots ... on sort le contexte à l'imprimante et l'on génère le lexique contextuel, ce qui permet - par enchaînement sur ANACONDA- des comparaisons globales.

Tous les programmes sont en conversationnel et d'une grande facilité d'emploi (une demi-journée est suffisante pour former quelqu'un).

L'ensemble de ces programmes a été écrit en Basic Microsoft sous CP/M, donc ils sont facilement transportables. Nous utilisons, quant à nous, des Micromachines 2000 de Symag, munies de disquettes 8 pouces, ce qui permet de récupérer des textes saisis ailleurs soit en simple densité CP/M, soit formattées I.B.M.

Un roman moyen fait environ 250 à 300 K, donc tient fort bien sur une disquette. On peut simultanément avoir sur l'autre disquette le logiciel et un lexique de 20 à 25000 formes. Certains programmes ont été compilés pour accélérer l'exécution.

Durant ce colloque, plusieurs logiciels vous ont été présentés par le Laboratoire M.I.S. ou des laboratoires qui travaillent avec nous. Ces différents logiciels ont été construits dans un souci d'unité.

C'est ainsi que SADE (logiciel de dépouillement de questionnaire) permet le traitement de questions ouvertes par l'analyse du vocabulaire utilisant PATATE, puis un recodage qui a été conçu dans le cadre de MYTOP (gestion de fichiers) utilisé par des historiens qui sont amenés à normaliser certains champs (par exemple : les professions). Il s'enchaîne avec ANACONDA comme on l'a déjà vu.

L'ensemble, fruit du travail d'une petite équipe très soudée, permet -grâce à la communication par disquette ou par ligne ou, bientôt, par bande magnétique avec de gros systèmes- de fournir à des laboratoires pauvres des instruments efficaces.

Pour donner un exemple, sur une Micromachine 2000, l'étude d'un ensemble tel que "Les contes de la Bécasse" de Maupassant (42000 mots environ) représente environ 50 heures d'un système revenant, avec l'imprimante, à 30 Francs de l'heure. Face aux gros systèmes, certes nécessaires pour lemmatiser automatiquement, faire de l'analyse syntaxique automatique, grâce aux possibilités de communication, un logiciel comme PATATE fournit donc un instrument peu coûteux et très souple d'emploi.

NOTES

(1) ANACONDA, logiciel d'analyse conversationnelle des données élaboré par J.J. Girardot et l'équipe du M.I.S., a trois modules principaux de programme : 1) édition des données 2) préparation des données 3) analyse des correspondances.

Jacques CHAUCHÉ

UN SYSTÈME DE MANIPULATION ALGORITHMIQUE ET RÉCURSIVE DE TEXTE

Introduction.

Le traitement automatique des langues naturelles pose le problème de la représentation du discours sous forme exploitable ainsi que celui de l'obtention et de l'utilisation de cette représentation. Le modèle relationnel et par conséquence celui de réseau est largement utilisé dans ce type de traitement. Le réseau permet de représenter les différentes relations existantes entre les composantes du discours et par là-même d'exploiter ces relations. Le traitement automatique suppose l'intervention d'une composante informatique qui impose des contraintes sur les méthodes à employer lors de la manipulation du modèle. Ainsi l'emploi d'algorithmes trop peu performants impose, outre des coûts prohibitifs, des limitations importantes dans la dimension de l'objet manipulé et par là-même une limitation sur le modèle défini. Il est donc important de définir un modèle de manipulation et de définition le plus général possible tout en respectant les contraintes algorithmiques dues à son utilisation automatique. Le système SYGMART définit un modèle de représentation associé à un modèle algorithmique de manipulation de cette représentation. Cette manipulation s'effectue à partir de processus racine que sont les définitions de règles de remplacement de structures. La présentation de système comporte deux aspects : définition des objets manipulés et des méthodes de manipulations. Ce système est composé de trois sous-systèmes permettant respectivement :

- le passage texte - structure (sous-système OPALE)
- la modification de structure (sous-système TELESI)
- le passage structure - texte (sous-système AGATE)

Modèle structurel : objets manipulés.

La définition du modèle structurel est de première importance dans tout système de ce type. Cette définition est fortement conditionnée par le modèle algorithmique et conditionne elle-même l'univers de description d'une application. Deux modèles équivalents du point de vue formel ne le seront pas du point de vue pratique car ils imposeront un mode de traitement différent qui pourra devenir dans certains cas irréalisable pratiquement. Le modèle structurel est construit sur deux univers distincts : structure et valeur.

L'élément de base dans le système est défini par un triplet :

. un point qui appartiendra aux structures.
. une fonction qui définira une association d'un point et d'un ensemble de valeurs.
. un ensemble de variables dont les valeurs évolueront au fur et à mesure du traitement.

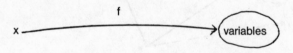

Une ou plusieurs (16 au maximum) structures arborescentes sont définies sur l'ensemble des points. Pour simplifier nous nommerons dimension ou champ une des structures définies sur l'ensemble des points. Les particularités du modèle sont les suivantes : chaque structure est indépendante, la fonction d'association n'a pas de contrainte particulière si ce n'est qu'elle est toujours définie, chaque ensemble de variables référencé est indépendant des autres ensembles.

Exemple de structure :

Soit huit points, 5 ensembles de variables et une fonction d'association :

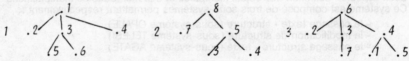

trois champs structurels :

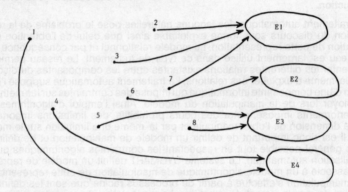

Nous pouvons alors résumer en un seul graphe l'élément représenté :

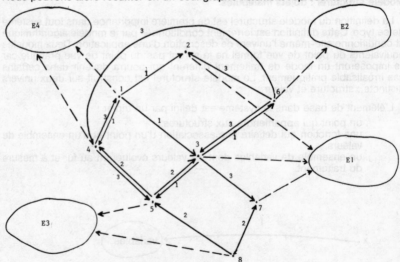

Les éléments Ei sont des ensembles de variables définies dans le même espace potentiel. Cet ensemble de variable est un ensemble structuré de variables élémentaires dont les types peuvent être : chaine, arithmétique, ensembliste (exclusif, non exclusif ou potentiel) ou référence. Il n'existe aucune variable prédéfinie dans le système. On peut remarquer que la structure arborescente étiquetée utilisée dans beaucoup de systèmes est un cas particulier de la structure définie ici : un seul champ, contrainte d'injectivité de la fonction d'association d'étiquette, et dans certaines applications, ensemble de variable ne comportant qu'une seule variable chaine.

Modèle algorithmique : grammaires transformationnelles.

La manipulation des structures s'effectue dans le système par des grammaires transformationnelles élémentaires organisées en réseau. Ces grammaires sont composées d'un ensemble de règles transformationnelles élémentaires. Il y a interaction entre les règles et le réseau ainsi qu'entre le réseau et l'ensemble des règles. Une règle est définie par une à seize transformations, chaque transformation opérant dans un champ précisé de l'élément manipulé. La règle est applicable si et seulement si elle est applicable dans chaque champ. Cette application peut s'effectuer avec ou sans contraintes inter-champ et ces contraintes sont d'ordre structurel (identité de point).

Exemple de transformation :

On considère la structure définie plus haut et la règle suivante :

$$[1]$$

$$[2]$$

R1 :

$$[3]$$

Cette règle est applicable à la structure considérée et cette application s'effectue sur les éléments suivants :

l'application de cette règle donne pour chaque champ :

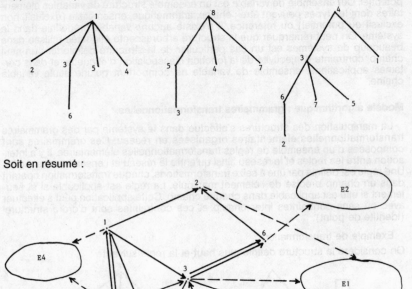

Soit en résumé :

Dans ce cas, le point z doit être identique dans les champs 1 et 3, le point t dans les champs 1 et 2, et les points k et v dans les champs 2 et 3.

Une grammaire termine son application lorsqu'aucune règle n'est applicable. Le contrôle de l'applicabilité des règles s'effectue au niveau de la règle elle-même ou au niveau de la grammaire élémentaire par un mode d'application de cette grammaire. L'application d'une règle peut être récursive. Cette récurence permet de définir un parcours sur l'élément manipulé. La récurence a lieu sur chaque champ simultanément. Une grammaire élémentaire peut également être récursive et définir ainsi un autre parcours de l'élément manipulé. Ce deuxième parcours diffère du premier par sa globalité par rapport à l'élément d'entrée. Le réseau de grammaires élémentaires est un réseau conditionnel et il y a retour arrière lorsqu'un chemin emprunté ne conduit à aucune solution. Cette absence de solution est matérialisée par une sortie spécifique du réseau. Les arcs dépendants d'une grammaire sont donc ordonnés et cet ordre définit une priorité dans le cas où plusieurs chemins sont possibles. Le système fournit une seule solution pour les transformations, cette solution est celle obtenue par le cheminement correct du réseau le plus prioritaire. Le sous-système TELEST de manipulation de structures peut être appelé un nombre quelconque de fois et il lit en entrée une structure issue de l'application du sous-système OPALE ou de lui-même. Chaque application d'un sous-système s'effectue avec la définition d'une grammaire (définissant les règles d'applications) et d'un dictionnaire (définissant la base de connaissance). Ces dictionnaires sont tous organisés de la même façon avec une structure d'index permettant la définition de sous-dictionnaires spécifiques. La lecture de cette structure d'index est conditionnée par un ensemble de valeurs de variables définies sur des ensembles associés à un ou plusieurs points. Le résultat global du système est défini par l'application du sous-système AGATE qui convertit une structure (d'un champ quelconque) en une chaine de caractères. Une application complète du système se résume donc au parcours de l'automate suivant :

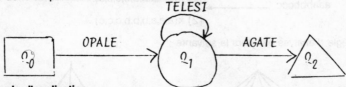

Exemple d'application :

L'exemple donné sera défini avec des langages formels, tout autre exemple nécessitant un développement trop long.

Soit le langage sous-contexte $a^n b^n c^n$. Ce langage peut être vu de deux façons au moins :

- le langage sous-contexte de structure :

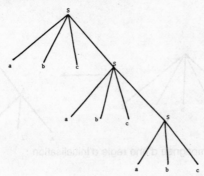

- Un cas particulier du langage hors-contexte $a^n b^n c^m$ de structure :

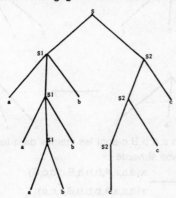

Nous pouvons analyser ce langage conjointement suivant les deux aspects précisés ci-dessus. Dans le premier champ nous aurons le premier type de structure, dans le second le deuxième type.

L'entrée du système est définie par la suite de symboles $a^nb^nc^n$. Le passage au système TELEST par le système OPALE est le suivant :

$$aaabbbccc \xrightarrow{\text{OPALE}} \begin{array}{l} [1]\ x(a,a,a,b,b,b,c,c,c) \\ [2]\ x(a,a,a,b,b,b,c,c,c) \end{array}$$

La règle d'analyse est alors la suivante :

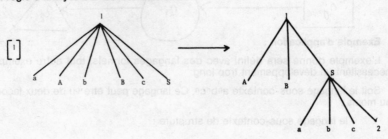

RG :

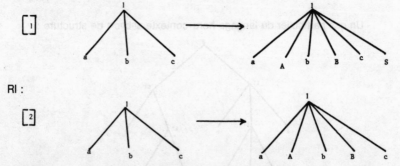

cette règle est accompagnée d'une règle d'initialisation :

RI :

Remarque : les points a,A,b,B,c sont les mêmes dans les deux champs.

Nous avons alors l'analyse suivante :

$$x(a,a,a,b,b,b,c,c,c) \longrightarrow x(a,a,a,A,b,b,b,B,c,c,c,S)$$
$$x(a,a,a,b,b,b,c,c,c) x(a,a,a,A,b,b,b,B,c,c,c)$$

x(a,a,a,A,b,b,b,B,c,c,c,S)   x(a,a,A,b,b,B,c,c,S(a,b,c,S))

x(a,a,a,A,b,b,b,B,c,c,c) ────────▶ x(a,a,A(a,S,b),b,b,B(S,c),c,c)

x(a,a,A,b,b,B,c,c,S(a,b,c,S))   x(a,A,b,c,S(a,b,c,S(a,b,c,S)))

x(a,a,A(a,S,b),b,b,B(S,c),c,c) ────────▶ x(a,A(a,S(a,S,b),b),b,B,S(S,c),c),c)

x(a,A,b,c,S(a,b,c,S(a,b,c,S)))   x(A,B,S(a,b,c,S(a,b,c,S(a,b,c,S))))

x(a,A(a,S,b),b),b,B(S(S,c),c),c) ────────▶ x(A(a,S(a,S(a,S,b),b),b),B(S(S(S,c),c),c))

La structure finale peut être obtenue par application de deux règles de terminaison :

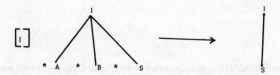

RFIN :

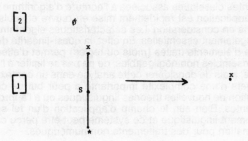

RFIN2 :

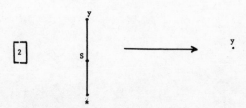

On obtient alors la structure :

x(S(a,b,c,S(a,b,c,S(a,b,c,))))

x(A(a,S(a,S(a,b),b),b),B(S(S(S(c),c),c))

Mise en œuvre

Ce système existe actuellement sur les ordinateurs du C.I.R.C.E. (type IBM) et du C.I.C.B. (type CII-HB). Il fonctionne sous les systèmes d'exploitation OS/MVS et Multics. Une version pour micro-ordinateur fonctionnant sous le système UNIX est en cours de réalisation. Ce système est constitué d'un ensemble de compilateurs correspondant aux différents langages (OPALE, TELESI et AGATE) et d'un programme de simulation. La mise en œuvre d'une application comporte donc plusieurs phases de compilation et une phase d'exécution. Les principales caractéristiques associées aux performances dépendent bien évidemment des caractéristiques des grammaires simulées. Par rapport aux autres systèmes de ce type on peut néanmoins dégager une caractéristique essentielle qui réside dans la quasi-linéarité de la progression du temps d'exécution par rapport au nombre de règles mises en œuvre. Dans un rapport destiné à l'A.D.I. (4), la société SLIGOS a réalisé une évaluation sur le programme mis en œuvre au CIRCE et portant sur un exemple de traduction Espagnol - Français. Huit cent mots d'espagnol, représentant plusieurs phrases ont été traités simultanément et traduits en 33 mn 38 sec., soit environ 2,5 secondes/mot ou 14.10^6 opérations/mot.

Conclusion

Le système SYGMART permet, entre autres choses, de mettre en œuvre des réalisations associées à une théorie linguistique. En ce sens il permet une évaluation réelle et pratique d'une théorie donnée. Chaque réalisation doit s'accompagner d'une réflexion algorihtmique liée à l'élaboration de la structure recherchée. Le fait de pouvoir définir cette algorithmique sur des traitements globaux dégage le réalisateur des contraintes classiques associées à l'écriture d'algorithme de reconnaissance. Ainsi une application est rapidement mise en œuvre et seuls les éléments importants sont pris en considération. Les caractéristiques algorithmiques propres au système sont également essentielles. En effet, la quasi-linéarité du système par rapport au nombre d'éléments traités (mots ou règles) permet d'effectuer des traitements sur des ensembles non négligeables, de ne pas se limiter à l'analyse d'une phase par exemple, mais de considérer cette analyse dans un contexte plus global. La définition d'objets d'une complexité importante a pour but de créer un cadre formel à la conception de nouvelles théories linguistiques ou à l'approfondissement de théories existantes. Bien sûr, le champ d'application d'un tel système ne se limite pas au traitement linguistique et ce système peut être perçu comme un langage de programmation pour des traitements non numériques.

Bibliographie

(1) BOITET Ch. GUILLAUME P. QUEZEL-AMBRUNAZ M.
Le système ROBRA   I.C.C.L. BERGEN 1978

(2) CHAUCHÉ J.
Traducteurs et arborescences   Thèse GRENOBLE 1974

(3) CHAUCHÉ J.
Le système SYGMART   document LTI 1979

(4) CHAUCHÉ J. CHEBOLDAEFF V. JATTEAU M. LESCOEUR R.
Spécification d'un système de traduction assistée par ordinateur.   Rapport SLIGOS ADI Avril 1982

(5) COLMERAUER A.
Système Q   Université de Montréal 1971

(6) COLMERAUER A. KANOUI H. PASERO R. ROUSSEL Ph.
Un système de communication homme-machine en Français   Université d'Aix-Luminy 1972

(7) WINOGRAD
Procedure as a representation for data in a computer program for understanding natural language
M.I.T. 1971

(8) WOODS W.A.
Transition network grammars for natural language analysis   C.A.C.M. 1970

Jean-Paul HATON, Jean-Marie PIERREL

PROCESSUS DE DECODAGE ET D'INTERPRÉTATION EN COMPRÉHENSION AUTOMATIQUE DU DISCOURS PARLÉ

Pour résoudre les problèmes posés par la reconnaissance et la compréhension automatique de phrases parlées, il est nécessaire de prendre en compte et de faire coopérer diverses sources d'informations : phonétique, phonologie, prosodie, morphologie, syntaxe, sémantique, pragmatique, etc ... et d'intégrer ces sources d'informations dans un système de déduction de type intelligence artificielle.

Nous présentons dans cet exposé les approches adoptées et les réalisations effectuées pour l'utilisation de ces informations dans les systèmes MYRTILLE I et II développés au CRIN, en insistant en particulier sur les traitements phonétique et phonologique, lexical, syntaxique et sémantique et enfin pragmatique.

I - INTRODUCTION

Le traitement automatique de la parole (reconnaissance, synthèse et transmission) est entré depuis quelques années dans une phase de développement industriel. De plus en plus, la communication homme-machine intégrera la parole comme support venant en complément -voire dans certains cas en remplacement- des moyens plus classiques de communication.

Nous nous limiterons à l'aspect entrée vocale, c'est-à-dire la reconnaissance et la compréhension par une machine d'un message parlé émis par un être humain. Dans ce domaine, les développements industriels sont encore très limités, même s'ils concernent déjà des domaines d'application importants. En effet, la quasi totalité des systèmes commercialisés demeurent rudimentaires : ils permettent de reconnaître des mots prononcés isolément, issus de vocabulaires limités (typiquement quelques dizaines de mots), prononcés par un ou quelques locuteurs après apprentissage.

La généralisation de tels produits, en vue d'obtenir des systèmes multi-locuteurs et/ou capables de traiter des phrases en parole continue présente une très grande complexité. La compréhension du discours continu nécessite en effet une approche pluridisciplinaire mettant en jeu des connaissances et des méthodes allant du traitement du signal à la psychologie cognitive, en passant par la linguistique, l'intelligence artificielle, etc ... La difficulté de coopération entre des disciplines aussi diverses, par leurs contenus mais également par leurs finalités, explique pour une bonne part la lenteur relative des progrès effectués dans le domaine.

Après avoir décrit le principe général d'un système de compréhension de la parole, nous montrerons sur trois points-clés (le décodage phonétique et phonologique, l'analyse syntaxico-sémantique et le dialogue) les questions ouvertes et l'apport possible des différentes disciplines en vue de la résolution de ces questions. Ces points-clés seront développés en s'appuyant sur des exemples des systèmes que nous avons développés à Nancy, depuis dix ans.

* Communication présentée par J.-M. Pierrel.

II - MISE EN ŒUVRE D'UN SYSTÈME DE COMPRÉHENSION

2.1. Principe général

Le signal de parole est par nature un signal fortement encodé. La compréhension automatique d'un message oral, c'est-à-dire son décodage par une machine, nécessite de faire coopérer un ensemble de sources d'informations très variées, en présence d'ambiguïtés, d'incertitudes et d'erreurs, pour parvenir à l'interprétation d'une phrase. Ces sources d'informations correspondent à différents niveaux d'encodage et de décodage de la parole.

- **niveau acoustique :** il concerne le signal acoustique et les techniques de traitement de signal permettant d'appréhender et de paramétrer celui-ci ;
- **niveau phonétique et phonologique :** il correspond au passage du signal de parole à la transcription phonétique correspondante, la phonologie régissant par ailleurs les phénomènes d'altérations phonétiques en contexte (coarticulation, assimilation, liaisons, etc.) ;
- **niveau morphologique et lexical :** les mots n'apparaissent pas de façon différenciée dans le message vocal. Néanmoins le passage au niveau des mots est une étape obligée et fondamentale dans le processus de compréhension ;
- **niveau prosodique :** les indices prosodiques (essentiellement représentés par la mélodie, l'intensité et le rythme de la parole) sont spécifiques du message vocal. Ils constituent en un certain sens une ponctuation du discours parlé, même si on ne sait pas encore bien formaliser les liens entre prosodie et les faits linguistiques. Beaucoup d'études sont nécessaires à ce niveau ;
- **niveau syntaxique :** il concerne la structure du message. En compréhension automatique de la parole, les informations syntaxiques permettent de restreindre les solutions plausibles en limitant les mots ou les catégories syntaxiques permises ;
- **niveau sémantique :** dans notre propos, nous entendrons par sémantique l'ensemble des informations concernant la signification des mots et les relations entre mots et concepts. Nous verrons au paragraphe 3.3. qu'il est difficile de séparer syntaxe et sémantique dans un système de compréhension ;
- **niveau pragmatique :** il concerne pour nous les informations liées au contexte de la conversation dans un univers donné et permet en particulier une gestion du dialogue entre un homme et une machine.

Un système de compréhension automatique de la parole va largement utiliser les techniques de l'intelligence artificielle pour organiser et contrôler le fonctionnement de ces niveaux de traitement. On retrouve d'ailleurs les mêmes types de problèmes dans la conception des systèmes d'interprétation d'images et d'analyse de scènes avec les caractéristiques principales :

- nécessité de représenter et d'utiliser des informations incomplètes, incertaines, voire erronées,
- processus indéterministes conduisant à des choix eux-mêmes non déterministes et nécessitant très souvent le recours à des procédures de retours-arrière,
- stratégies de recherche heuristique en général très élaborées,
- hiérarchisation des niveaux de traitement : cette hiérarchie, inhérente à la nature des différents niveaux, peut être implantée dans les systèmes de compréhension de parole, ou être seulement implicite comme dans la structure "blackboard" du système HEARSAY II (ERMAN-77).

Un paradigme itératif couramment utilisé dans les systèmes de compréhension est celui d'hypothèse-et-test, consistant à émettre des hypothèses, par exemple au niveau de mots ou de catégories de mots, en fonction des informations disponibles et de l'analyse déjà effectuée, puis à tester ces hypothèses sur la phrase à analyser de façon à les valider ou les infirmer. Nous verrons l'utilisation de ce processus dans les systèmes MYRTILLE.

Nous allons illustrer les problèmes posés par l'utilisation pratique des diverses sources d'informations disponibles en détaillant trois niveaux de traitement : phonétique et phonologique, syntaxique et sémantique et enfin pragmatique.

2.2. Les traitements phonétique, phonologique et lexical

a) décodage acoustico-phonétique de la parole -

Le passage du signal acoustique à une description discrète du message parlé sous forme d'une suite de symboles phonétiques est une opération-clé dans la chaîne de compréhension. En effet, tous les traitements ultérieurs vont dépendre de la qualité de cette transcription phonétique.

Les résultats obtenus sont encore très imparfaits (les transcriptions sont actuellement valables au mieux à 70 %), et de nombreux travaux sont encore à faire dans ce domaine, en association avec des phonéticiens.

Nous avons développé deux types de systèmes de transcription correspondant à des approches différentes mais finalement complémentaires (HATON-81) :

(i) **un système synchrone** ou "centiseconde" dans lequel chaque élément de parole, de durée environ 10 ms, est identifié par référence à un dictionnaire obtenu par apprentissage. Ce système fonctionne sur les données fournies par un analyseur spectral de type vocoder à canaux.

L'algorithme de transcription a été testé sur de nombreux mots isolés, dans le cadre d'un système de reconnaissance de mots issus de grands vocabulaires. Bien que les transcriptions obtenues soient seulement de qualité moyenne, la reconnaissance de mots est assez bonne car la recherche lexicale est adaptée à cette transcription et intègre des informations (en particulier phonologiques) permettant de tenir compte des erreurs de substitution, insertion et omission commises dans la chaîne. Bien entendu, ces informations pourraient être intégrées dans le système de transcription phonétique, pour d'autres types d'applications.

On donne ci-dessous quelques exemples de transcription obtenue pour des mots isolés (les chaînes se lisent de haut en bas).

MOT PRONONCÉ : ACTION			MOT PRONONCÉ : ATTERRISSAGE		
A	UN	E	A	E	UN
K	P	T	T	K	P
CH	F	S	F	CH	R
EI	L	E	A	EI	UN
ON	OU	N	F	CH	
			AI	EI	L
			CH	F	S
			A	IN	E
			CH	F	R

MOT PRONONCÉ : STATIONNEMENT   MOT PRONONCÉ : SILENCE

S	F	CH		CH	S	K
K	T	P		I	L	
A	UN	E		E	AN	UN
CH	S	R		OU	G	N
AU	E	ON		S	CH	F
N	M	L				
AN	OU	ON				

(ii) **un système asynchrone** composé de deux modules :

. un module de segmentation permettant de passer du signal continu à des unités phonétiques plus facilement identifiables. Parmi les unités possibles (syllabes, diphones ...) nous avons choisi une unité acoustique proche du phonème. La segmentation se fonde sur la recherche des zones stables et transitoires, par l'étude des variations de différents paramètres dont le voisement et l'intensité du signal vocal.

. un module d'identification chargé d'étiqueter les segments fournis par le module précédent. Cette opération de reconnaissance des formes utilise un ensemble de paramètres calculés sur le signal vocal (fréquences formantiques, énergies dans certaines bandes de fréquence, etc.) et une méthode de décision hiérarchique fondée sur le test de ces paramètres.

Les deux méthodes, synchrone et asynchrone, donnent des résultats comparables. L'expérience montre qu'il est intéressant de coupler les deux approches pour augmenter la fiabilité des chaînes phonémiques obtenues. Quoiqu'il en soit, il est nécessaire d'améliorer la qualité de ces chaînes si l'on veut parvenir à des systèmes de compréhension de la parole continue vraiment utilisables. L'apport de la phonétique à ce niveau est irremplaçable ; il concerne en particulier :

- d'une part, la définition d'indices de reconnaissance efficaces, tenant compte des informations contextuelles,

- d'autre part, la conception de méthodes de normalisation interlocuteurs ou d'adaptation à un locuteur, permettant de dépasser le stade actuel de systèmes monolocuteurs.

Le formalisme des systèmes experts permet de modéliser la connaissance du phonéticien en vue de son intégration dans un système automatique. Les expériences que nous menons actuellement dans ce domaine sont très prometteuses (CARBONELL-84).

b) lexique et phonologie -

Le rôle du niveau phonétique et phonologique du lexique est double :

- permettre la reconnaissance phonétique des mots,
- permettre l'émission d'hypothèses sur critères phonétiques.

Le premier aspect est le plus évident : pour reconnaître une phrase à partir du treillis de pseudo-phonèmes obtenu, il est nécessaire d'avoir pour chaque mot une représentation phonétique de référence afin de la comparer à un sous-chemin du treillis d'entrée. Mais une référence phonétique unique pour chaque mot ne suffit pas car dans une phrase parlée, un mot s'insère dans un certain contexte et subit de ce fait diverses altérations dont il faut pouvoir rendre compte dès que l'on dépasse le stade de la reconnaissance des mots.

On peut distinguer différents types d'altérations phonologiques pour un mot :
- les altérations internes à un mot : samedi → sam'di
- les altérations dues aux désinences (pluriel, conjugaisons)
- les altérations dues aux liaisons entre les mots (mes/amis → mes amis).

Pour prendre en compte ces altérations, deux solutions sont possibles : par règles ou par réseaux pré-compilés ; les deux solutions pouvant d'ailleurs être combinées dans un même lexique (HATON-79).

La première solution consiste à codifier pour chaque mot sa référence phonétique de base et les numéros des règles d'altérations possibles à chaque fois que l'on accède à une telle référence de base, on applique les règles phonologiques précisées : le plus souvent, l'application d'une telle règle correspond à la mise en œuvre d'une procédure. La seconde solution consiste à pré-compiler toutes les règles et à ranger toutes les productions possibles dans un vaste réseau. Cette solution est naturellement la plus efficace. C'est elle qui fut mise en œuvre dans le système HARPY qui est sans doute le système le plus performant issu du projet ARPA (LOWE-76). Son principal inconvénient est la place mémoire considérable nécessaire pour un tel lexique.

Pour notre part, nous utilisons une solution médiane en représentant sous forme d'un graphe phonétique les altérations internes à un mot et sous forme de règles les altérations dues aux désinences et aux pluriels :

graphe de référence

$$x \underset{d}{\underbrace{x}} \overset{\hspace{1em}r}{t} \hat{a} p \underset{d}{\underbrace{e}} \overset{}{(} a t u r \vartheta}$$

Représentation lexicale du mot "température"

Un autre point délicat est de savoir s'il est souhaitable ou non de factoriser dans un même réseau les éléments communs à plusieurs mots (radical commun). En effet, si dans le cas de factorisations, on accélère le processus de reconnaissance lorsqu'on veut tester l'ensemble des mots représentés dans un même réseau (la reconnaissance des divers mots s'effectuant en parallèle), par contre, cette représentation pénalise la recherche lexicale lorsqu'on ne souhaite tester qu'une proportion faible des mots représentés par un tel réseau. Actuellement, nous testons dans le système MYRTILLE II, diverses représentations afin de pouvoir chiffrer en place mémoire et temps de recherche l'influence de telles factorisations.

Quelle que soit la représentation phonétique des mots choisis, un problème important demeure ouvert : comment réaliser automatiquement le passage de la représentation orthographique d'un mot à sa représentation phonologique sous forme de graphes de référence, en tenant compte des diverses prononciations possibles ? Si actuellement nous disposons de programmes efficaces de traduction graphème-phonèmes, nous ne savons pas encore toujours bien formaliser les diverses règles d'altérations phonologiques. Il y a là une difficulté que les informaticiens que nous sommes ne peuvent résoudre sans une collaboration avec les phonéticiens. Cette collaboration, effective déjà depuis plusieurs années au sein du groupe "Communication parlée" du GALF (Groupement des Acousticiens de Langue Française), devrait se renforcer grâce au GRECO mis en place depuis un an par le CNRS.

2.3. Syntaxe et sémantique

Un système de compréhension automatique de la parole est souvent fondé sur un principe général d'"hypothèse-test et validation". Pour mettre en œuvre un tel principe, que ce soit pour l'émission ou pour la validation des hypothèses, il est nécessaire de prendre en compte des informations syntaxiques et sémantiques.

La représentation et l'utilisation de ces informations linguistiques diffèrent sensiblement suivant que l'on s'intéresse à des langages artificiels ou à des sous-ensembles assez vastes du français. Nous allons rapidement présenter ces deux aspects qui correspondent à deux types d'applications potentielles de la reconnaissance automatique : le contrôle ou la commande vocale de processus ou de machines et les centres de renseignements.

a) cas des langages artificiels -

Dans le cas de langages artificiels (à consonance naturelle ou non) l'ensemble des informations linguistiques peut être défini par une grammaire (au sens de la théorie des langages) où les terminaux correspondent aux mots ou groupes de mots du langage. Les langages de ce type sont inclus dans l'ensemble des langages à contexte libre et nous pouvons considérer qu'ils sont décrits par une C-grammaire même si d'autres structures sont utilisées : matrices d'adjacence, automates, etc ...

Cela conduit à des systèmes guidés par la syntaxe où les seules informations contextuelles utilisées sont les informations contenues dans la grammaire du langage. Le rôle de l'analyse syntaxique en reconnaissance de phrases est essentiellement d'aider le passage du treillis phonétique à la phrase reconnue :

- soit en limitant à chaque pas de la reconnaissance le nombre de mots à tester (processus descendant),
- soit en sélectionnant dans un treillis de mots préalablement obtenu, la ou les phrases syntaxiquement correctes (processus ascendant).

Les techniques d'analyse syntaxique utilisées dans de tels systèmes sont proches de celles développées en informatique pour guider la compilation des langages de programmation. La différence essentielle provient de l'indéterminisme sur la définition des terminaux et par conséquence :

- la possibilité d'obtenir plusieurs résultats distincts, même dans le cas d'une grammaire non ambiguë,
- l'inadaptation des algorithmes permettant de lever l'indéterminisme lié à la grammaire du langage grâce à la lecture à l'avance de plusieurs caractères.

Dans le cadre du système MYRTILLE I, nous avons défini plusieurs types d'analyseurs :

. descendant gauche-droite (PIERREL-75),
. ascendant gauche-droite (MARI-79),
. mixte du milieu vers les côtés (MARI-79).

Les résultats obtenus, assez comparables, quel que soit le type d'analyseur utilisé, ont montré qu'une telle stratégie était bien adaptée aux langages artificiels à vocabulaire restreint. Il en va tout autrement lorsqu'on aborde la reconnaissance de langages pseudo-naturels à vocabulaire étendu (plusieurs centaines de mots). Le rôle des informations sémantiques et pragmatiques devient alors fondamental, car la grammaire du langage est souvent très générale et assez peu précise et les énoncés à reconnaître ne sont pas toujours grammaticalement corrects.

b) cas des langages pseudo-naturels -

L'objectif du système MYRTILLE II (PIERREL-81) étant la reconnaissance et la compréhension de phrases d'un langage à syntaxe assez proche de celle du français parlé utilisant un vocabulaire de plusieurs centaines de mots, notre premier travail a consisté à définir un modèle de représentation des informations linguistiques.

Après une étude critique des modèles définis soit par des linguistes, soit par des informaticiens dans le cadre de la compréhension de textes écrits, il nous est apparu que la séparation entre la syntaxe et la sémantique était une séparation très artificielle et que le courant actuel est de les lier le plus possible, tant en traitement de textes écrits qu'en compréhension de la parole. En effet, les modèles purement syntaxiques sont essentiellement de type génératif, les modèles purement sémantiques sont le plus souvent très "lourds" à mettre en œuvre, et les uns et les autres semblent mal adaptés à la reconnaissance de langages parlés pseudo-naturels. De plus, aucun des modèles existants ne prenait en compte les aspects spécifiques de la parole : la plupart des modèles s'appuient énormément sur les mots courts de liaison (mots grammaticaux) dont la reconnaissance phonétique est le plus souvent non pertinente (mots mono-syllabiques). Néanmoins, tous représentent des acquis indéniables dont nous avons tenu compte lors de l'élaboration de notre modèle.

Par ailleurs, les choix d'organisation des informations dans un système de compréhension de la parole nous ont amenés à distinguer trois niveaux de paramétrisation pour notre système (cf. figure 1) :

- le niveau 1 devant être unique pour une langue donnée,

- le niveau 2 correspondant à chaque application mise en œuvre,
- le niveau 3 correspondant à chaque classe de locuteur.

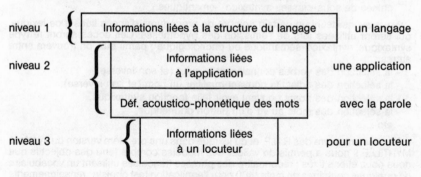

Figure 1
Organisation des informations dans
le système MYRTILLE II

Cela nous a conduits à distinguer la structure du langage et le lexique plutôt que la syntaxe et la sémantique et à proposer un modèle pour l'un et l'autre de ces aspects :

- les réseaux à nœuds procéduraux pour la structure du langage,
- un lexique à hiérarchies multiples.

Une description détaillée de ces deux modèles se trouve dans (PIERREL-81), nous nous limiterons ici à en rappeler les grandes lignes.

les réseaux à nœuds procéduraux (R.N.P.) :

Assez proches des A.T.N. de WOODS, les R.N.P. s'en distinguent essentiellement par le rôle des procédures placées aux nœuds des réseaux. On y distingue :

(i) **les branches linéaires** définies comme des sous-suites d'arcs du réseau et composées soit de références au lexique (nom, verbe, adjectif ou mots grammaticaux) soit d'étiquettes de référence à d'autres sous-réseaux (avec possibilité ici de définition récursive). Les informations fournies par ces branches linéaires sont du même type que celles que peut fournir une matrice d'adjacence ou une C-grammaire,

(ii) **les nœuds proceduraux dont le rôle est triple :**
. prendre en compte les phénomènes de type contextuel,
. traiter les mots courts de liaison,
. réduire en grande partie l'indéterminisme apparaissant lors du parcours d'un tel réseau en ordonnant les sorties possibles d'une procédure compte-tenu des entrées et des traitements effectués.

D'une puissance de description supérieure aux C-grammaires, les R.N.P. permettent, grâce à ces procédures, de prendre en compte des informations dépendantes du contexte.

La procédure de cheminement à l'intérieur de ces réseaux correspond à un premier niveau d'analyse syntaxico-sémantique de l'énoncé et, utilisée en fonctionnement pas à pas, permet d'émettre des hypothèses déduites de la structure du langage.

. **le lexique à hiérarchies multiples :**

Le lexique regroupe l'ensemble des informations liées aux mots (syntaxique, sémantique, phonétique et phonologique), il repose sur une définition hiérarchisée de sous-classes syntaxico-sémantiques.

Nous avons défini un certain nombre de procédures d'accès liées à ce lexique, qui seront utilisées lors de l'émission des hypothèses. Ces accès seront le type syntaxique, syntaxico-sémantique ou phonologique ; parmi eux, on trouvera entre autres :
- la sélection des verbes connaissant le sujet (et son inverse),
- la sélection des adjectifs pouvant qualifier un nom (et son inverse),
- la sélection des noms pouvant avoir telle fonction syntaxique,
- la sélection des mots au vu d'un patron phonétique,
- etc ...

La mise en œuvre des R.N.P. et du lexique dans une première version du système MYRTILLE II nous a permis de valider ces modèles compte tenu des objectifs que nous nous étions fixés : reconnaître des phrases françaises utilisant un vocabulaire de quelques centaines de mots (400 pour l'application test choisie : renseignements météorologiques).

Néanmoins, plusieurs questions restent ouvertes :
- l'organisation du lexique semble bien adaptée pour des vocabulaires ne dépassant pas 1 000 mots et cela correspond à toute une famille d'applications envisageables à moyen terme. A long terme, si l'on souhaite dépasser cette limite, le modèle proposé devra sans doute être révisé et dans ce cas, quel type de modèle faut-il envisager ?
- actuellement, les phases de reconnaissance de phrases et d'interprétation sont distinguées dans le système MYRTILLE II. Nous envisageons maintenant de les fusionner en une seule étape et étudions les conséquences sur les modèles proposés.
- par ailleurs, nous étudions la mise en œuvre de procédures d'aide intelligente à la construction du lexique qui, à notre avis, doit intégrer divers aspects parmi lesquels on peut noter :
. la prise en compte des divers mots du lexique à partir d'un corpus de phrases écrites d'apprentissage,

. la création semi-automatique des sous-classes sémantiques,
. la modification quelconque du lexique,
. le contrôle de cohérence du lexique.

Pour chacun de ces problèmes, seule une recherche pluridisciplinaire peut conduire à une solution optimale et c'est donc dans ce sens que nous souhaitons poursuivre nos travaux.

2.4. Le dialogue dans un système de compréhension

a) rôle du dialogue -

Le résultat de la phase de reconnaissance est souvent imparfait ou incomplet : certains éléments sont reconnus avec ambiguïté, d'autres ne sont pas reconnus, d'autres enfin sont mal reconnus. Une phase d'interprétation et de dialogue est donc nécessaire pour s'assurer de la validité des éléments reconnus, supprimer les incohérences et éventuellement compléter l'énoncé.

Pour détecter et corriger les erreurs d'ordre sémantique, le système de traitement doit avoir une connaissance de l'univers du discours. Le rôle de la pragmatique est donc particulièrement important pour guider le dialogue entre le système et l'utilisateur.

b) le modèle linguistique -

Pour réaliser cette phase d'interprétation, il nous a fallu choisir un modèle linguistique et un modèle de représentation des connaissances. Parmi les différents modèles existants (modèle procédural de WINOGRAD, conceptuel de SCHANK, n-uplets relationnels ...) nous avons opté pour le modèle des grammaires de cas de FILLMORE qui est particulièrement bien adapté aux objectifs que nous nous étions fixés.

Dans ce modèle, une phrase P se présente comme une proposition PROP à laquelle on associe une modalité MOD de type : temps, forme, voix, etc ...

$$P \leftarrow MOD + PROP$$

La proposition représente la structure profonde de la phrase où le verbe, principal élément défini par le nombre d'arguments qu'on peut lui associer, est considéré comme un prédicat logique. Les arguments possibles d'un verbe sont appelés des "cas" et considérés comme des universaux linguistiques. En particulier, dans le cas de domaines d'application restreints, il est possible de définir des cas bien adaptés : par exemple, pour un système de réservation de places d'avion, on peut utiliser les cas suivants : heure de départ, date, destination, etc ...

Voici, à titre d'exemple, la représentation lexicale du verbe "augmenter", dans l'application-test que nous avons développée (centre de renseignements météorologiques) :

AUGMENTER

(propriété)	NDGS	NDSGV	SOURCE	OBJECT
(valeur)	Source	Object	(QMES, MES)	(UMES)
	OBL	OBL		PREP
	True	Nil		De

Cette représentation des connaissances est équivalente à celle de réseaux sémantiques adaptés à notre traitement particulier.

Ceci signifie que le verbe AUGMENTER doit avoir (OBL à vrai) comme nom dominant le groupe sujet un nom, qui sera la source du processus et qui devra appartenir aux catégories sémantiques QMES ou MES.

QMES est l'ensemble des quantités mesurables (neige, force, humidité ...),
MES est l'ensemble des mesures (hauteur, épaisseur ...).

Le nom dominant la suite verbale NDSGV est l'objectif (object) du processus. Sa présence est facultative (OBL à Nil). Il devra appartenir à la catégorie sémantique UMES des unités de mesure (mètre, degré, unité ...). La préposition DE introduira obligatoirement ce cas. Si elle n'est pas reconnue lors de la phase reconnaissance, comme c'est le cas dans l'exemple ci-dessus, elle servira néanmoins à la génération de phrases syntaxiquement correctes lors du dialogue.

c) fonctionnement général -

La figure 2 fournit un schéma général de la phase d'interprétation et de dialogue qui est principalement constituée de :

. une analyse sémantique,
. une procédure de dialogue,
. un module de génération.

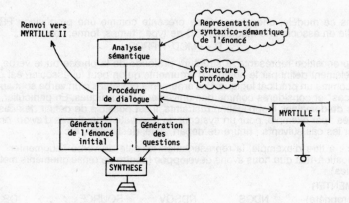

Figure 2

Schéma général de la phase d'interprétation
dans MYRTILLE II

L'analyse sémantique consiste à :

- donner une interprétation de l'énoncé,
- construire une représentation de l'interprétation qui est la structure profonde vue ci-dessus,
- les énoncés incomplets sont à l'origine des questions de demande d'informations complémentaires.

La procédure de dialogue a pour but de diriger le dialogue. La figure 3 donne un exemple de dialogue ainsi obtenu. Elle contrôle la génération des questions mise en évidence lors de l'analyse. L'absence du cas qui identifie le lieu [locatif (LOC)] provoque la question (2).

La plupart des réponses sont prévisibles quant à leur contenu sémantique et à leur syntaxe (fragments de phrase par exemple), ce qui permet de donner des directives pour la reconnaissance des réponses qui sera réalisée par le système MYRTILLE I (PIERREL-75) capable de reconnaître des phrases tirées d'un langage défini par une grammaire hors-contexte (grammaire sémantique). Ainsi dans l'exemple de la figure 3, la réponse à la question (2) nécessite que l'on fournisse à MYRTILLE I une grammaire sommaire des compléments de lieu.

Si le système admet avoir compris la requête (pas de questions) ou que toutes les questions ont été posées, une demande de confirmation, comme celle effectuée en (3) sera réalisée.

La procédure de génération construit cette demande à partir de la structure profonde éventuellement complétée par les réponses.

(0) MYRTILLE II : Centre de renseignements météo, je vous écoute

   locuteur : est-ce que l'augmentation (de la température) va s'accentuer aujourd'hui (dans les Vosges) ?
   (les termes mis entre parenthèses correspondent à des termes non reconnus dans un premier temps).

(1) MYRTILLE II : Pardon, l'augmentation de quoi ?

   locuteur : de température.

(2) MYRTILLE II : à Nancy ?

   locuteur : non, dans les Vosges.

(3) MYRTILLE II : Vous avez demandé si l'augmentation de température allait s'accentuer aujourd'hui dans les Vosges ?

Figure 3

Exemple de dialogue.

III - CONCLUSION

Nous avons présenté les problèmes posés et les solutions actuelles en compréhension automatique de la parole, en particulier dans le cadre des systèmes MYRTILLE I et II, développés dans notre laboratoire.

L'aspect pluridisciplinaire du domaine est évident. Les questions encore non résolues nécessitent la collaboration et les apports de domaines très variés, parfois fort éloignés des problèmes de traitement automatique. Seule une concertation étroite entre ces disciplines permettra une amélioration sensible des systèmes actuels.

Bibliographie

(CARBONELL-84) N. CARBONELL, D. FOHR, J-P HATON, F. LONCHAMP, J-M PIERREL "An Expert System for the Automatic Reading of French Spectrograms" IEEE Int. Conf. ASSP, San Diego, March 1984.

(ERMANN-77) L. ERMAN "A Functional Description of the HEARSAY II Speech Understanding system". IEEE ICASSP, Hartford, May 1977.

(HATON-74) J.P. HATON "Contribution à l'analyse, la paramétrisation et la reconnaissance de la parole". Thèse d'Etat, Université de Nancy I, 1974.

(HATON-79) J.P. HATON "The Representation and Use of a Lexicon in Automatic Speech Recognition and Understanding". NATO A.S.I., Spoken Language Generation and Understanding, Bonas (France), July 1979.

(HATON-81) J.P. HATON, C. SANCHEZ "Modèles synchrone et asynchrone en reconnaissance phonétique de la parole". Séminaire "Processus d'encodage et de décodage de la parole", Toulouse, Sept. 1981.

(LOWE-76) B.T. LOWERRE "The HARPY Speech Recognition System". Ph. D. Dissertation, Carnegie Mellon University, 1976.

(MARI-79) J.F. MARI "Contribution à l'analyse syntaxique et à la recherche lexicale en reconnaissance du discours continu". Thèse de 3e cycle, Université de Nancy I, 1979.

(PIERREL-75) J.M. PIERREL "Contribution à la reconnaissance automatique du discours continu". Thèse de 3e cycle, Université de Nancy I, 1975.

(PIERREL-81) J.M. PIERREL "Etude et Mise en œuvre de contraintes linguistiques en compréhension automatique du discours continu". Thèse d'Etat, Université de Nancy I, 1981.

(TUBACH-70) J.P. TUBACH "Reconnaissance automatique de la parole". Thèse d'Etat, Université de Grenoble, 1970.

Pierre DIMON , Jean-Claude LEJOSNE

UN AUTOMATE DE COMPRÉHENSION IMPLICITE DES LANGUES GERMANIQUES : exemples extraits du module "verbal" et du module "mots composés".

INTRODUCTION

La réalisation des automates de compréhension langues germaniques / langues romanes englobe deux étapes : l'analyse des formes d'une part, l'analyse syntaxique d'autre part. Les modules présentés ci-dessous constituent les pivots de la première étape.

1. LE MODULE "VERBE"

Le module verbal, que nous survolerons pour l'allemand, le néerlandais et le luxembourgeois, est un programme unique dans le sens où il a été conçu pour fonctionner quelle que soit la langue source (germanique) ; il se compose de trois sous-modules rédigés en PL1, indépendamment des données.

Ce bloc essentiel fait partie des trente programmes qui interviennent au premier niveau. Il a pour but de localiser l'ensemble des formes verbales de tout texte rédigé dans une langue germanique, participes compris, pour les découper en préverbes / racine / désinences et reconstituer la base correspondante.

L'utilisation limitée des mémoires en cours de traitement, la rapidité d'exécution et la qualité des résultats sont autant d'objectifs qui justifient la conception modulaire, l'enchaînement de nombreux petits programmes et l'utilisation de techniques appropriées.

a) le premier sous-module rassemble tous les filtres permettant d'éliminer la plupart des mots qui ne peuvent être des verbes : 70 % à 75 % de ce qui est conservé est effectivement une forme verbale.

- élimination des substantifs et noms propres grâce à la majuscule (ce filtre n'est pas valable pour le néerlandais),
- élimination des mots outils (prépositions, particules diverses, déterminatifs, ...),
- filtre : MORPHAL (ENDUNG) pour l'allemand, MORPHOL (ENDUNG) pour le néerlandais, MORPHLX (ENDUNG) pour le luxembourgeois.

allemand	néerlandais	luxembourgeois
00900 + GLICH	00120 − H	00740 + ON
00910 + SCHLICH	00130 − I	00750 + NN
00920 + STRICH	00140 + IJ	00760 − DANN
00930 + WICH	00150 + K	00770 − ENN
00940 + ISCH	00160 + L	00780 + *N

Les terminaisons précédés du signe "−" ne peuvent être verbales. Seules les formes précédées du signe "+" le sont.

b) le deuxième sous-module traite les verbes d'emprunt, sans fichier de racines. L'analyse s'appuie essentiellement sur une reconnaissance fine de la partie terminale et le découpage des préverbes éventuels, peu fréquents il est vrai.

allemand :
```
00339 000900004    IST
00340 000900016    INSTALLIER T    INSTALLIER
00341 000900017    WERD EN         WERD
```

néerlandais :
```
00447 001540012    UIT GE ZET      UITZET
00448 001550011    ILLUSTRER EN    ILLUSTRER
00449 001550012    ZIJN            ZIJN
```

luxembourgeois :
```
00316 001060042    KE*NN T         KE*NN
00317 001070003    KONN T          KONN
00318 001070006    RAISONNE>IER EN RAISONNE>IER
```

c) le troisième sous-module localise et analyse les verbes réguliers et irréguliers purement allemands à partir de quatre fichiers rassemblant :

- les racines faibles : MORPHAL(VERFA) ; MORPHOL(VERFA) ; MORPHLX(VERBRG)

allemand	néerlandais	luxembourgeois
04440 RAUSCH	01160 DROOG	08610 ZWAFF
04450 RECHN	01170 DROG	08620 ZWE CK
04460 RECK	01180 DROMM	08630 ZWEIZEL
04470 RED	01190 DROM	08640 ZWE NG
04480 REGEL	01200 DUCHT	08650 ZWIBBEL

- les racines fortes : MORPHAL(VERFO) ; MORPHOL(VERFO) ; MORPHLX(BERBIR) ;

allemand	néerlandais	luxembourgeois
02470 HUB	04640 *VERDWIJN	03060 SPONN
02480 HO*B	04650 OVERDWEEN	03070 SPA*R
02490 HU*B	04660 OVERDWEN	03080 SPAAR
02500 HEIS*	04670 OVERGEET	03090 SPIER
02510 HIES*	04680 OVERGET	03100 SPUER

- les préverbes : MORPHAL(PREFI) ; MORPHOL(PREFI) ; MORPHLX(PRÉFI) ;

allemand	néerlandais	luxembourgeois
00090 + AB%	00600 + IN%	00580 + HI%
00100 + AN%	00610 − INNER%	00590 − HIMM%
00110 − ANTW%	00620 + NA%	00600 − HICK%
00120 − ANGELN%	00630 − NADER%	00610 − HIDD%
00130 − ANGELT%	00640 + ON%	00620 + EM%

Le tableau des préverbes tient compte des collisions préverbes/racines. Si un élément de ce tableau se retrouve en tête de la forme testée, il est considéré comme un préverbe s'il est précédé du signe "+" ; il n'en est pas tenu compte s'il est précédé du signe "−".

- les désinences : MORPHAL(DESI) ; MORPHOL(DESI) ; MORPHLX(DESI) ;

allemand	néerlandais	luxembourgeois
00240 @ENDES	00180 @TES	00240 + TEM
00250 @ENDER	00190 @DES	00250 + E*N
00260 @ENDEM	00200 @NES	00260 + EN
00270 @ENDEN	00210 @ENES	00270 + ET
00280 @ETER	00220 @ENEN	00280 + E
00290 @ETES	00230 @ENDEN	00290 + N

Les désinences sont associées à des signes diacritiques qui seront utilisés lors de l'analyse grammaticale ultérieure.

d) un traitement spécifique du "ZU" allemand, "ZE" luxembourgeois et "GE" allemand, néerlandais et luxembourgeois permet de reconstituer la base.

allemand :

00325 000860033 FORT (ZU) SETZ EN   FORTSETZ
00338 000890015 AN GE NOMM EN   ANNEHM
00307 000840006 GE BOT ENEN   (GE)BIET

luxembourgeois :

00277 000950030 ER OF (ZE) SETZ EN   EROFSETZ
00294 001000046 OF GE SE CHER T   OFSE CHER

néerlandais :

00185 000730040 GE BRUIK T   BRUIK
00188 000740018 GEBRUIK EN   GEBRUIK

e) une catégorie de formes verbales n'a pas été traitée jusqu'ici : celle des formes verbales-mots composés qui ne sont étudiées qu'après intervention du module "mots composés".

2. LES MOTS COMPOSÉS

Le caractère polysynthétique des langues germaniques nous a conduit à une étude longue et complète de la composition. Les critères choisis dans un premier temps se sont avérés insuffisants ;

- suite de graphèmes incompatibles, sous forme de paires et de triades
- jonctures types (HEITS- ; KEITS- ; etc.)

La localisation et la segmentation se sont heurtées au problème des composés hybrides (allemand/non allemand ; néerlandais/non néerlandais), une paire ou une triade incompatible en allemand pouvant se rencontrer dans une racine romane par exemple.

Pour une localisation à 100 %, il est indispensable d'analyser chaque occurence à partir des systèmes dérivationnels germanique et roman. Une succession de 28 programmes (7000 lignes au total) aboutit à un découpage complet de tout mot, composé ou non, germanique ou non, et ceci en 36 secondes de temps CPU pour un texte de quelque 32700 mots.

Dans les résultats présentés pour l'allemand et le néerlandais, les 5 premiers chiffres représentent la simple numérotation du fichier ; dans la colonne 6 on voit apparaître les caractères suivants :

1 mot allemand
2 mot non allemand
8 mot composé découpé
9 mot composé non découpé
= mot non reconnu par le système (il s'agit dans la plupart des cas de noms propres)

allemand :

```
00001  1A*HN@LICH#E#          00078  2EF&FEKT@
00002  1A*NDER@UNG#           00079  1EIGEN@SCHAFT#EN#
00003  1A*NDER@UNG#EN#        00080  1EIGEN@SCHAFT#EN#
00004  1A*US*ER@EN#           00081  1EIN&FACHE#
00005  1AB&FALL@              00082  1EIN@HEIT#EN#
00006  1AB&GAS@E#             00083  1EIN&SPAR@UNG#EN#
00007  1AB&SICHT@             00084  2ELEKTRIS@CH#E#
00008  1AB&UA*RNE@            00085  2ELEKTRIS@CH#EN#
00009  2AD&VANCE@#            00086  2ELEKTRIS@CH#ER#
00010  2AKR&ONYM@             00087  2ELEKTR@IZ#ITA*T@
00011  2ALKALIS@CH#EN#        00088  2ELEKTR@IZ#ITA*T#S#
00012  1ALL@                  00089  2ELEKTR0@
00013  1ANDER@EN#             00131  81GAS@+2TURB@INE#
00014  1AN&FA*LL@IG#KEIT#     00132  1GE&BA*UDE@N#
00015  1AN&LAGE#              00133  1GE&BIET@ES#
00016  1AN&LAGE@N#            00134  1GE&FA*S*@#
00017  2AN&OD@EN#             00135  1GE&FA*S*@E#
00018  1AN&ORDN@UNG#          00136  1GE&FA*S*@ES#
00019  1AN&SPRU*CH@EN#        00137  1GEGEN&UA*RT@IG#
00020  1AN&TRIEB@             00138  =GEMINI
00021  1AN&WEND@UNG#          00139  1GE&MISCH@
00022  1AN&ZAHL@              00140  2GENER@ATION#
00023  =APOLLO                00141  2GENER@ATOR#
00024  1ARBEIT@EN#            00142  1GE&RA*T@
00025  81ARBEIT@S#+2PRO&GRAMM@E#   00143  1GE&RA*T@EN#
00026  81ARBEIT@S#+2TEMPER@ATUR#   00144  1GE&RING@E#
00027  81ARBEIT@S#+2TEMPER@ATUR#EN#  00145  1GE&SAMT@E#
00066  2DE&MONSTR@ATION#S#    00146  1GE&SCHWIND@IG#KEIT#
00067  1DENK@BAR#EN#          00147  1GE&STRICHEL@T#EN#
00068  =DEUTSCHLAND           00148  1GLEICH@
00069  2DE&ZENTRALIS@IERUNG#  00149  81GLEICH@+1SPANN@UNG#
00070  1DICHT@E#              00150  1GRAD@
00071  1DICHT@EN#             00151  1GRAD@E#
00072  =DIESEL                00152  1GRO*S*@E#
00073  2DI&OXID@              00153  1GRO*S*@ER#E#
00074  =DOLLAR                00154  1GRO*S*@ER#EN#
00075  2DRAST@ISCH#           00155  1GROS*@
00076  1DU*NN@EN#             00156  1GROS*@EN#
00077  1DURCH&SCHMITT@LICH#EN#  00157  1GROS*@ER#
```

néerlandais :

```
00060 1BLIK@              00126 2FABRIEK@EN#
00061 1BOLL@ETJE#S#       00127 1FIETS@
00062 1BOUW@              00128 2FIGUR@EN#
00063 1BOUW@SEL#          00129 2FRAGMENT@EN#
00064 1BROKK@EN#          00130 2FUS@IE#
00065 1BRON@              00131 82FUS@IE#+2RE&ACT@IE#S#
00066 1BUIZ@EN#           00132 1GANG@
00067 1BURG@ER#S#         00133 1GAS@
00068 2CALOR@IE#E*N#      00134 1GASS@EN#
00069 2CENTRAL@E#         00135 1GE&BIED@
00070 2CENTRAL@ES#        00136 1GE&BRUIK@
00071 2CENTR@UM#          00137 1GE&BRUIK@EL#IJK#E#
00072 2CHEM@ISCH#         00138 1GE&BRUIK@ER#S#
00073 2CHEM@ISCH#E#       00139 1GE&DEEL@TE#
00074 2CON&CREET@         00140 1GE&LEID@EL#IJK#
00075 2CON&DENS@OR#       00141 1GE&LIJK@E#
00076 2COR&RECT@IE#       00142 1GE&LIJK@EL#IJK#
00077 2CYCL@US#           00143 1GE&MAKK@EL#IJK#ST#
00078 1DAG@               00144 1GE&MIDD@EL#D#
00079 1DAG@EL#IJK#S#      00145 2GENER@AT#OR#
00080 1DAG@EL#IJK#S#E#    00146 2GENER@AT#OR#EN#
```

Les symboles utilisés pour marquer les mots composés ou segments de mots composés analysés sont les suivants :

& séparation partie préfixale/racine
@ séparation racine/partie suffixale
# séparation des éléments composant la partie suffixale

- selon le schéma général :

PREV3&PREV2&PREV1&RAC@SUFF1#SUFF2#SUFF3...#

- SUFF pouvant être suffixe ou désinence.

N.B. Il est évident que, entre le temps de rédaction et la date de publication, sont intervenues de nombreuses modifications dans les techniques et les méthodes afin de préparer l'analyse syntaxique dans des conditions optimales.

Charles MULLER

UNE BANQUE DE DONNÉES ORTHOGRAPHIQUES

L'ordinateur a déjà largement pénétré dans nos travaux ; la télématique, en revanche, commence à peine sa carrière ; elle en est aux tentatives, aux tâtonnements. Aussi ne sera-t-il pas question ici de bilans, ni des aspects techniques de son utilisation. Je me bornerai aux problèmes proprement linguistiques que nous pose l'irruption de ce nouvel outil dans le champ de nos activités, ou, plus proprement, des options qui peuvent être faites pour son emploi.

L'ordinateur, en général, crée un dialogue entre le linguiste et l'informaticien. Le premier pose des questions, aussi précises que possible ; le second propose des moyens d'y répondre, et traduit ces moyens en programmes ; et il arrive (nous en avons de bons exemples parmi nous) que le linguiste se fasse informaticien, et que ce dialogue devienne intérieur.

La télématique, avec ses banques de données et ses terminaux, apporte un autre schéma. Le terminal, la plupart du temps (et sûrement dans un avenir proche), donne accès à plusieurs banques de données. On peut prévoir que son acquéreur aura d'autres motivations que langagières, qu'il ne sera, pour une banque de données linguistiques, qu'un usager occasionnel. La documentation linguistique devra donc se juxtaposer à d'autres programmes déjà en service ; elle trouvera des procédures déjà établies, des usagers qui ont déjà pris certaines habitudes dont il sera prudent de tenir compte.

Laissons de côté les banques de données qui seraient conçues pour les seuls besoins des linguistes : données bibliographiques, par exemple. Pensons à celles qui pourraient être proposées au grand public, avec tout ce que ce terme comporte d'incertitudes. On peut en concevoir de très diverses. Ainsi les banques de terminologie, qui fonctionnent déjà : bilingues, elles sont assez faciles à construire ; seule la masse de leur contenu, sans parler de son instabilité, crée des difficultés. Je traiterai ici d'un cas précis, celui d'une banque de données orthographiques (on ajoute parfois : "et grammaticales"), puisque telle est l'entreprise qui a été décidée par le Conseil International de la Langue Française (C.I.L.F.), et dont j'ai pris la responsabilité.

Si une langue crée des difficultés graphiques, c'est bien le français, d'abord parce que sa graphie est complexe, mais surtout parce qu'elle s'impose, quoi qu'on en dise, dans tout ce qui s'imprime ou se destine à l'impression. Il faut ajouter que cette orthographe, enseignée avec un soin parfois vétilleux aux générations précédentes, ne l'est plus guère à l'époque actuelle, que les enseignants eux-mêmes ont quelque peine à lui obéir, et davantage encore à la transmettre ; qu'enfin la photocomposition supprime souvent l'action épuratrice des correcteurs, gardiens fidèles de la tradition ... D'où un besoin croissant de directives et d'arbitrages, qui se traduit par une prolifération d'ouvrages normatifs, de méthodes d'apprentissage, de projets de simplification, etc.

Si la banque bilingue a un public tout désigné, celui des traducteurs et interprètes, une banque orthographique n'en a pas ; on peut imaginer qu'elle sera plus fréquemment consultée par ceux qui écrivent ou rédigent beaucoup (secrétaires, correspondanciers, etc.), occasionnellement par un grand nombre d'usagers de toute sorte ; mais on doit admettre que personne ne fera l'acquisition d'un terminal pour la seule satisfaction de ses besoins orthographiques. Ce qui conduit à une première option ; adapter le contenu et les procédures d'accès à un public non spécialisé, dont les souvenirs scolaires, s'ils existent, sont plus empiriques que théoriques : pratiquement, abandon du métalangage, dont on ne conservera que les éléments les plus simples ; on admet que l'usager manie le singulier et le pluriel, le masculin et le féminin, qu'il identifie le nom, l'adjectif, le verbe, et sait isoler le sujet d'un verbe ; mais on ne lui demandera pas de distinguer un **que** relatif d'un **que** conjonctif, ni de reconnaître si une proposition est complétive ou circonstancielle. Pas d'analyse, au moins en surface !

La banque sera donc interrogée non avec des énoncés métalinguistiques ("comment accorde-t-on un participe passé qui ... ?" etc.), mais avec du texte. Là se présente l'option la plus grave : énoncés, ou mots ? La machine devra-t-elle analyser des fragments de discours et y rectifier les formes incorrectes ?

Cette solution a été totalement écartée. Nous savons tous que l'analyse programmée, en français surtout, est laborieuse et souvent aléatoire ; inutile, je crois, d'y insister. Mais il faut ajouter ici deux arguments supplémentaires.

Le premier est qu'une telle analyse n'est envisageable que si le programme comporte en mémoire la totalité du vocabulaire potentiel des usagers, avec pour chacune de ses unités la totalité de ses possibilités morphologiques (flexions), syntaxiques et sémantiques. N'insistons pas ... Le second est que, si l'analyse d'une phrase "correcte" est déjà une tâche redoutable, l'entreprise devient désespérée si la phrase qui lui est soumise peut contenir des "fautes". On ajoutera que, le clavier de l'usager ne comprenant pas les signes diacritiques, sa graphie, correcte ou non, sera de toute façon incomplète.

Mais on s'est dit surtout que, si une expérience de laboratoire peut ne réussir qu'à un certain pourcentage et laisser irrésolues quelques parties du texte à analyser, une banque de données n'aurait le droit ni de laisser passer des "fautes", ni surtout de rejeter une phrase "correcte" parce qu'elle dépasse les possibilités du programme ou qu'elle contient une forme non répertoriée en mémoire.

Les "entrées", c'est-à-dire les textes tapés par l'usager et qui devront déclencher une réponse de l'ordinateur, ne seront donc que des "mots" ; plus précisément des mots de dictionnaire, des "lemmes".

La question posée au "producteur" de la banque de données est alors double. Quels sont les mots qui seront appelés par les usagers ? Si tel mot est appelé, quelle est la difficulté qui motive cet appel ?

En gros, on peut prévoir trois cas. Il y a d'abord (et probablement le plus souvent) la graphie "interne" du mot en question ; telle consonne est-elle double ? Faut-il ici un H ? Cette voyelle s'écrit-elle I ou Y, AIN ou EIN, ou IN ? etc. On devra donc prévoir "en entrée" des graphies "déviantes" à côté de la forme correcte. Notons que l'absence, sur le clavier, des signes diacritiques simplifie cette prévision, mais multiplie les homographies. Bien entendu, "en sortie", la typographie qui formule les réponses sur l'écran dispose de toute la gamme des accents, cédilles, etc.

Il y a ensuite la flexion, surtout pour les verbes. Il va de soi que toutes les formes possibles, y compris les moins usitées, doivent être fournies ; les conjugaisons sont donc entièrement données pour tous les verbes irréguliers ou présentant quelque difficulté, soit directement, soit par le moyen d'un modèle très proche.

Il y a enfin - et c'est le point le plus délicat - les difficultés syntaxiques (accords, constructions, emploi des modes, etc.). Elles sont traitées par l'exemple plutôt que par la règle, avec des exemples nettement répétitifs, où la clarté l'emporte sur la variété.

Cette estimation rudimentaire des besoins probables conduit à concevoir les réponses comme un texte qui, dans les limites imposées par le (très) petit écran, rappelle l'aspect des articles de dictionnaire ; qui cependant en diffère fort : la vedette y apparaît de même : mais la définition est remplacée par une mention très sommaire (qui peut être un synonyme ou un hyperonyme, bref par ce que je nommerais un "repère sémantique") ; on considère en effet que le demandeur, en gros, connaît le sens du mot appelé par lui et qu'il veut écrire, et que sa forme seule l'inquiète ; il suffit donc, en général, qu'il puisse s'assurer qu'il n'y a pas de confusion ; ce n'est que dans les cas où une polysémie a des effets syntaxiques qu'une définition plus soignée paraît nécessaire.

Ainsi s'esquisse, sommairement, le contenu des réponses. On s'efforce de les faire tenir sur un seul écran (une dizaine ou une quinzaine de lignes de 40 caractères ou espaces) ; il arrive que la matière (description d'un mot et de ses dérivés) en exige plusieurs, qui s'enchaînent alors soit par une "suite", soit par un choix préalable qui oriente l'usager sur la question qui l'intéresse. Ainsi la consultation d'une conjugaison est toujours appelée par le même signal (CJ), qui permet de sauter la description syntaxique du verbe en question.

Option importante : la norme. La télématique ne favorise pas les longs exposés ; on donne donc une solution dont la correction est à l'abri de toute critique, mais sans prétendre offrir toutes les variantes possibles avec indication des niveaux de langue. Toutefois la plus grande attention est accordée aux tolérances nouvelles, dont certaines sont commentées dans un texte unique qui fait l'objet d'un renvoi. C'est le cas, en particulier, pour les décisions de l'Académie publiées en 1976 et encore peu connues du public.

Un des aspects les plus prometteurs de la télématique, c'est que son contenu peut être constamment tenu à jour, corrigé, amélioré, adapté aux besoins de l'usager. La banque de données démarre sans prédécesseur, sans modèle, sans expérience. Son contenu peut être considéré comme un stock de départ, un banc d'essai. L'enregistrement des appels, et surtout de ceux qui n'ont pas trouvé leur réponse, guidera le travail d'adaptation et déterminera, peu à peu, la structure et le contenu les plus efficaces. Les auteurs de dictionnaires aimeraient savoir, certes, lesquels de leurs articles sont les plus lus et les mieux utilisés ; cela leur est malheureusement impossible. On peut espérer que la télématique ouvrira cette possibilité, qui ne saurait laisser indifférents les linguistes.

Note

Cet exposé, forcément sommaire, peut être complété par l'article publié dans **La Banque des Mots,** 1982, N° 24 (revue publiée par le C.I.L.F., 103, rue de Lille, 75007, Paris). Il a été illustré par une démonstration, rendue possible par l'obligeance de nos collègues messins ; elle s'est faite sur un terminal de type Minitel, avec projection (en couleur) sur un écran Monitor, et en communiquant par le réseau téléphonique normal avec la banque de données qui est en cours d'enregistrement à Strasbourg.

Christian DELCOURT

OBJECTIVITÉ, SUBJECTIVITÉ

> *Mais comment peser, ici, puisque
> les balances sont des êtres vivants,
> qu'elles sont inégalement sensibles
> et que chacune d'elles, d'un moment
> à l'autre de notre vie, que dis-je, d'un
> instant à l'autre de la journée, marque
> un poids différent pour la même char-
> ge apparente (ETIENNE : 1935, p. 14).*

1. UNE PERSPECTIVE NÉGLIGÉE.

A l'époque où étaient formulées les premières définitions de la stylistique quantitative, Pierre Guiraud écrivait :

Tout écart stylistique pose donc trois problèmes :

1) Son estimation, c'est-à-dire sa mesure et sa valeur comme critère de
caractérisation.

2) Son origine, c'est-à-dire l'analyse des causes qui l'ont déterminé.

3) Sa valeur impressive ou son action sur le lecteur.

Cette distinction nous amène donc à concevoir trois aspects de l'analyse
linguistique, et en particulier de la stylistique quantitative : une stylistique
normative qui décrit et classe ; une stylistique de la génération et des causes
des œuvres ; une stylistique de leurs effets **(GUIRAUD : 1959, p. 32).**

Le programme appelait tout naturellement des mises en garde comme celle-ci :

Nous ne pouvons nous empêcher de penser que le troisième de ces problèmes est, et de loin, le plus important. Or, si la statistique ne peut nous
aider, dans ce domaine, qu'à répondre à des questions du genre "quel est
l'effet de la réduction du vocabulaire sur le lecteur, celle de la répétition
des mots, etc." **(GUIRAUD : 1959, p. 33),** nous devons constater que c'est
peu de chose **(DELBOUILLE : 1960, p. 98).**

Depuis lors, plusieurs travaux de stylistique quantitative ont paru qui s'attachent
principalement aux impressions des lecteurs. Ainsi, **CARROLL : 1960** et **VAN
NOPPEN : 1979,** où les informants ont dû situer sur les échelles d'un différenciateur sémantique (**cf. OSGOOD : 1952**) leurs réactions à de courts extraits ou
à des métaphores, **FREY : 1975** et **FAIRLEY : 1979,** où ils ont notamment reçu la
consigne de désigner par voie de soulignement les syntagmes les plus significatifs
d'un texte, et **SCHNEIDER : 1978,** où ils ont été invités à énumérer les mots qu'ils
jugeaient les plus fréquents dans un article.

De telles études restent toutefois peu nombreuses, car, pour qui est acquis à l'analyse quantitative du phénomène stylistique, l'application d'une démarche objective à des éléments intangibles (sentiments, etc.) n'offre ni les mêmes commodités, ni les mêmes garanties que l'application d'une démarche objective à des éléments intangibles (séquences de graphèmes, etc.).

C'est dire si l'entreprise qui va être décrite aura besoin d'indulgence.

2. UNE PETITE EXPÉRIENCE.

A l'Université de Liège, les étudiants de la première et de la deuxième année en Philologie Romane pratiquent régulièrement une forme très sobre, mais très didactique d'explication littéraire dont la théorie, esquissée dès les années trente **(cf. ETIENNE : 1935),** s'est développée dans les vingt numéros que les Cahiers d'Analyse Textuelle (Paris, Les Belles Lettres) ont publiés de 1959 à 1978. En bref, appliquer cette méthode consiste à repérer chaque procédé qui intervient dans une œuvre donnée, à noter l'effet qu'il produit chez le lecteur et à expliquer sur une base culturelle et linguistique le lien existant entre procédé et effet. La théorie stipule, par ailleurs, que la linéarité de l'œuvre doit être respectée.

Au terme de l'année 1981-1982, les étudiants de seconde avaient au minimum subi quatre épreuves écrites d'analyse textuelle (dont une relative à un poème de Rimbaud : Royauté). Ils étaient donc bien préparés à l'examen d'explication littéraire, qui portait sur un autre texte de Rimbaud :

A UNE RAISON.

Un coup de ton doigt sur le tambour décharge tous les sons et commence la nouvelle harmonie.

Un pas de toi, c'est la levée des nouveaux hommes et leur en-marche.

Ta tête se détourne : le nouvel amour !
Ta tête se retourne, - le nouvel amour !

"Change nos lots, crible les fléaux, à commencer par le temps", te chantent ces enfants. "Elève n'importe où la substance de nos fortunes et de nos vœux" on t'en prie.

Arrivée de toujours, qui t'en iras partout.

(RIMBAUD : 1981, p. 268)

Ce poème offrait deux avantages comme texte d'examen : il n'est pas trop difficile (dans la mesure où il possède une structure nette) et il n'est pas trop facile (dans la mesure où il comporte à des endroits cruciaux des mots fortement polysémiques).

Sa structure, en effet, pourrait être schématisée comme suit :

A UNE RAISON.

1) Un coup de ton doigt sur le tambour	décharge commence	tous les sons et la nouvelle harmonie.
2) Un pas de toi	, c'est	la levée des nouveaux hommes et leur en-marche.
3-4) Ta tête se détourne Ta tête se retourne	: , —	le nouvel amour ! le nouvel amour !

5-6) "Change nos lots	"Elève n'importe où la substance de nos fortunes
crible les fléaux, à commencer par le temps"	et de nos vœux"
, te chantent ces enfants.	on t'en prie.

7) Arrivée	de toujours
, qui t'en iras	partout.

Quant aux problèmes de polysémie, ils sont clairement révélés par les diverses traductions qui ont été données du texte. C'est ainsi qu'au lieu d'être assimilée à un mouvement spontané, la "levée" a pu être assimilée à un enrôlement : "lichting" (Hans van Pinxteren) ou "leva" (Ivos Margoni et Cesare Colletta) ; qu'au lieu d'être pris dans le sens de "Porte plus haut", "Elève" a pu être pris dans une acception éducative ou architectonique : "Breed" (Oliver Bernard) ou "Erigi" (Diana Grange Fiori) ; qu'au lieu d'être associé à l'idée de destin, le mot "fortunes" a pu être associé à l'idée de possession : "ricchezze" (Ivos Margoni et Cesare Colletta) et qu'au lieu d'être perçu comme un participe, le mot "Arrivée" a pu être tenu pour un substantif : "Arrival" (Olivier Bernard) ou "Ankömmling" (Hans Therre et Reiner G. Schmidt).

Cela dit, 58 copies où le poème en cause était analysé ont été reçues. Elles ont toutes été transcrites sur support informatique.

Ce corpus de quelque 60.000 mots - c'est la taille ordinaire d'un roman - a été divisé en plusieurs parties : celle qui regroupe les mots utilisés pour commenter le titre, celle qui regroupe les mots utilisés pour commenter la première phrase, etc.

La section suivante examinera les mots et les familles lexicales qu'a mobilisés chaque partie du corpus et essaiera de cerner à travers eux les réactions qu'a suscitées chez les informants chaque partie du texte.

Faute de place, la partie du corpus qui regroupe les mots utilisés pour commenter globalement les première, deuxième et troisième phrases et celle qui regroupe les mots utilisés pour commenter globalement le texte entier ne pourront être prises en considération.

3. QUELQUES RÉSULTATS.

Les mots et familles lexicales qui appartiennent au corpus étudié seront écrits en gras et seront suivis du nombre des copies où ils apparaissent.

Les termes "radical" et "affixe" prenant pour les besoins de la cause une acception abâtardie, une famille lexicale sera définie à l'aide d'un radical auquel un ou deux signes+rattacheront une ou deux séries d'affixes (par exemple, RE+NO+UVEAU, VATRICE). Là où il y aura un affixe nul, une virgule suivra directement le signe + (par exemple, CHOSE+,S).

La branche positive et la branche négative d'une famille lexicale seront toujours distinguées (par exemple, DÉFINI+,SSABLE et INDÉFINI+,SSABLE).

Afin de rester dans des limites raisonnables, la présente étude ne prendra généralement en considération que les mots pleins qui interviennent dans cinq copies au moins et les familles lexicales de mots pleins dont un ou plusieurs membres satisfont à la même condition (il est du reste apparu que ces mots et familles lexicales sont ordinairement les plus révélateurs).

Deux précisions encore. D'une part, le vocabulaire des copies a été - non sans un certain arbitraire - divisé en termes cités (comme RAISON), termes techniques (mots propres à la grammaire comme VERBE ou à la stylistique comme SYMÉTRIE), termes impressifs (comme VAGUE) et termes universels (comme EST ou A). Ce sont évidemment les membres du premier et du troisième sous-ensemble qui retiendront le plus l'attention. D'autre part, le rattachement de tel mot ou de telle famille lexicale à tel champ lexical n'a jamais été opéré au cours de l'étude qu'après la consultation d'une concordance : TEMPS n'a évidemment pas la même portée dans un contexte grammatical, dans un contexte météorologique et dans un contexte chronologique.

3.1 LE TITRE.

Sur les 58 copies examinées, il y en a 57 qui parlent du titre. Elles mobilisent 832 mots qui comptent 4.057 occurrences.

Tous les travaux ou presque reprennent au titre son substantif : RAISON (54) et, quoiqu'il ne soit pas réemployé dans le texte, ce mot sera encore fréquemment utilisé dans les analyses : dans 29, 18, 23, 17 et 24 travaux en ce qui concerne respectivement la première phrase, la deuxième phrase, les troisième et quatrième phrases, les cinquième et sixième phrases et la septième phrase.

Les termes techniques indiquent que le fait d'avoir "une raison" au lieu de "la Raison" a frappé - ARTICLE (36), INDÉFINI+,SSABLE (33) et DÉFINI+,E,R,SSABLE (8) - mais le "A" n'a pas été négligé pour autant : PRÉPOSITION (17). Par ailleurs, le titre est situé par rapport à l'œuvre - à TITRE (55) répondent TEXTE+,S (23), POÈME (19), SUITE (5), RESTE (5) - et le lecteur est situé par rapport à l'auteur : à AUTEUR (15), RIMBAUD (12), POÈTE (4) répond LECT+EUR,URE (9). Ces deux relations ont partie liée avec le caractère sibyllin du titre : SENS (13), SIGNIFI+CATION,E,ERAIT (7).

Le vocabulaire impressif, pour sa part, témoigne que l'allure générale du titre a été l'élément le plus marquant : DÉDI+CACE,CATOIRE,E,É,ÉES,ER (32), ADRESS+ANT, E,É,ER,ERA,ONS (25) et DESTIN+ATAIRE,ATION,INÉ,INÉE (13). Il faut noter au passage que le poème a le plus souvent été perçu comme dédié "A une raison" alors qu'il est en fait adressé à celle-ci.

Le besoin de définir le statut de la raison en cause a été ressenti. D'une part, CHOSE (13), FACULTÉ+,S (11), MOTIF (7), ENTITÉ (6). D'autre part, PERSONN+AGE,E,ES,IFICATION,IFIE,IFIÉ (11) et H+OMM,OMMES,UMAIN,UMAINE,UMANITÉ (10).

Le besoin de préciser sa nature aussi : **ABSTRA+CTION,IT,ITE (23), INTELL+ ECTUEL,ECTUELLE,ECTUELLES,IGENCE (10)** et **ESPRIT (5)**.

Enfin, il s'esquisse une dialectique de l'identifiable - **PARTICUL+ARISANT,ARISE, ARISÉE,ARISER,IER,IÈRE (11), DÉTERMIN+ATION,E,É,ÉE,ER (11), PRÉCIS+,E,É,ÉE, ÉMENT,ER,ION,IONS (10), UNI+CITÉ,QUE (8)** - et du non-identifiable : **GÉNÉRAL+, E,EMENT,ISATION,ITÉ (10)** et **VAGUE (9)** (cf. **MYST+ÉRIEUSE,ÉRIEUX,ÈRE (5)** et **INDÉTERMIN+ATION,É (5))**.

3.2 LA PREMIÈRE PHRASE.

Sur les 58 copies examinées, il y en a 57 qui accordent un commentaire spécifique à la première phrase. Elles mobilisent 1.869 mots qui comptent 12.685 occurrences.

Les 5 substantifs du passage analysé - **DOIGT (55), HARMONIE (55), SONS (54), COUP (51), TAMBOUR (49)** - ont à peu de chose près suscité un intérêt égal et **TOUS (52), TON (47), NOUVELLE (47,** cf. **RE+NO+UVEAU,UVEAUTÉ,UVEAUX, UVEL,UVELLE,VATRICE (53))** se situent au même niveau. Par contre, **DÉCHARGE (45)** ou **DÉCHARG+E,É,ÉE,EMENT,ÉS (52)** ont sensiblement plus retenu l'attention que **COMMENCE (37)** ou **COMMENCE+,MENT,R (38)**.

Le vocabulaire critique témoigne de préoccupations relatives à "Un" **(ARTICLE (25), INDÉFINI (18)** et **NUMÉRAL (6))**, à "ton" **(POSSESSIF (23)** et **INTERLOCU-TEUR (6))** ainsi qu'aux catégories morphologiques des verbes **(PRÉSENT (11)** et **INDICATIF (9)**. La cohérence de l'image que véhicule la phrase a, par ailleurs, été notée à diverses reprises : **DOMAINE+,S (10)** et, par une impropriété courante, **REGISTRE (6)**. C'est toutefois l'association des verbes qui a le plus souvent paru digne de commentaire : **DEUX (24), COORD+INATION,ONNE,ONNÉE,ONNÉES, ONNER (16), CONJONCTION (12)**. Il convient de noter à ce propos que certains étudiants ont erronément fait du mot "harmonie" le sujet de "commence" **(INVER-SION (6), ORDRE (6))** et ont en conséquence décrit un rejet **(ÉVIDENCE (9), FIN (8))**. Enfin, l'axe auteur-lecteur est toujours présent : **AUTEUR (23), RIMBAUD (13), POÈTE (12)** et **LECTEUR (8)**.

Le champ lexical qui domine dans le vocabulaire impressif est celui de l'action - **ACT+E,ES,EUR,ION,IONS (37), GESTE+,S (21)** - et de la puissance : **FOR+CE,T,TE, TEMENT (36), PUISSAN+CE,T,TE (24), POUV+ANT,OIR (14), ABSOLU+,E,MENT (17)**.

L'action est saisie comme violente : **FRAPP+ANT,ANTS,E,É,ER (11), BRUT+,AL,ALE, ALITÉ (8), CHOC (6)**. La puissance - ainsi qu'en témoignent, d'une part, **CHAN-GEMENT (14), MOUVEMENT+,S (12), DÉPART (11), DÉCLENCH+E,ÉE,ER,EUR (10), ENTRAINE+,R (17), SITUATION (5)** et, d'autre part, **LIB+ÉRAIT,ÉRATEURS,ÉRATION, ÉRATRICE,ÈRE,ÉRER,ÉRÉS,RE (19), CRÉ+ATEUR,ATION,ATRICE,ATURE,E,É,ÉE, ENT,ER (13), PRODUI+RA,RE,T,TS (11), NAISSA+IT,NCE (7), DÉGAG+É,ÉE (6)** - est à la fois saisie comme dynamique et comme productive.

Cette perception est sous-tendue par la perception d'une disproportion - **DIS-PROPORTION+,NÉ,NÉE (22), CONTRASTE+,S (7)** - entre une cause minime et une conséquence considérable : à **SEUL+,E,EMENT (27), UNI+CITÉ,QUE,QUEMENT (18), CAUSE (15), SIMPL+E,EMENT,ICITÉ (13), LÉG+ER,ÈRE,ÈRETÉ (9), FAIBLE+, SSE (9)** et **BREF (5)** s'opposent **CONSÉQUEN+CE,CES,T (27), IMPORTAN+CE,T, TE,TES,TS (20), GRAND+,E,IOSE,S (17)** et **RÉSULT+AT,ATS,E (10)**. En ce qui concerne la cause, il faut noter **BAGUETTE+,S (10)** : l'opposition entre "baguette" et "doigt" souligne la faiblesse de ce dernier. En ce qui concerne la conséquence, il faut noter : **MUSI+CAL,CALE,CALITÉ,CIEN,CIENS,QUE (26),SONOR+E,ITÉ (8)** et **OREILLE (6)** - qui lui donnent son unité (cf. **INSTRUMENT+,S (14))** - mais aussi **BRUIT+,S (9)** et **CACOPHONI+E,QUE (6)** - qui, par contraste avec **AGRÉABLE+, MENT,S (19), ENSEMBLE (17), POSITI+F,VE,VES (12), PARFAIT+,E,EMENT (9),**

ACCORD (7) et **PAI+SIBLE,X (6)**, précisent la spécificité de ses deux étapes. En ce qui concerne le lien de la cause et de la conséquence, il faut noter **RAPID+E,IDITÉ (9)** et **LOGIQUE+,MENT,S (7)**.

En marge de ce réseau majeur de perceptions, il y en a un autre - essentiellement positif - qui entoure la raison, la relation établie avec la raison et l'instrument utilisé par la raison : **PERSONN+AGE,ALISATION,E,EL,IFIANT,IFICATION,IFIE,IFIÉ, IFIÉE,IFIER (29)**, **ADRESS+ANT,E,ÉE,ENT,ER (25)**, **H+OMME,OMMES,UMAIN, UMAINE (14)**, **FAMILI+ARISÉS,ARITÉ,ER,ÈRE (11)** et **INTIM+E,EMENT,ES,ITÉ (10)**.

Pour terminer, il est intéressant de relever **MILITAIRE+,S (9)**, qui est, bien entendu, lié à "tambour".

3.3 LA DEUXIÈME PHRASE.

Sur les 58 copies examinées, il y en a 57 qui accordent un commentaire spécifique à la deuxième phrase. Elles mobilisent 1.395 mots qui comptent 8.303 occurrences.

Pour les termes qui, dans le passage analysé, évoquent l'élément déclencheur et les éléments déclenchés, la hiérarchie des familles lexicales s'établit comme suit : **EN—+MAR—CHE+,R (55)**, **L+ÈVE,EVÉE,EVER (54)**, **PAS (substantif : 52)**, **RE+NOUVE+AU,AUTé,AUX,L,LER,LLE,LLEMENT (52)**, **H+OMME,OMMES,UMAIN, UMAINS,UMANITÉ (47)** et **T+OI,ON,U,UTOIEMENT (43)**. Par ailleurs, divers termes qui appartiennent à la première phrase réapparaissent à propos de la deuxième - **DOIGT (19)**, **HARMONIE (19)**, **COUP (16)**, **TAMBOUR (11)**, **SONS (5)** - et la parenté des deux phrases se trouve assez souvent relevée : cf. **FOIS** ("cette fois", "une nouvelle fois", etc. : 17), **PRÉCÉDE+MMENT,NT,NTE (13)**, **RETROUV+E,ENT, ER,ONS (12)** et **CONTINU+E,ITÉ (10)**.

En ce qui concerne le vocabulaire critique, il y a peu de chose à dire sinon que la structure de la phrase et le temps des verbes ont à plusieurs reprises retenu l'attention - **CONSTRU+CTION,IT,ITE (17)** et **PRÉSENT (5)** - et que l'antithèse de l'auteur et du lecteur n'est plus guère soulignée : **LECT+EUR,URE (2)**.

Quant au vocabulaire impressif, il coïncide souvent avec celui qui était employé à propos de la première phrase.

C'est ainsi qu'il a pour champ lexical dominant un ensemble où entrent **ACT+E, ES,ION,IONS,IVE (33)**, **GESTE+,S (19)**, **PUISSAN+CE,T,TE (18)**, **FOR+CE,CES,T,TE, TEMENT (14)**, **POUVOIR (9)** et **INFLUENCE (6)**.

Et, si ce vocabulaire se distingue de l'autre en rejetant les termes de violence, il inscrit tout comme lui la puissance en cause dans une perspective productive et dynamique à l'aide de mots tels que **PROVOQU+E,É,ER (10)** ou **CRÉ+AIT,ATEUR, ATION,E,É,ER (10)** et que **DÉPART (15)**, **DÉPLACE+,MENT (7)** ou **ÉLAN+,S (5)**.

En outre, il reflète lui aussi la perception d'une disproportion - **DISPROPORTION+, NÉE,NÉES,NÉS (12)** - entre une cause minime (**CAUSE+,R (16)**, **SIMPLE+,MENT (11)**, **UNI+CITÉ,QUE,QUEMENT (9)**) et une conséquence considérable (**CONSÉ-QUENCE+,S (39)**, **IMPORTAN+CE,T,TE,TES,TS (16)**, **MASS+E,IF,IVE (11)**). Par ailleurs, l'absence de délai entre cause et conséquence et les étapes de la conséquence sont notées : d'une part, **IMMÉDIAT+,E,EMENT (11)**, d'autre part, **COM-MENC+E,ÉE,EMENT (13)**, **PROGRESS+ER,IF,ION (7)**, **DÉBUT (6**, à l'exclusion de "au début de", etc.).

Enfin, il y a quelques termes qui rappellent l'orientation du texte (**ADRESS+E, ÉE,ER (12)**) ou qui évoquent une image martiale (**MILITAIRE+,S (20)**).

3.4 LES TROISIÈME ET QUATRIÈME PHRASES.

Les 58 copies examinées commentent toutes les troisième et quatrième phrases. Elles mobilisent à cet effet 1.585 mots qui comptent 9.410 occurrences.

Pour les familles lexicales des mots pleins qui sont issus de ces deux phrases, l'ordre des préséances, s'établit de la manière suivante : **A+IMÉE,IMER,MOUR, MOUREUX,MOURS (57) avec AMOUR (57), RE+NOUVE+AU,AUTÉ,AUX,L,LLE,LLE-MENT,LLES (57) avec NOUVEL (50), TÊTE (50), DÉTOURNE+,MENT,R,S (48)** avec **DÉTOURNE (44), RETOURNE+,R,RA (42)** avec **RETOURNE (39)** et **T+A,OI,ON,U, UTOIE,UTOIEMENT (42) avec TA (28)**. L'observation que le passage est calqué sur les deux premières phrases a, par ailleurs, déterminé de nouvelles références à **DOIGT+,S (17)**, à **PAS** (substantif : 15), à **HOMMES (13)**, à **HARMONIE (9)** ainsi qu'à **COUP+,S (6)** et entraîné l'utilisation de **PRÉC+ÉDÉ,ÈDE,ÉDÉE,ÉDEMMENT, ÉDENT,ÈDENT,ÉDENTE,ÉDENTES,ÉDENTS (16)** ainsi que de **PROGRESS+É,ION, ONS (6)**.

Le vocabulaire critique, pour sa part, reflète le fait que l'attention a été attirée par la ponctuation expressive du passage - **EXCLAMATION (38), POINT+,S (41), TIRET (22), PONCTU+ATION,ÉE (12), VIRGULE (8)** - de même que par la symétrie générale et la dissymétrie locale (confinée aux verbes) de celui-ci : **VERB+ALE, É,ES (28), RÉP+ÉTANT,ÉTITIF,ÉTITION,ÉTÉ,ÈTE,ÉTÉE (25), DIFFÉR+ANT,ENCE, ENCES,ENCIENT,ENT,ENTE,ENTES (20), CONSTRU+CTION,CTIONS,IT,ITE,ITES (26), SYMÉTRI+E,QUE,QUEMENT (12), SUJET+,S (10), ÉVIDENCE (9), IDEN-TIQUE+,S (8)**.

Les termes qui exprimaient une notion d'action ou une notion de dynamisme dans les analyses de la première phrase et dans les analyses de la deuxième phrase ont à nouveau leur place dans les analyses de ce passage-ci : d'une part, **GESTE+,S (15), ACT+E,ES,IF,ION,IONS,IVITÉ (16)**, d'autre part, **MOUV+EMENT,EMENTS,OIR (32), CHANG+E,É,EANT,EMENT,ER (21), DIR+ ECTION,ECTIONS,IGÉ (8), DÉ+PART+IR (6), RYTHME (6), ÉLAN (5)**. En revanche, les termes qui exprimaient une idée de puissance ou une idée de productivité ont disparu, ou presque, et se trouvent remplacés par des termes - **SENTIMENT+,S (18), EXALT+ATION,É,ÉE (10), SPONTANÉ+,E,ITÉ (10), CRI (9), ÉMOTION (7), SURPR+END,ENDRE,ISE (7), ADMIRATION (5)** - qui expriment une idée d'affec-tivité **(cf. DOMAINE (8))**.

Le constat que le passage est affectif va de pair avec le constat que la "raison" est proche de l'homme non seulement dans son essence comme précédem-ment - **H+OMME,OMMES,UMAIN,UMAINE,UMAINES,UMAINS,UMANISÉ,UMANITÉ (25), PERSONN+AGE,ALITÉ,E,EL,ES,IFICATION,IFIE (20), ÊTRE** (substantif : 12) - mais encore dans son aspect : **D+ÉCRIRE,ÉCRITE,ESCRIPTION,ESCRIPTIVE (12), REGARD+,E,ER (9), CORPOREL (8), PHYSIQUE (5)**.

Enfin, le lien particulier **(RELATION (5))** entre cause minime et conséquence considérable fait encore l'objet de commentaires : à **CAUS+ALITÉ,E (13)** et **SIMPLE+, MENT,S (11)** répondent **CONSÉQUENCE+,S (21), IMPORTAN+CE,T,TE,TES (21)** et **RÉSULTAT (5)**.

3.5. LES CINQUIÈME ET SIXIÈME PHRASES.

Les 58 copies examinées commentent toutes les cinquième et sixième phrases. Elles mobilisent à cet effet 2.351 mots qui comptent 16.642 occurrences.

Les familles lexicales qui correspondent dans les travaux aux substantifs du pas-sage analysé interviennent dans un ordre où, à **ENFANT+,S (58)**, succèdent **TEMPS (54), FLÉAU+,X (50)** et **LOT+,S (43)** (qui émanent de la demande "Change, etc."), puis **SUBSTANCE (39), VOEU+,X (39)** et **FORTUNE+,S (38)** (qui émanent de la demande "Elève, etc."). Les familles lexicales qui correspondent aux verbes inter-viennent dans un ordre où, à **CHAN+SON,SONS,T,TANT,TE,TÉE,TÉES,TENT,TER, TEURS,TRE (54)** et **PRI+ANT,E,É,ENT,ER,ÈRE,ÈRES (52)** (qui émanent des deux "verba dicendi"), succèdent, d'une part, **ÉL+ÉVATION,EVÉ,ÈVE,EVÉE,ÈVENT,EVER, EVÉS (51)**, d'autre part, **CHANG+E,É,EMENT,ER,ÉS (47), CRIBL+E,É,ENT,ER (43)** et **COMMENCER (32)**. Enfin, il convient de noter la place qu'occupe la famille **T,OI,ON,U,UTOIEMENT,UTOIENT,UTOYANT (33)**. Quant aux familles lexicales des

mots pleins que Rimbaud a utilisés dans les passages précédents, elles vont de
RE+NOUVE+AU,AUTÉ,AUX,L,LLE (38) et **H+OMME,OMMES,UMAIN,UMAINE, UMAINES,UMAINS,UMANITÉ (32)** à **HARMONIE (13), DOIGT (6), LEVÉE (5), TAM-BOUR (5)** et **TÊTE (5).**

Une part importante du vocabulaire critique est réservée à l'apparition dans le texte d'énoncés que n'assume pas l'auteur : **DIRECT+,S (27), STYLE (21), DISC+OURS,URSIF (17), GUILLEMETS (10),** mais aussi **PAR+LAIT,LANT,LANTS,LE,LENT, LER,LÉ,OLES (24), BOUCHE+,S (8), RAPPORT+E,É,ÉES,ER,EUR (8), LANGAGE (5), PROPOS (5),** etc. Le mode qui domine dans ces énoncés a simultanément retenu l'attention : **IMPÉRATIF+,S (37).** Enfin, l'emploi de "ces" et de "on" dans le passage a souvent été relevé : **DÉMONSTRATIF (19), INDÉFINI (18), ADJECTIF (13), PRONOM (13).**

Les champs lexicaux représentés dans les analyses des cinquième et sixième phrases par **ACT+IF,ION,IONS,RICE (15)** ainsi que **D+ESTRUCTEUR,ESTRUCTION, ÉTRUIRE (10), VIOLE+MMENT,NCE,NT,NTE,NTS (10)** et par **TOUT+E-PUISSANC+CE,CES,T,TE,TES (27), FOR+CE,CES,T,TE,TES (25), POUVOIR+,S (15)** ainsi qu'**A-MÉLIORATION (8), MOUVEMENT (6)** étaient déjà représentés dans les analyses de la première phrase, mais les champs lexicaux avec lesquels ces ensembles se combinent à présent sont fort différents des champs lexicaux avec lesquels ils se combinaient alors. Ici, il s'agit avant tout d'un réseau centré sur l'idée d'un enjeu considérable et d'un réseau centré sur l'idée d'une aspiration profonde. L'enjeu se trouve défini, d'une part, dans sa portée (**GRAND+,E,ES,EUR,IOSE,IOSES,S (25), IMPORTAN+CE,T,TE,TES,TS (22)**), dans sa nature (**CHOSE+,S (25), ABSTRA+CTION,IT,ITES,ITS (15), ESSEN+CE,TIEL,TIELLE (15), GÉNÉRAL (11)**; cf. **NIVEAU+, X (8)**) et dans son ampleur (**VI+E,TAL,VANT (13), CALAMITÉ+,S (9), MALHEUR+, EUX,S (8), MONDE (8), MA+L,UX (7), CONDITION (5)**), d'autre part, dans sa contingence (**DESTIN+,INÉE,INÉES,S (26), HASARD+,S (12), SORT (10), CHANCE+,S (6)**). Quant à l'aspiration, elle présente, d'une part, un aspect intérieur (**DÉSIR+, ABLES,E,ENT,S (19), V+EULENT,OLONTÉ,OLONTÉS,OUDRAIENT (15), SOUHAIT+, ENT,S (13), ESP+ÉRANCE,ÉRER,OIR,OIRS (9), BESOIN (7)** et **BUT (5)**), d'autre part, un aspect extérieur (**DEMAND+AIENT,E,É,ÉE,ÉES,ENT,ER,ES (47), ADRESS+AIT,ANT,E,É,ÉE,ÉES,ENT,ER (29), SUPPLI+ANT,ANTE,CATION,CATIONS,E,ENT,ER, QUE,QUES (20), REQUÊTE+,S (10), APPEL+,LE,LENT,S (8), EXHORT+ATION, ATIONS,ENT (7)** et même - ce qui est peu adéquat - **ORD+ONNE,RE,RES (9)**).

Il faut encore noter diverses tentatives pour décrire la tonalité de cet aspect extérieur (**VIV+ACES,ACITÉ,E,ES (9), PRESSANT+,E (6)**) et pour cerner à la fois le caractère de l'entité sollicitée (**PERSONN+AGE,AGES,E,ES,IFIÉE (24), DI+EU,VIN, VINE,VINISÉE,VINITÉ (15), QUELQU'UN (11)**), le caractère des solliciteurs (**INNO-CEN + CE,T,TS (11), PUR+E,ES,ETÉ (11), ÊTRES (8), GENS (6)**) et la nature du rapport entre ceux-ci et celle-là (**CONFI+ANCE,ANT,É,ENT (12), FAMILI+ARITÉ, ER,ÈRE,ÈREMENT (12), HUM+BLE,ILIATION,ILITÉ (11), RELIGI+EUSES,EUX,ON, ONS (6), AVEUGLE (5)**).

3.6. LA SEPTIÈME PHRASE.

Sur les 58 copies examinées, il y en a 57 qui accordent un commentaire spécifique à la septième phrase. Elles mobilisent 927 mots qui comptent 4.187 occurrences.

Les mots pleins que les analyses empruntent à la septième phrase et leurs familles lexicales s'échelonnent comme suit : **PARTOUT (50), TOUJOURS (49), ARRIVÉE (42)** avec **ARRIV+E,É,ÉE,ER (45), IRAS (37)** avec **+ALLER,IRA,IRAS (41)** et **T' (28)** avec **T+',OI,ON,U (35).**

Le vocabulaire technique (**cf. VERB+ALE,E,ES (13), DEUX (10), PRÉSENT (8)**) est, pour une bonne partie, consacré à l'opposition de "arrivée" (**PASSÉ (15), PARTICIPE (11)** et de "iras" (**FUTUR (23), INDICATIF (7), SIMPLE (5)**). Il reflète aussi la position terminale de la septième phrase (**DERNI+ER,ÈRE (38), CONCLU+ANT,SION,T (18), PARTIE (8), FIN+,AL,ALEMENT (6)**).

Le vocabulaire impressif véhicule à nouveau une idée de puissance **(PUISSANCE (9), POUVOIR (8))** et une idée de dynamisme **(MOUVEMENT (11), DÉPART+,S (10), PRÉSENCE (6))**.

Toutefois, ce vocabulaire émane pour l'essentiel d'une dichotomie perçue entre le temps **(TEMP+OREL,ORELLE,S (34))** et l'espace **(E+SPA+CE,TIAL,TIÁLE (23), LIEU (8))** et, à un niveau supérieur **(ABSOLU+,E,S (11))**, entre l'infini temporel **(ÉTERN+EL,ELLE,ELLES,ITÉ (19))** et l'infini spatial **(UNIVERS+ALITÉ,EL,ELLE, ELLES (14))**.

Accessoirement, il reflète aussi l'importance accordée au genre de "passée" **(F+EMME,ÉMININ,ÉMININE,ÉMINITÉ (12))** et la nécessité de cerner une dernière fois la "raison" : **ÊTRE** (substantif : 6) et **PERSONNE (5)**.

4. QUELQUES REMARQUES.

En recensant les éléments que des lecteurs entraînés privilégient - à tort ou à raison - dans un texte et les réactions que des lecteurs entraînés manifestent - à tort ou à raison - devant un texte, l'entreprise qui vient d'être décrite a tenté de donner corps à ce "bon lecteur moyen" que le stylisticien évoque toujours, mais qu'il ne rencontre jamais.

Par rapport aux stratégies adoptées dans les expériences similaires qui ont été signalées plus haut, la démarche adoptée dans cette expérience offre un double avantage. Primo, elle laisse une grande liberté aux informants : s'il impose une orientation méthodologique (qui est d'ailleurs discrète et naturelle), l'enquêteur, en effet, ne limite pas ici les réponses possibles à un ensemble fini et inévitablement empreint de sa personnalité. Secundo, la démarche en cause préserve la spontanéité des informants : l'enquêteur, en effet, n'inscrit pas ici les choix dans une problématique explicite : "vaut-il mieux indiquer ce degré ou ce degré sur telle échelle d'un différenciateur sémantique ?", "vaut-il mieux souligner ce mot ou ce mot à tel endroit du texte ?", etc.

En revanche, cette démarche présente une faiblesse (qui, d'ailleurs, affecte toute étude de statistique lexicale) : chercher dans la fréquence qu'ont des mots un reflet de la fréquence qu'ont des idées ne serait, en effet, une opération irréprochable que si un mot recouvrait toujours la même idée et que si une idée appelait toujours le même mot !

Cela dit, une étude comme celle dont "A une raison" a été l'objet pourrait être refaite sur des bases plus solides. En plus des palliatifs qui ont été utilisés (inventaire de familles lexicales et non de mots isolés, contrôle des inférences à l'aide d'une concordance, etc.), il serait profitable, par exemple, d'interdire aux informants de désigner les mots du texte analysé par des périphrases telles que "le premier verbe de ce discours" ou "le substantif qui vient ensuite".

D'autre part, il serait intéressant de compléter l'examen du vocabulaire dans lequel les informants sont nombreux à puiser par l'examen du vocabulaire dans lequel les informants ne sont que quelques-uns à puiser (ainsi, le vocabulaire agricole dont se servent deux étudiants en expliquant les cinquième et sixième phrases du texte). De même, il serait souhaitable de mieux dégager les lignes de force qui traversent l'apport des informants (par exemple, en recourant à l'analyse factorielle comme dans **BENZECRI : 1976**, pp. 334-343 et dans **VASSEROT : 1976**, où il s'agissait également d'étudier des réactions subjectives : celles d'acheteurs potentiels aux noms de certains produits).

En conclusion, les beaux jours d'une stylistique quantitative des effets sont encore à venir.

OUVRAGES CITÉS.

BENZECRI (Jean-Paul) et coll. : 1976, **L'Analyse des Données**, deuxième édition, 2, Paris, Dunod.

CARROLL (John B.) : 1960, "Vectors of prose style", in SEBEOK (Thomas A.), ed., **Style in Language**, New York-London, The Technology Press of the Massachussets Institute of Technology-Wiley & Sons, pp. 283-292.

DELBOUILLE (Paul) : 1960, "Notes critiques à propos de la définition du fait de style", **Cahiers d'Analyse Textuelle**, 2, pp. 94-104.

ETIENNE (Servais) : 1935, **Expériences d'Analyse textuelle en vue de l'explication littéraire**, Paris, Droz, collection "Bibliothèque de la Faculté de Philosophie et Lettres de l'Université de Liège", tome LXX.

FAIRLEY (Irene R.) : 1979, "Reader responses to poems", **Style**, 13(4), pp. 335-353.

FREY (Eberhard) : 1975, **Stil und Leser**. Theorische und praktische Ansätze zur wissenschaftlichen Stilanalyse, Bern-Frankfurt/M., Herbert Lang-Peter Lang.

GUIRAUD (Pierre) : 1959, **Problèmes et Méthodes de la Statistique Linguistique**, Dordrecht, Reidel.

OSGOOD (Charles E.) : 1952, "The nature and measurements of meaning", **Psychological Bulletin**, 49, pp. 197-237.

RIMBAUD (Arthur) : 1981, **Œuvres** (Sommaire biographique, etc. par Suzanne BERNARD et André GUYAUX), Paris, Garnier.

SCHNEIDER (Astrid) : 1978, "La fréquence lexicale. Test de perception", **Le Français Moderne**, 46(1), pp. 6-11.

VAN NOPPEN (Jean-Pierre) : 1979, "A method for the evaluation of recipient response", **Technical Papers for the Bible Translator**, 30(3), pp. 301-318.

VASSEROT (Gilles) : 1976, "L'analyse des correspondances appliquée au marketing", **Les Cahiers de l'Analyse des Données**, 1(3), pp. 319-333.

Claude CONDÉ

ANALYSE STATISTIQUE DES VARIANTES D'EPAVES DE JULIEN GREEN

On ne saurait mieux que Paul Valéry définir l'objet de notre recherche ; il écrivait, en effet :

"(...) les repentirs, les ratures et enfin les progrès marqués par les œuvres successives montrent bien que la part de l'arbitraire, de l'imprévu, de l'émotion et même celle de l'intention actuelle n'est prépondérante qu'en apparence (Variété 289)".

Tenter l'analyse en ces termes des ratures d'un manuscrit moderne, c'est postuler l'existence de structures qui lient *entre elles* chacune des variantes -affirmées comme toutes signifiantes- ; c'est aussi, pour le littéraire amené à interroger la statistique, l'obligation qui lui est faite de mettre en œuvre une méthode de travail sur des objets qu'il a, non seulement à définir précisément, mais aussi à *mettre en forme.*

Ce *changement de forme* qui fait passer d'un texte raturé à sa description, qui transforme un texte en une image organisée donc intelligible pour la statistique fut assuré par une *fiche de codage.*

L'élaboration de cette fiche de codage, sorte de questionnaire destiné à chacune des variantes, fut conduite sous la direction du Professeur Jacques Petit. Un certain nombre de choix furent opérés que l'on peut, sans entrer dans trop de détails, résumer ainsi :

- la fiche s'organise autour d'une typologie tripolaire des variantes, nous décrivons séparément les biffures, substitutions et additions,
- un système de datation interne au manuscrit fut élaboré qui distingue 5 dates d'intervention (de la rature immédiate à la rature sur le texte imprimé, au moment de son édition),
- des préoccupations littéraires (une prélecture d'**Epaves**) nous ont conduit à situer la variante dans son contexte (thématique, figures du discours).

Les 2000 variantes du premier chapitre d'**Epaves** furent décrites par les 25 questions (soit près de 150 modalités potentielles) de la fiche. Le fichier ainsi constitué (annexe 1) fut informatisé au Centre de Calcul de Besançon, puis, devant les difficultés d'accès rencontrées, il fut transporté sur un micro-ordinateur du Laboratoire de Mathématique-Informatique-Statistique de la Faculté des Lettres où furent opérés les premiers traitements statistiques constitués essentiellement de *tris* (tri-à-plat, tris croisés, tris après filtrage ...). Des calculs de répartition des différents types de variantes permirent d'établir page par page des densités de présence de tel ou tel type de variante, de déterminer pour tel ou tel personnage les variations du mode opératoire de l'auteur ... Autant d'informations utiles au chercheur mais qui ne constituaient qu'une première approche à *plat* de notre problématique. Le recours à l'analyse multivariée s'est très vite imposé à nous.

Différentes *Analyses Factorielles des Correspondances* furent mises en œuvre. Notre but était d'interroger le bien fondé de notre démarche et particulièrement la pertinence de nos descripteurs. L'analyse factorielle et les possibilités d'expérimentation qu'elle propose s'est avérée un instrument précieux. Si les graphiques entérinent l'existence de 3 types de variantes en les séparant en 3 groupes distincts (annexe 2), le *"traquage"* de cette structure (suppression de caractères) permit de mettre en évidence les descripteurs qui la portent et ceux qui lui sont indifférents. Les proximités très stables de points sur les graphiques et ce quelles que soient les manipulations de la matrice, nous conduisent à envisager qu'à certaines figures du discours correspondent, pour notre auteur, des types de variantes particulières. De la même manière les lieux du texte (début de phrase ... fin de paragraphe) induisent des ratures spécifiques.

C'est, en fait, une *typologie affinée* qui s'est dessinée peu à peu, distinguant à l'intérieur des 3 types initiaux des sous-groupes caractérisés par un mode de fonctionnement particulier. Ainsi, à l'intérieur des biffures, la séparation est nette entre des biffures de 6-15 mots et des biffures d'un seul mot. Elles n'interviennent ni au même moment, ni dans le même contexte.

L'enjeu est d'importance puisque ces *micro-types* nous permettent de définir très précisément des *évènements*. En entendant par évènement la co-occurrence de plusieurs descripteurs pour une même variante. Etre capable de définir un évènement remarquable c'est pouvoir étudier au long du texte la (re)production de cet évènement. On peut, en effet, assimiler le déroulement du texte à une progression chronologique qui possède la propriété sous-jacente d'être une variable totalement ordonnée. Nous essayons actuellement d'appliquer les processus de Markov pour décrire les récurrences de certains évènements. Le lien entre l'analyse factorelle des correspondances et notre entreprise actuelle est -on le voit- très étroit puisque l'une utilise les résultats de l'autre.

Une seconde perspective de recherche est ouverte par les analyses typologiques des variantes du manuscrit. En effet, les définitions précises que nous possédons des différentes variantes, nous permettent d'envisager la saisie informatique des textes (et non plus des codes descriptifs). Un simple jeu de crochets et de parenthèses emboîtées suffisent pour enseigner à l'ordinateur les différents niveaux du texte. La saisie du manuscrit est directement dépendante des analyses menées sur le fichier codé, ce sont elles qui autorisent les différentes segmentations. On trouvera, en annexe 3, un exemple d'édition du manuscrit. Entendons bien que ni la saisie du manuscrit, ni a fortiori son édition ne sont des aboutissants de la recherche. Elles n'en constituent qu'une étape nécessaire, l'objet de l'étude demeurant la recherche de structures liant les variantes entre elles. D'une certaine manière, la saisie des textes variants peut être lue comme la volonté d'affiner encore plus la typologie des variantes de Green. Les deux fichiers sont connexes et les analyses de récurrence seront menées conjointement sur les deux fichiers. La confrontation des résultats devrait être riche d'enseignements tant au plan des méthodes qu'au regard de nos objectifs (une des productions induites, quelque peu marginalement, par ce travail pourrait être une réflexion sur la quantité minimale d'information que le chercheur est amené à adjoindre au texte informatisé pour qu'il devienne un descripteur pertinent de *lui-même*).

Nous voudrions souligner, en conclusion, le rôle important de la micro-informatique en donnant quelques chiffres. Le fichier codé des 2000 variantes fait une centaine de K, le texte manuscrit des 40 premières pages du roman ne devrait pas excéder cette taille. C'est dire qu'un matériel comportant deux floppies de 500 K est largement suffisant pour mener les analyses, et rendre possible des manipulations de matrice. Si la mémoire de masse est suffisante, la taille de la mémoire centrale, et partant la rapidité des calculs, n'en est rien un frein à la recherche. A titre d'exemple, avec 64 K de mémoire centrale, une analyse factorielle (2000 x 65) met une dizaine d'heures, soit une nuit de travail pour la machine, ce qui rend tout-à-fait possible ce type de traitement (programme ANACONDA), un tri du fichier ne met qu'une trentaine de minutes, impressions des résultats comprises (programme SADE).

Les coûts extrêmement réduits, et du matériel et de son entretien, alliés à une utilisation aisée font de la micro-informatique une auxiliaire précieuse pour le chercheur en littérature.

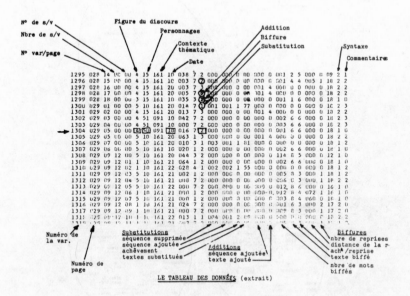

LE TABLEAU DES DONNÉES (extrait)

GR.1

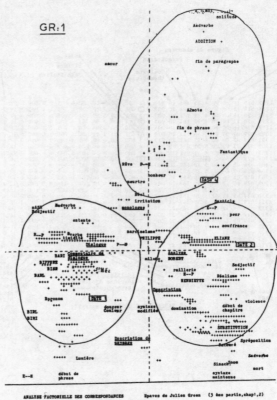

ANALYSE FACTORIELLE DES CORRESPONDANCES　　Epaves de Julien Green　(3 ème partie, chap!,2)

275 variantes　　Premier passage　Axe horizontal 1, Axe vertical 2

```
>        >        >                          507
TERRE CUITE

              ( rendue luisante et noire par le temps )
QUI ORNAIT LA CHEMINEE ENTRE DEUX VASES D' OPALINE . C' ETAIT UNE COPIE DE LA BAIGNEUSE DE DALOU .

              ( Le temps et la fumee de l' atre
                    ( l' )
              avaient un peu noirci
                    ( e' )

                    ( , les epaules )
              [1 ce corps ] , on eut dit qu'une main [1 sale ] s' etait promenee sur son visage ; les epaules
              et les genoux luisaient )

              ( Telle qu' elle etait , elle lui paraissait encore belle : elle s' )
ASSISE LA TETE INCLINEE , ELLE SE COURBAIT EN DEUX POUR S' ESSUYER LES PIEDS ET SON BRAS S' ATTARDAIT
LE LONG DE SA JAMBE COMME POUR COMPARER LA BEAUTE DE CES MEMBRES .

              ( xxx )

              ( Jamais il ne la regardait sans
                    ( voir aussitot )
              se souvenir aussitot de la mine apeuree de sa mere chaque fois qu' un domestique y touchait
              . )
JAMAIS IL NE LA REGARDAIT SANS

              ( se souvenir des )
[1 PENSER AUX ] SOINS QU' EN PRENAIT SA MERE ;

              ( fille d' un sculpteur sans renom , elle attachait a/ cet objet une valeur demesuree et
              ne permettait )

              ( xxx a/ cet objet qu' elle avait recu de son pere )

              ( elle l' entourait d' une sorte de culte )
ELLE L' AVAIT RECUE

              ( des mains )
DE SON PERE , LE JOUR DE SON MARIAGE , ET QUOIQUE AU FOND D' ELLE - MEME CETTE

              ( femme )
[1 FILLE ] NUE LUI PARUT IMPUDIQUE , ELLE L' ENTOURAIT

              ( d' une sorte de culte )
```

Philippe THOIRON

RICHESSE LEXICALE ET DISTRIBUTION DE FRÉQUENCES

C'est sur le point de vue du praticien de la richesse lexicale que porte l'essentiel de cette communication. Il existe pour le stylostatisticien toute une série de questions intéressantes dont l'étude repose sur un classement préalable de textes ou de fragments de texte en fonction de leur richesse lexicale, puis sur la recherche de corrélations éventuelles entre la richesse lexicale et tel ou tel autre phénomène. Ces phénomènes peuvent être extra-linguistiques (par exemple chronologiques) ou linguistiques (tels que la nature du contenu, la structure du discours, la complexité syntaxique, etc ...). Mais il est évident que, avant toute étude de corrélation, il convient de s'interroger sur la fiabilité de tous les classements mis en cause.

Il ne semble pas que nous disposions d'une véritable définition de la richesse lexicale. On a plutôt affaire à la description d'une situation dans laquelle on reconnaît l'identité de richesse lexicale pour deux textes. Je rappelle que, lorsque deux textes T et T' sont de même longueur (N=N') et que le nombre de leurs vocables différents (respectivement notés V et V') sont inégaux, on dit que c'est le texte dont le vocabulaire est le plus étendu qui a la plus grande richesse lexicale. Il n'y a certainement rien là qui puisse choquer le bon sens. Je ferai cependant tout de suite deux observations. La première concerne l'absence de référence à la distribution de fréquences des vocables. La seconde, qui relève de l'évidence, est le négatif de la première, à savoir que seuls les paramètres N et V sont pris en considération.

Si l'on garde à l'esprit cette seconde observation on ne peut que constater la logique de toute démarche qui vise à quantifier la richesse lexicale en fonction de N et V seulement. Si l'on faisait l'inventaire de tous les indices de richesse lexicale utilisant N et V (je renvoie ici aux travaux de HUG (1) ou de DUGAST (2) par exemple) on obtiendrait une liste assez longue. Tous ces indices de richesse lexicale se fondent essentiellement sur N et V, même si certains d'entre eux intègrent un facteur constant (voir par ex. le α de la formule de BRUNET). Ceci s'inscrit donc parfaitement dans la logique de la définition actuelle de la richesse lexicale.

Il existe cependant une autre manière d'en respecter la logique. Puisque c'est à longueur égale que la comparaison de l'étendue des vocabulaires est évoquée dans la définition, et puisque N a peu de chances d'être égal à N', on peut être amené (3) à procéder à des opérations de raccourcissement du texte le plus long à la longueur du plus court. Je ne m'étends pas sur le détail de cette procédure qui est très connue depuis les travaux de Ch. MULLER sur Corneille, mais je souhaite insister encore une fois sur la cohérence logique entre cette méthodologie et la définition actuellement en vigueur pour la richesse lexicale.

Nous voilà donc confrontés à deux types d'approches dont aucune ne me semble avoir de supériorité théorique sur l'autre si l'on s'en tient au cadre classique de la richesse lexicale. On pourrait donc admettre qu'en fonction des circonstances, selon qu'il dispose ou non des distributions de fréquences, selon qu'il souhaite des calculs plus ou moins complexes, etc ... le praticien puisse adopter indifféremment l'un ou l'autre type d'approche sans risque de mettre en cause la fiabilité des résultats ou le crédit accordé au classement obtenu.

Cette formule idyllique peut cependant être mise en échec s'il se révèle que les résultats fournis par ces deux types d'approches sont exagérément divergents. Je me propose donc de comparer ces deux démarches, tout d'abord à un plan général, puis par l'intermédiaire d'une application à des données puisées dans **Alice's Adventures in Wonderland.**

Il est clair que l'on peut trouver deux textes T et T' ayant même longueur (N=N') et même étendue de vocabulaire (V=V') mais dont les distributions de fréquences des vocables sont différentes. Ceci tient évidemment au fait que les égalités N= $\sum iV_i$ et V= $\sum V_i$ peuvent chacune être réalisées de plusieurs façons. Puisque N=N' et V=V' on dira que T et T' ont même richesse lexicale. On voit ainsi qu'il n'existe aucun rapport d'implication entre égalité des richesses lexicales et identité des distributions de fréquences.

Donc si, par hypothèse, T et T' sont tels qu'ils ont à la fois même richesse lexicale mais avec N $\neq$ N', V $\neq$ V' et donc des distributions de fréquences différentes, il se peut fort bien qu'à la suite d'opérations de raccourcissement (dont on sait qu'elles font intervenir les distributions de fréquences) on soit amené à conclure que les richesses lexicales sont différentes. Cette conclusion se fera sans cas de conscience de la part du praticien s'il ignore que les richesses lexicales sont en réalité égales : il aura simplement (si j'ose dire) commis une erreur. Par contre, s'il a calculé un indice de richesse lexicale (W par exemple) qui donne la même valeur pour T et T' il ne saura pas à quelle conclusion accorder sa préférence : les textes ont-ils ou n'ont-ils pas la même richesse lexicale ?

On voit donc que, dans l'absolu, rien ne s'oppose à ce que les deux types de démarches présentent des résultats discordants. On pourrait cependant espérer que les lois qui régissent les distributions de fréquences de vocables dans un texte rendent impossibles, dans la pratique, des situations conflictuelles théoriquement possibles. J'ai donc calculé, pour les 12 chapitres de mon texte, la valeur du W de BRUNET (avec $\propto$ = 0,172) -voir tableau 1- et j'ai confronté les résultats avec ceux d'une étude de la richesse lexicale dans laquelle le ième chapitre est comparé successivement aux 11 autres -voir tableau 2 des 66 comparaisons binaires dont 37 ont provoqué la mise en œuvre d'opérations de raccourcissement (4).

La comparaison des deux séries de résultats n'est pas aussi simple qu'on pouvait l'espérer. La première difficulté est liée au fait que la structure des éléments à examiner est différente : d'un côté une liste ordonnée de 12 chapitres, de l'autre un tableau 12 x 12. Or, j'ai montré par ailleurs (5) qu'il n'est pas possible d'inférer une structure d'ordre à partir de mon tableau car l'une des méthodes qui ont présidé à son élaboration (à savoir la méthode des raccourcissements) ne garantit pas la transitivité. On ne peut donc pas réduire le tableau 12 x 12 à une liste ordonnée que l'on comparerait ensuite à la liste des 12 valeurs de W, par exemple à l'aide d'un cœfficient de corrélation.

Il faut donc se satisfaire d'un examen conjoint de la liste et du tableau. La première difficulté concerne le problème de l'égalité de richesse lexicale entre deux chapitres. Lorsque, dans une comparaison binaire par la méthode du raccourcissement, la valeur de V' était comprise dans l'intervalle délimité par E(V') ± 1,960 j'ai considéré que les deux chapitres avaient même richesse lexicale. Cette situation s'est produite dans 14 cas sur 37 comparaisons (cf. signes = du tableau 2). Or, le calcul de W (ou d'autres indices incluant seulement N et V) n'a pas à faire intervenir cette notion d'intervalle et les cas d'égalité seront forcément infiniment moins nombreux (voire même inexistants). On verra certes des valeurs très voisines (ex. dans tableau 1) mais on ne sera pas contraint (même s'il est possible, voire souhaitable, de le faire) de les déclarer égales.

Voici quelques-uns des cas les plus litigieux. D'après le tableau 2 on a : $ 01 moins riche que $ 02 avec $ 01 aussi riche que $ 04 et $ 02 aussi riche que

$ 04. Or, si l'on examine les valeurs de W on constate que l'écart entre $ 01 et $ 04 est de - 0,332, celui entre $ 01 et $ 02 est de 0,091 et celui entre $ 02 et $ 04 est de - 0,423. On en arrive donc à dire, sur cet exemple, que les chapitres qui ont le plus grand écart de W entre eux sont égaux,tandis que là où l'écart de W est le plus faible on peut conclure à une inégalité de richesse lexicale. On trouverait d'autres exemples, avec les chapitres 1, 5 et 6, ou avec les chapitres 1, 5 et 9, ainsi que quelques autres encore.

Ces problèmes sont prévisibles dans la mesure où ils mettent en présence des chapitres pour lesquels les opérations de raccourcissement n'ont pas pu conduire au rejet de l'hypothèse nulle. Toutefois, j'ai eu quelques difficultés aussi avec des paires de chapitres où les opérations de raccourcissement avaient permis des conclusions assurées, avec des valeurs de Z toujours supérieures à 2.

Prenons le cas des chapitres 4 et 11. $ 04 déclaré plus riche que $ 11 avec un risque d'erreur inférieur à 1/10 000 (Z=3,93). Or, les valeurs de W sont de 14,085 pour $ 04 et de 14,079 pour $ 11. Les chapitres les plus riches ont les valeurs de W les plus basses. On est donc conduit soit au résultat inverse du précédent soit, ce qui peut paraître préférable compte tenu de l'écart minime en W, à une égalité de richesse lexicale entre deux chapitres que la méthode des raccourcissements conduit à déclarer inégaux.

Le cas est identique pour la paire S 06 et S 11. La méthode de raccourcissement m'autorise à penser que $ 06 est le plus riche (Z= 3,80 donc P=0,00014) mais selon les valeurs de W c'est la conclusion inverse qui devrait prévaloir, sauf à admettre, une fois de plus, l'égalité.

Enfin on trouverait la même situation avec les chapitres 08 et 11 où les deux méthodes donnent des résultats discordants aussi.

Il est évident que ces problèmes concernent une minorité de cas, mais ceci ne me paraît pas spécialement rassurant car tout dépend du poids que l'on accorde à l'existence de ces disparités. Dès l'instant qu'elles sont mises en évidence il est difficile de ne pas en tenir compte.

On pourrait considérer que la méthode des raccourcissements est intrinsèquement plus fiable dans la mesure où, faisant intervenir un plus grand nombre de paramètres, elle colle davantage à la réalité. Je reviendrai sur ce point. Mais si l'on adopte ce point de vue, on met implicitement en cause, dans le cadre des disparités observées, le mode de calcul de W. On peut estimer alors (et cela semble être le cas de BRUNET lui-même) que certains paramètres doivent être affinés. On peut prendre une autre valeur pour $\propto$, ou bien comme on le suggère dans DUGAST (6) choisir de prendre V-20.

C'est cette solution que j'ai adoptée, un peu par curiosité. Les nouvelles valeurs de W sont consignées dans le tableau 3. On voit que les problèmes concernant S 04 et S 11 disparaissent mais que les autres subsistent. D'autre part, on constate là aussi des anomalies très nombreuses par rapport aux chapitres ayant une même richesse lexicale selon la méthode des raccourcissements. Prenons le cas des chapitres 1 et 6 qui ont respectivement 14,001 et 14,377. Si l'on admet qu'ils ont même richesse lexicale en se fondant sur les résultats de la méthode des raccourcissements il faut admettre que tous les chapitres qui ont leur valeur de W comprise entre 14,001 et 14,377 ont même richesse lexicale.
Ceci concerne les chapitres 1, 5, 9, 4 et 6. Or, la méthode de raccourcissement nous donne $ 01 plus riche que $ 05 et $ 04 plus riche que $ 06.

Les chapitres 2 et 4 étant réputés avoir même richesse lexicale selon la méthode des raccourcissements, on peut être conduit, là aussi, à considérer que tous les chapitres dont les W sont compris entre 13,907 et 14,315 ont même richesse lexicale. Ceci concerne les chapitres 2, 1, 5, 9 et 4 (dont un certain nombre étaient déjà en cause dans la série précédente). Mais on constate par ailleurs que $ 02 est plus riche que $ 01, plus riche que $ 05 et plus riche que $ 09 ; quant à $ 01, il serait plus riche que $ 05.

Toutes ces anomalies ne sont pas nées du passage de V à V-20. Le même type de situation peut être observé sur les valeurs de W calculées à partir de V.

Il faut bien voir que la modification du paramètre V ne favorise pas la solution des conflits observés à la suite de l'application simultanée des deux méthodes. Si l'on est convaincu qu'aucune des deux méthodes n'est supérieure à l'autre, on doit, me semble-t-il, opter pour une solution prudente qui consiste à déclarer que les chapitres dont l'étude conduit à des résultats divergents ont la même richesse lexicale. Néanmoins, chacun voit bien que le nombre de ces chapitres sera si élevé que tout classement deviendra sans objet puisque la proportion des ex-æquo dépassera largement 50%. D'autre part, une telle solution s'apparente fort à une dérobade. Il faut noter, enfin, que rien ne permet de dire qu'en jouant sur ∝ , ou sur V, voire même sur N, on aurait de meilleurs résultats.

C'est pourquoi il me semble que nous ne devons ni nous accommoder de la situation telle qu'elle est, ni nous contenter d'aménager tel ou tel indice. En effet, pourquoi admettrions-nous, sans une étude fouillée, que les résultats obtenus par la méthode des raccourcissements soient au-dessus de tout soupçon et que l'application de la méthode à indice serait la seule cause des divergences relevées ? J'ai déjà donné un élément de réponse en faisant valoir que les opérations de raccourcissement semblent cerner la réalité de plus près. Là aussi il est utile de mettre à l'épreuve la cohérence de la méthode et d'en observer, dans le détail, la mise en œuvre.

Si l'on examine de plus près ces opérations de raccourcissement on se rend compte que les distributions de fréquences sont certes prises en compte mais à des degrés divers. Tout d'abord, dans le cas simple de la comparaison de deux textes, seule est utilisée la distribution du plus long. Pour le plus court, seuls les paramètres N et V sont intégrés aux calculs. Il y a là une première forme de disparité de traitement entre les deux textes. Dans le cas de la comparaison de plusieurs textes par raccourcissement de chacun à la longueur du plus court, on verra que la distribution des fréquences de chaque texte est inégalement prise en compte. Ceci peut être montré simplement. On sait que, concrètement, la distribution est utilisée, en partant de i = 1 jusqu'à ce que le produit $q^i V_i$ devienne négligeable. Or, q est égal à $(N-N')/N$ (N' est la longueur-cible) donc d'autant plus grand que N est grand pour N' fixé. Il faudra donc prendre des valeurs de i d'autant plus élevées que q est plus grand avant d'arriver à des valeurs $q^i V_i$ voisines de ∅. Ceci signifie que l'on prendra en compte une partie d'autant plus grande de la distribution de fréquences des vocables dans un chapitre que le raccourcissement de ce chapitre devra être important (ex. pour $ 01 : si q=0,05 on prend i=1 et 2, pour q=0,20 on prend i=1 ... 4, pour q=0,40 on prend i=1 ... 6).

Il est bien évident qu'on ne peut pas éviter ces disparités qui sont rendues obligatoires par le processus même du raccourcissement. Pour une même longueur cible donnée, ce sont évidemment les textes les plus longs qui sont davantage amputés, ce sont leurs distributions de fréquences qui sont davantage sollicitées, prenant ainsi une importance considérable.

On pourrait déplorer ces anomalies au plan théorique mais s'en accommoder dans la pratique, faute d'une solution de rechange. Il n'est cependant pas sûr que le pragmatisme puisse être de rigueur dans ce domaine. En travaillant avec des données concernant **AAW** je me suis rendu compte que la relation entre la richesse lexicale de chapitres pris deux à deux est susceptible de fluctuer en fonction de la longueur-cible choisie. Ce point ayant fait l'objet d'une publication (7) je me bornerai ici à en rappeler l'essentiel.

Etant donné deux chapitres de longueur N et N' je leur ai fait subir des raccour-cissements successifs, la longueur-cible passant par exemple à 1800, puis 1600, puis 1400 ... occurrences. A chaque opération, qui concernait les deux modes de tirages (avec et sans remise), les valeurs de E(V') ont été calculées pour chacun des deux chapitres. Or, j'ai pu constater que la relation d'inégalité entre ces E(V') pouvait s'inverser. C'est ainsi qu'à une certaine longueur-cible on avait l'impression que le chapitre A était le plus riche tandis qu'à une autre longueur-cible ce même chapitre A semblait être le moins riche. Ceci est très net avec les chapitres 1 et 2 où le second qui est pourtant le plus court a un vocabulaire plus étendu. Toute-fois avec une coupe à la longueur-cible 1107 on obtient E(V') = 358 pour $ 01 et 357 pour $ 02 ce qui rend difficile d'envisager la plus grande richesse lexicale pour $ 02. Cette situation est confirmée par les coupes suivantes, de sorte qu'on est, là aussi, tenté d'attribuer la même richesse lexicale aux deux chapitres. D'autres études concernant les chapitres 8 et 9 ou 5 et 8 donnent les mêmes résultats.

On voit l'incidence du choix de la longueur-cible dans la conclusion concernant la relation entre la richesse lexicale de deux textes, et, par suite, dans la mise en place d'un classement de plusieurs textes en fonction de ce critère. Or, ce choix de la longueur-cible est dicté par des facteurs contingents (longueur du texte le plus court) ou arbitraires (on fixe une longueur-cible a priori). On se trouve donc dans une situation délicate où il devient difficile d'accorder grand crédit à un clas-sement dans lequel, de toute façon, la prudence incite à multiplier le nombre des ex-æquo.

Nous voyons avec ces quelques exemples que, même au sein de la seule méthode de raccourcissement, des anomalies peuvent se faire jour, pour peu qu'on soit attentif au dynamisme des processus, et qu'on ne se contente pas d'une seule coupe par chapitre. Mais il faut noter aussi, et c'est peut-être intéressant au plan épistémologique, que ce gain en finesse de connaissance se fait au détriment de notre puissance de décision. Ce qui tend peut-être à prouver que cette puissance était illusoire et la décision parfois contestable.

Compte tenu de ces remarques concernant la seule méthode de raccourcis-sements, il est moins étonnant que des disparités apparaissent lorsqu'on compare les résultats de plusieurs méthodes. On a donc en définitive des anomalies qui peuvent provenir :

1. de la différence de nature entre les méthodes, l'une utilisant les distributions de fréquences, l'autre pas,

2. de la nature même de l'une des méthodes (celle de raccourcissement) dont la mise en œuvre ne peut pas, par essence même, garantir l'égalité des textes à comparer, dans la prise en compte de leur distribution de fréquences.

Or, encore une fois, chacune des méthodes s'inscrit dans une logique que l'actuelle définition de la richesse lexicale ne peut qu'encourager. Toutefois, avec cette définition, le praticien peut être conduit à une impasse. Il est possible que les problèmes que j'ai évoqués soient purement circonstanciels et dus au fait que les variations intratextuelles de la richesse lexicale sont faibles dans AAW. Mais c'est justement à des variations de ce genre que la stylostatistique est fréquemment confrontée et le praticien a, là aussi, besoin d'une méthodologie fiable. D'autre part, à côté de cet aspect pratique de la question, il est possible de montrer que, au plan théorique aussi, la définition actuelle de la richesse lexicale manifeste ses insuffisances.

Le temps est peut-être venu de se demander si la richesse lexicale ne devrait pas faire l'objet d'une nouvelle définition. Il m'apparaît souhaitable d'harmoniser définition et pratique. Compte tenu de l'importance, et de l'influence, des distri-butions de fréquences dans tout ce qui concerne la richesse lexicale, il est peut-être inévitable que, d'une manière ou d'une autre, ces distributions soient explicitement prises en compte dans la définition même de la richesse lexicale. On peut songer ici aux paramètres de HERDAN ou de SIMPSON dont on a signalé les limites, notamment en termes de sensibilité aux fluctuations de longueur. Ils ne sont d'ailleurs pas exempts de reproches au plan linguistique non plus. Toutefois, la définition de la diversité en termes de probabilité (probabilité de tirer une paire de vocables identiques) me semble avoir une assez grande cohérence théorique, outre le fait qu'elle inclut nécessairement (par définition, c'est le cas de dire !) la prise en compte de la totalité des distributions de fréquences (8).

Il serait intéressant de poursuivre dans cette voie, à condition de demander aux mathématiciens d'apporter des modifications aux paramètres existants, ou d'en proposer de nouveaux et à condition d'encourager les linguistes à en évaluer les implications, théoriques et pratiques, dans leur spécialité même. Dans cette question, comme dans beaucoup d'autres, il ne serait pas souhaitable de faire l'économie de travaux pluridisciplinaires.

NOTES

(1) HUG, M. "La structure numérique des vocabulaires" in **Le Français moderne,** 1978,1.

(2) DUGAST, D. **Vocabulaire et stylistique,** Slatkine, Genève, 1979.

(3) On sait que l'économie de ces opérations est faite lorsque N et V varient en sens contraire, ou lorsque le recours à N/V est déterminant.

(4) Dans ces tableaux le sigle du dollar signifie "chapitre".

(5) Voir THOIRON, Ph., "Richesse lexicale et structure d'ordre" in **Confluents,** 1981, 2, pp. 23-46.

(6) "Sur quoi se fonde la notion d'étendue théorique du vocabulaire ?", **Le Français moderne,** 1978, 1.

(7) Voir THOIRON, Ph., "Richesse lexicale et structure d'ordre" in **Confluents,** 1981, 2, 23-46.

(8) Voir JOHNSON, Rod L., "Measures of Vocabulary Diversity", in D.E.AGER, F.E. KNOWLES, J. SMITH eds, **Advances in Computer-Aided Literary and Linguistic Research,** Birmingham, University of Aston, 1979, pp. 213-227.

$	N	V	W	Rang
01	2154	516	13,753	4
02	2129	519	13,662	3
03	1678	483	13,000	1
04	2672	575	14,085	8
05	2200	516	13,852	5
06	2608	560	14,140	9
07	2306	491	14,400	12
08	2505	529	14,316	11
09	2296	529	13,898	6
10	2033	456	14,259	10
11	1899	445	14,079	7
12	2174	554	13,363	2

TABLEAU Nº 1 (avec $\alpha = 0,172$)

$	W	Rang
01	14,001	4
02	13,907	3
03	13,246	1
04	14,315	7
05	14,103	5
06	14,377	8
07	14,678	12
08	14,572	11
09	14,144	6
10	14,556	10
11	14,378	9
12	13,585	2

TABLEAU Nº 3 (avec   V - 20 et $\alpha = 0,172$)

TABLEAU 2

TABLEAU COMPARATIF DE LA RICHESSE LEXICALE DANS LES DIFFÉRENTS CHAPITRES DE *ALICE*

Résultats obtenus à la suite de 66 comparaisons binaires

↙	01	02	03	04	05	06	07	08	09	10	11	12
01	▨	+	$+_R$	$=_R$	−	$=_R$	−	$-_R$	$=_R$	$?_-$	$?_-$	+
02	−	▨	$+_R$	$=_R$	−	$-_R$	−	$-_R$	$-_R$	$?_-$	$?_-$	$?_+$
03	$-_R$	$-_R$	▨	$-_R$	$-_R$	$-_R$	$-_R$	$-_R$	$-_R$	−	−	$=_R$
04	$=_R$	$=_R$	$+_R$	▨	$=_R$	$?_-$	$?_-$	$?_-$	$=_R$	$-_R$	$-_R$	$+_R$
05	+	+	$+_R$	$=_R$	▨	$=_R$	∽	$-_R$	$=_R$	$?_-$	$-_R$	+
06	$=_R$	$+_R$	$+_R$	$?_+$	$=_R$	▨	$?_-$	$?_-$	$=_R$	$-_R$	$-_R$	$+_R$
07	$+_R$	+	$+_R$	$?_+$	+	$?_+$	▨	$+_R$	+	$=_R$	$-_R$	+
08	+	$+_R$	$+_R$	$?_+$	$+_R$	$?_+$	$-_R$	▨	+	$-_R$	$-_R$	+
09	$=_R$	$+_R$	$+_R$	$=_R$	$=_R$	$=_R$	−	−	▨	$?_-$	$-_R$	+
10	$?_+$	$?_+$	+	$+_R$	$?_+$	$+_R$	$=_R$	$+_R$	$?_+$	▨	$=_R$	$?_+$
11	$?_+$	$?_+$	+	$+_R$	$+_R$	$+_R$	$=_R$	$+_R$	$+_R$	$=_R$	▨	$?_+$
12	−	$?_-$	=	$-_R$	−	$-_R$	−	−	−	$?_-$	$?_-$	▨

Lire $\dfrac{01}{02}$ comme «le chapitre 01 a un vocabulaire moins riche que le chapitre 02»

Méthode de raccourcissement:　　∮ 04 $\overset{\mathcal{R}}{-}$ ∮ 01 $\overset{\mathcal{R}}{<}$ ∮ 02 $\overset{\mathcal{R}}{-}$ ∮ 04

Méthode Indice W :　　$W_{02} - W_{04} = -0,423$

$W_{01} - W_{04} = -0,332$

$W_{01} - W_{02} = +0,091$

N.B.　La présence de $\mathcal{R}$ au-dessus du signe indique que la relation concerne la richesse lexicale des textes en cause.

++++++++++++++++++++

Méthode de raccourcissement:　　∮ 04 $\overset{\mathcal{R}}{>}$ ∮ 11

W du chapitre concerné:　　14,085　　14,079

++++++++++++++++++++

∮		W
02		13,907
01		14,001
05		14,103
09		14,144
04		14,315
06		14,377

Daniel DUGAST

ANALYSE QUANTITATIVE ET INTERPRÉTATION

Ce qui change, ce n'est pas l'esprit de l'homme, ce sont ses méthodes de travail, disait en substance Charles de Rémusat, dans un ouvrage qu'un juge difficile, Sainte-Beuve, appelait un chef-d'œuvre, et où il montrait que nous sommes tous les enfants de l'école d'Abélard.

Je ne ferai pas ici l'historique des méthodes quantitatives appliquées à la langue et au discours. J'en ai donné ailleurs une esquisse, à laquelle il manque encore l'histoire des motivations individuelles : pourquoi, depuis plus d'un siècle, et remarquablement depuis cinquante ans, des hommes, qu'on peut croire normaux par ailleurs, se sont-ils mis à compter et décompter des mots, et à faire entrer leurs décomptes dans des équations qu'ils ont voulu explicatives, ou encore, plus récemment, dans les machines du Saint-Office ? Passe encore en ce qui concerne les psychologues, à la rigueur les linguistes, mais les stylisticiens (que certains, à plaisir, tiennent hors des rangs de la linguistique), les étudiants de la littérature ? On dirait d'un défi. Et il se trouve, de plus, que ces derniers, l'un après l'autre, abandonnent ...

Je ne veux parler ici que de littérature, et plus étroitement encore, que du texte comme objet de travail ; mon sujet se limite à la seule statistique. Ce n'est pas très élevé, c'est même assez banal, depuis quelque trente années qu'on s'en est occupé, et qu'on a découragé quelques éditeurs. Voilà bien le défi : ou les intuitions premières des premiers statisticiens du langage étaient fausses, et il faudrait alors s'empresser d'oublier leurs noms ; ou elles étaient justes, et il reste sans doute à le prouver. Car le découragement des lecteurs, des étudiants, donc des éditeurs, vient probablement de ce que la preuve de la justesse de l'intuition initiale n'a pas été apportée.

Quelle était cette intuition ? cette vieille chose, que si l'habit ne fait pas toujours le moine, du moins lui convient-il ; cette vieille question de nos professeurs du siècle dernier (et des autres) : sans le style, que devient le talent, sans la forme, la pensée peut-elle être belle ? Autrement dit, cette vieille conviction que si la forme a dans la littérature l'importance qu'on vient de dire, on a besoin d'une meilleure description de la forme pour faire une meilleure lecture du texte, et qu'une telle meilleure description ne peut venir, du moins dans un premier temps, que d'une perception et d'une représentation des choses données par les nombres. Dans un premier temps, bien entendu, car ce sont toujours les méthodes d'analyse fine, qualitatives et un peu floues des sciences que nous pratiquons par ailleurs, et qu'on appelle les sciences humaines, qui achèveront notre tâche. Cependant, on a tout intérêt à commencer par la description, précise et exhaustive, du donné empirique qui est le texte que nous voulons expliquer. Je dis ici la leçon d'un de nos grands esprits, qui s'est aussi occupé de linguistique et de stylistique, René Thom.

Il ne faut pas se cacher que le poids des nombres et des dénombrements est bien lourd. Les statisticiens du langage sont sans doute, dans une mesure, arrivés trop tôt, à une époque où tout compte et décompte ne pouvaient être que manuels, et on peut comprendre les "abandons". Maintenant que nous avons les machines qu'ils appelaient de leurs vœux, il est possible d'examiner de quelle description nous sommes capables, quel en est l'intérêt, et quelles autres recherches ce dernier justifie.

Est-ce à dire que l'ordinateur, dont la célébration du culte nous réunit ces jours-ci, soit l'indispensable outil de notre travail ? Je donnerai ma réponse sans ambage, tout hérétique qu'elle soit : outil souhaitable, hautement désirable, à la limite de l'indispensable à partir d'un certain niveau de travail, il n'est et ne doit être, à mon sens du moins, qu'un humble outil. J'ai certes le plus haut respect pour les réalisations audacieuses et les formulations abstruses d'une certaine grande littérature computationnelle, mais quelque chose en moi est choqué lorsque d'une part l'"intelligence" (avec guillemets de réticence) de la machine dépasse la mienne, d'autre part, mais c'est peut-être plus personnel, lorsque l'accès de la soi-disant indispensable machine m'est de facto interdit. Mais je refuse tout de suite un débat qui serait hors-sujet.

Je voudrais seulement dire ceci, en ce qui concerne l'ordinateur, qu'il ne me paraît utile et désirable que sur trois points :

1) au début de l'analyse, ou plutôt juste après ce début (je pense à des questions de lemmatisation), dans la phase de l'enregistrement des données (les mots) et pour effectuer commodément les différents tris dont on aura besoin ;

2) à la fin de l'analyse, ou plutôt juste avant cette fin (je pense à la confrontation des résultats), lorsque le succès de l'entreprise demande des répétitivités fastidieuses quasi rédhibitoires ;

3) last but not least, pour préserver l'esprit humain des erreurs constantes et des angoisses qu'elles provoquent.

Mais à part ces trois points, je ne vois pas qu'il soit indispensable de recourir à l'ordinateur, et, si votre patience n'est pas lassée, je voudrais maintenant dire jusqu'où, sans ordinateur, je puis, en gros, pousser l'analyse et apporter la preuve presque définitive que l'intuition stylistique des premiers statisticiens du langage était bonne.

Cette preuve consiste, pour moi, en ceci que nous pouvons tracer la ligne de démarcation entre l'analyse automatique que l'on peut confier à un robot théorique, et le contenu qui est irréductible à cette analyse ; ligne de démarcation provisoire, frontière au sens américain du terme, qui, comme dans toute vraie science, se déplace continuellement dans la même direction, dans la bonne direction. Les exposés entendus ces deux derniers jours témoignent d'ailleurs, pour la plupart, de la réalité de cette frontière. Le réductible grandit, mais je suis certain qu'on peut se rassurer, l'irréductible ne diminuera pas ; disons peut-être, mais c'est une concession affreusement démagogique, que ce que l'irréductible va perdre en étendue, il le gagnera en profondeur. Le problème intéressant, on s'en doute, est au-delà d'un tel paralogisme.

Notre but, c'est de cerner et de définir dans le texte l'irréductible qui est de l'homme, rien de moins, et seule, il me semble, l'analyse quantitative autorise avec sérieux cette quête d'un nouveau Graal.

J'ai apporté avec moi un petit manuscrit qui, en une centaine de pages et sept chapitres, montre l'essentiel des techniques qui peuvent être mises à la portée de tout analyste honnête homme (c'est Zinoviev je crois qui nous a dit il y a quelques années que la culture ne sera que si elle est aussi scientifique), et sur quoi tout lexicométricien en privilégiature d'ordinateur pourrait utilement méditer. Jean-Pierre Fénelon nous avertit en effet, à propos de l'analyse des données, qu'il y a huit outils nécessaires avant d'aller voir l'ordinateur, et qui sont les crayons de couleur, les ciseaux, le ruban scotch, etc, et la calculette de poche. C'est à cet humble niveau, pré-computationnel pour ainsi dire, que je voudrais montrer ce que, d'après moi, nous pouvons faire.

Le premier chapitre de mon manuscrit est consacré à ce qu'on peut appeler la statistique traditionnelle : on y examine par exemple la densité en substantifs à partir de tranches de dix mots, à l'aide de la loi binomiale ; la répartition des vocables rares dans des tranches égales, à partir de la loi de Poisson ; celle des vocables fréquents avec la loi normale de Gauss ; on y trouve des définitions et des exemples concernant la notion de modèle, la pratique du sondage, les calculs des moments (moyenne, variance, symétrie, gibosité ou aplatissement), ceux de la loi lognorm pour la longueur de la phrase ou l'accroissement du vocabulaire, ceux de la loi hypergéométrique.

Dans le second chapitre, toujours consacré à la statistique traditionnelle, on examine les tests de signification : l'écart-type, l'écart réduit, l'erreur-type, les limites de confiance, et les diverses comparaisons des moyennes entre elles ou d'une moyenne à une valeur donnée concernant petits et grands échantillons, mais aussi la comparaison des moyennes au moyen des rangs avec les tests de Wilcoxon ou de Mann-Whitney, les tests concernant les différences couplées, parmi lesquels le test du maximum de Walter, les ajustements et le test du Chi^2.

Le troisième chapitre regarde la richesse lexicale. C'est un résumé concernant la théorie Uber de l'accroissement du vocabulaire que j'ai proposée par ailleurs et dont je ne parlerai pas ici. On y trouve aussi la description du modèle de Quentin Rubet concernant la distribution des fréquences, également publié.

Le quatrième chapitre nous fait passer de l'analyse statique à l'analyse dynamique avec les questions regardant les tendances et les corrélations. On y trouve les calculs bien connus des tests de Spearman sur la corrélation des rangs et de Bravais-Pearson qui débouchent aussi sur la droite de régression, ou droite de tendance très utilisée, et, au centre précis de l'ouvrage la notion chez moi centrale de "chréode" que j'avais empruntée à René Thom. Le chapitre se termine par le facile et intéressant test de Haldane à l'aide duquel on peut aborder les variations de frequence et de densité à partir de l'ordre des items.

Le cinquième chapitre emprunte son titre et son objet au groupe de Saint-Cloud : il s'agit de profil lexical et de vocabulaire caractéristique. Il se compose de deux parties, l'une concernant les répartitions intertextuelles, et pour lesquelles j'utilise d'abord la réduction des variables que j'ai présentée naguère dans ma thèse sous le nom de calcul de l'étendue et de somme des carrés des c_i ; mais je la double d'une pratique que je dois à Paul Vandebeuque et qui permet, à partir du seul calcul du rapport de la partie au tout et de la consultation de la table de probabilité de la loi binomiale, de se prononcer sur la répartition intertextuelle, dans des textes de longueurs inégales, de tous les vocables ou items de fréquence égale ou supérieure à 2. Il faut ici souligner non seulement la rapidité de la consultation, mais aussi l'intuitive vision de la phénoménologie à comprendre. Pour peu qu'on possède un index, je crois bien que la proposition de Paul Vandebeuque l'emporte en facilité et même en rapidité sur l'ordinateur ; en tout cas, elle met l'examen des répartitions à la portée de chacun, et, à ce titre, elle a ma préférence.

La seconde partie du chapitre est consacrée aux répartitions intratextuelles. J'avais cru qu'examiner les répartitions à l'aide de la loi de Poisson dans un nombre de tranches égal à celui de la fréquence de l'item dans le texte, ce qui est plus que nous mettre à l'abri des découpages aléatoires, et compléter ce premier renseignement par ceux que donne le test de Haldane, était suffisant. H.B. Chalik m'a fait remarquer l'insuffisance de la démarche. D'une part, il fait remarquer que l'application de la loi de Poisson, y compris dans les conditions resctrictives que je disais plus haut, ne donne pas tant de renseignement sur la régularité de la distribution que sur la présence de groupements ; d'autre part, que la description d'une phénoménologie aussi complexe que la texture du discours ne peut s'exprimer par un seul nombre (remarque ironique que m'avait déjà faite Louis Delatte), mais gagne à l'être par plusieurs. Il me suggère donc d'ajouter à ces deux premières données deux tests connus sous le nom de "différences quadratiques moyennes successives" pour le premier, qui permet de détecter soit une variation lente de la moyenne, soit une influence cyclique et de courte durée ; et pour le second, dit test de l'auto-corrélation, de contrôler la périodicité des variations. Les quatre tests complémentaires permettent un double commentaire, vertical et horizontal, le premier regardant à quelles tendances, quels groupements, quelles périodicités et quelles variations de la moyenne est soumis le discours ; le second quelle définition complexe reçoivent dans le discours chacun des termes que l'on choisit d'étudier. J'ai ici un exposé sur cette question dont je serai heureux de proposer la publication.

Je passerai rapidement sur le chapitre VI où, à l'aide des analyses de variance en particulier, je tente de définir pour un discours donné, en terme de facteur de richesse lexicale, divers éléments du discours. Un texte à ce sujet devrait être prochainement publié par **Sigma** à Montpellier. Et je terminerai maintenant cet aperçu par le chapitre VII dans lequel je montre comment, avec une calculette programmable, on peut tout de même (avec quelque patience certes), faire une analyse en composantes principales dont je détaille les opérations en 18 ou 22 points. Un long article de Francis Gendre, dans les Cahiers Vilfredo Pareto de 1979, est à l'origine de ce travail, et aussi, bien sûr, le livre de J. Torrens-Ibern sur l'analyse factorielle. On y ajoute l'économique et intéressante méthode des sous-nuages proposée par Jean-Pierre Fénelon, et dont je donnerai un exemple tout à l'heure.

C'est de cet ensemble de techniques de travail que je voudrais tirer les éléments d'un analyseur automatique ou robot théorique, dont il me reste à montrer les caractéristiques.

Je mets pour l'instant hors de la portée du robot d'une part la lecture automatique du texte, d'autre part les problèmes de lemmatisation. La solution n'en est peut-être pas aussi éloignée qu'on pourrait croire : on imagine facilement la lecture par la machine du texte qu'on projette tous les jours sur écran, Daniel Hérault a annoncé la réalisation d'un lemmatiseur pour les formes du verbe, et la lecture automatique de textes simples tels les recettes culinaires.

La partie actuellement réalisable du robot commence une fois les lemmes entrés dans la machine (l'ordinateur) : on demande alors à celle-ci d'affecter chaque occurrence d'un numéro d'ordre, de un à N, de classer les vocables par ordre alphabétique avec indice de fréquence pour chaque subdivision et pour l'ensemble du texte ; et de dresser autant de listes fréquentielles. Manuellement, pour l'instant, on fera éventuellement la distribution des items en classes grammaticales ou autres (phonétiques par exemple, etc.). C'était la première phase de l'analyse automatique.

La seconde phase concerne la richesse lexicale. Sur un pas optionnel, aussi court que possible, on demande à la machine de tracer la courbe de type sismographique de richesse lexicale sur l'échelle Uber ; on lui demande de déterminer la chréode conditionnelle et les sous-chréodes significatives, donc de déterminer les "points de catastrophe" ; de calculer et tracer les courbes similaires concernant U_1 ou la richesse en vocables de fréquence unique, T ou indice primaire de répétitivité, E ou indice d'énergie lexicale actualisée.

Dans une troisième phase, on interrogera la machine sur les répartitions, inter-et intratextuelles. Les premières permettront de dégager le vocabulaire caractéristique de chacune des subdivisions ; les secondes de faire apparaître ce qu'on pourra appeler le vocabulaire thématique, et les entrecroisements des thèmes éventuellement appuyés par ce que j'ai cru naguère pouvoir appeler les "motifs" et qui sont indiqués par les vocables fortement localisés en un endroit du texte. On pourrait ajouter des descriptions concernant les catégories grammaticales, la longueur du mot, les choix phonétiques et syntaxiques éventuellement. La machine pourra effectuer encore un certain nombre d'analyses de tables de contingence, d'analyses de variance, de régression tri- ou multilinéaires qui autoriseront une définition des éléments les plus fréquents du texte en termes de combinatoire et/ou de richesse lexicale par exemple : une approche de la saisie de la nature prise dans le texte par les éléments qui le composent.

Un schéma organisationnel sera dressé dans une quatrième phase : à partir des mots caractéristiques, thématiques, etc., de la troisième phase, définir quantitativement la caractéristique, le thème, etc., de la subdivision du texte ; définir les liens et relations que chaque subdivision du texte entretient avec les autres sous les rapports précédemment définis, en relevant dans les subdivisions voisines les "échos" qu'ils reçoivent. Et à partir de cette grille de données, effectuer une analyse en correspondances principales et obtenir : le cercle des corrélations entre les caractères, la carte du plan principal des individus, l'appréciation de la qualité des représentations sur le plan des points de l'espace appréhendé.

Pour le texte court, on pourra adopter la suggestion de Paul Vandebeuque, qui consiste à comptabiliser avec les rares mots fréquents du texte les mots rares de leur entourage immédiat.

Enfin, dans une cinquième phase, on dressera la carte organisationnelle en utilisant la méthode de Jean-Pierre Fénelon qui consiste à désigner chacun des individus de l'espace représenté par un ensemble de caractères remarquables issus de la quantification des mesures soumises à la courbe normale, au-delà ou en-deçà de un écart-type par exemple, ou de la quantilification des mesures non soumises au principe de l'additivité (celles concernant la richesse lexicale par exemple).

Le robot, l'analyseur automatique a terminé son rôle. Il reste à l'analyste à lire et interpréter les résultats. Nous allons en voir deux exemples simples.

L'analyse que nous proposons ainsi est certes encore grossière, malaisée, tâtonnante ; elle rappelle la lourdeur des premiers édifices romans sur la nef entière desquels on a osé jeter la voûte de pierre, sacrifiant ainsi les dimensions et la clarté des temples mérovingiens et carolingiens. Il y a changement de paradigmes, selon le mot de Kuhn, mais aussi, sans doute, approche d'une meilleure définition de l'humain irréductible dans l'œuvre. Il me semble que l'étudiant de la littérature a tout à gagner à renoncer aux mots vagues qui cachaient son ignorance des choses et étaient au mieux tautologiques. Le nombre est capable d'apporter davantage de rationalisme à nos déductions, de nous mettre à l'abri des erreurs de l'intuition aussi ; mais il ne remplacera en rien l'intuition qui a toujours sa place tout au long de tout travail scientifique. Si nous ne voulons pas de "ces immenses tableaux aux symboles dérisoires, miroirs de néant, horaires fictifs de trains qui ne partiront point", si nous voulons déduire autre chose des phénomènes dégagés par la machine que "des périodicités évidentes ou des irrégularités non moins évidentes, c'est-à-dire les profils les plus élémentaires", si nous ne voulons pas nous être seulement "livrés à un travail de technicien tout à fait secondaire" en ne poursuivant pas jusqu'à l'étape capitale" qui était déjà pour Pierre Boulez en 1963 "l'**interprétation** des structures", il nous appartient sans doute de mieux tracer la frontière de l'irréductible que jamais aucune machine ne nous expliquera et qui nous intéresse seul, car seul il recèle l'humain. Or, le tracé de cette frontière appartient aux méthodes quantitatives.

Les graphiques ci-joints montrent de premiers résultats.

1) A partir des mots caractéristiques définis comme dans le corps du texte, on dégage dans les **Provinciales** de Pascal une opposition "abstrait"/"concret" définie par respectivement la grâce et la foi, la casuistique et la loi ; et une seconde opposition du "particulier" au "général" qui comprend d'une part la grâce et la casuistique, de l'autre la loi et la foi. Les numéros des Lettres, de 1 à 18, montrent un cheminement qui va des problèmes spirituels regardant le particulier aux problèmes de morale, d'où on s'élève au niveau de la loi, ce qui permet le retour au spirituel, mais alors au niveau de la foi.

2) Dans le roman du Guy de Maupassant, **Fort comme la Mort,** on peut regrouper les thèmes des chapitres sous quatre titres : le quotidien (Q), la rencontre (R), la société (S), la tendresse (T). "Rencontre" et "tendresse" s'oppose à "société", et secondairement le "quotidien" au "non-quotidien". La succession des chapitres mène (à part le I qui est d'ouverture) de la vie en société à la vie du quotidien, puis à la vie à trois de la "rencontre", et enfin à la vie intime à deux de la "tendresse" : le "cercle de famille" se resserre.

Si, selon la suggestion de J.P. Fénelon, on désigne les chapitres par d'autres définitions remarquables, ici, celles concernant la forme, on aperçoit deux choses : d'une part, comment la richesse lexicale suppose une plus forte densité en substantifs, un mot et une phrase plus longs, moins de verbes, etc. ; d'autre part, comment le roman se construit aussi sur une diminution de la richesse lexicale dont la définition se précise de chapitre en chapitre par comparaisons successives ; enfin, comment, dans ce roman, la richesse lexicale convient à l'expression de la vie en société, la sobriété lexicale à celle de l'intimité et de la tendresse.

Ce ne sont ici que des amorces de commentaire qu'il sera aisé de poursuivre. Leur intérêt est sans doute, pour l'instant, de montrer comment l'analyse automatique arrive à des résultats, encore simplistes certes, qui correspondent sans doute à ce que nous pouvons comprendre de ces textes. L'analyse automatique est donc possible ; il reste à l'affiner.

TRAVAUX

1. **Vocabulaire et Discours,** Essais de lexicométrie organisationnelle, Fragments de lexicologie quantitative, Slatkine, Genève, 1979, XVIII + 137 p.

2. **Vocabulaire et Stylistique,** I. Théâtre et dialogue, Slatkine, Genève, 1979, 292 p.

3. **La statistique lexicale,** Slatkine, Genève, 1980, 107 p.

4. **La description quantitative des textes,** thèse pour le doctorat d'Etat, 550 p., en dépôt à l'Université de Montpellier, 1981.

5. Index du vocabulaire du roman de Guy de Maupassant, "Fort comme la Mort", supplément à D.Q.T., également déposé à l'Université de Montpellier, 400 p.

6. Un recueil en 2 volumes de quelque 1100 p., préparatoire à la thèse, en 10 exemplaires, chez l'auteur. (Contient en particulier le détail d'un grand nombre d'études concernant la richesse lexicale).

7. Un manuel de statistique lexicale, ou plutôt une première partie de quelque 170 pages, non publié, 1980.

8. Etudes de lexicométrie, recueil d'articles, 1978-1981, contenant 12 titres, dont 8 ont été publiés dans les **Cahiers de Lexicologie, Verbum, Cumfid** (Nice), 221 p.

9. Etudes de lexicométrie (2), recueil d'articles, 1981-1982, contenant 14 titres, dont 1 a été publié dans **Sigma** (Montpellier), et quelques autres sont "à paraître", 261 p.

10. Aide-mémoire pour l'analyse quantitative du discours, manuscrit, 100 p., avril-mai 1983.
    Un certain nombre de documents et d'études concernant les **Lettres Portugaises**, les **Lettres d'Héloïse et Abélard,** les poèmes de François Mauriac.

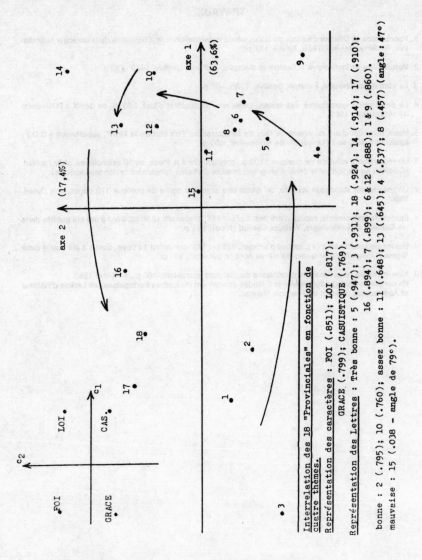

Interrelation des 18 "Provinciales" en fonction de
quatre thèmes.

Représentation des caractères : FOI (.851); LOI (.817);
         GRACE (.799); CASUISTIQUE (.769).

Représentation des Lettres : Très bonne : 5 (.947); 3 (.931); 18 (.924); 14 (.914); 17 (.910);
                                16 (.894); 7 (.899); 6 & 12 (.888); 1 & 9 (.860).

bonne : 2 (.795); 10 (.760); assez bonne : 11 (.648); 13 (.645); 4 (.537); 8 (.457) (angle : 47°).
mauvaise : 15 (.038 - angle de 79°).

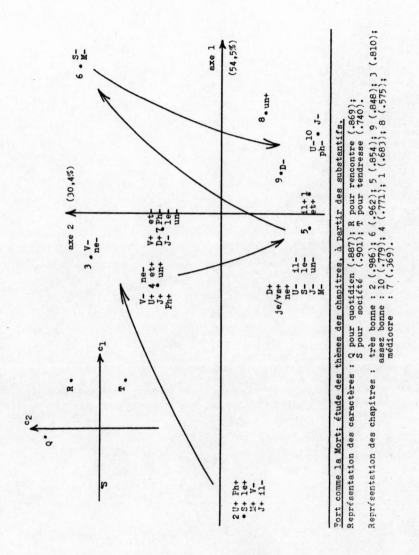

Port comme la Mort; étude des thèmes des chapitres, à partir des substantifs.

Représentation des caractères : Q pour quotidien (.887); R pour rencontre (.869);
S pour société (.901); T pour tendresse (.740).

Représentation des chapitres : très bonne : 2 (.986); 6 (.962); 5 (.854); 9 (.848); 3 (.810);
                                 assez bonne : 10 (.779); 4 (.771); 1 (.683); 8 (.575);
                                 médiocre : 7 (.369).

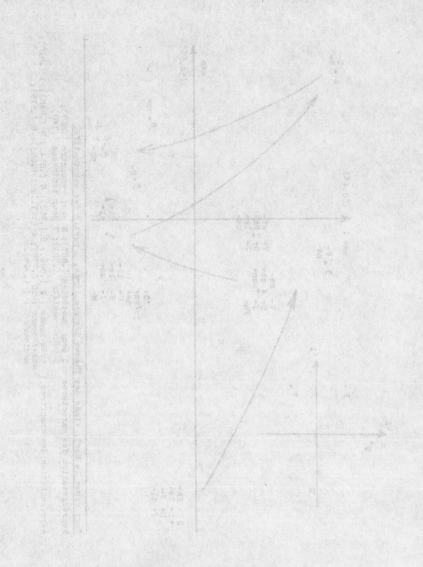

Danielle BONNAUD-LAMOTTE, Jean-Luc RISPAIL

REVUES LITTÉRAIRES DES ANNÉES TRENTE :
problèmes de sélection, codage, saisie et traitement des données, liés aux recherches lexicales.

Le laboratoire **Textes Politiques** n'ayant pu, à temps, traiter notre corpus de critique littéraire dans **Commune** (1), nous nous proposons de porter notre intérêt sur la constitution d'un corpus représentatif d'un ensemble plus vaste, et sur les problèmes de saisie propres aux périodiques. L'objectif de l'E.R.A. du C.N.R.S. dont est né notre laboratoire était de clarifier, après recensement et analyse, les termes de critique littéraire contemporaine employés dans les milieux culturels se situant à gauche. Après un débat interdisciplinaire sur la périodisation, nous avons retenu la tranche 1919-1939, époque de bouleversements dans l'Histoire, les idées, les concepts littéraires et le langage. Nous espérions cerner les formes par lesquelles se sont exprimés les concepts naissants d'alors et les formes sous lesquelles ils se sont maintenus ou modifiés quand ils n'ont pas disparu. Nous voulions aussi montrer l'impropriété, en français, d'une terminologie souvent française à l'origine mais revenue chez nous après un détour par l'Allemagne ou par l'U.R.S.S., chargée de valeurs nouvelles. C'est le cas, entre autres, de "méthode", "littérature", "réalisme" etc.

Dans une telle entreprise, il nous parut que le danger de subjectivité, voire de parti pris envers des textes souvent restés d'une brûlante actualité, pouvait être limité par le recours à l'informatique. Entre temps, des textes de création ("Belles-Lettres" au sens russe), tels que **Locus Solus** de Raymond Roussel, **Les Manifestes Dada** et autres se sont ajoutés à notre corpus de critique littéraire, enrichissant notre problématique et en recevant eux-mêmes un nouvel éclairage.

L'objet initial de notre Unité de Recherche s'est, de ce fait, élargi aux termes du débat idéologique tenu pendant l'entre-deux-guerres, au sein des forces de gauche, sur le statut de l'art et de la littérature dans la société, sur la place de l'écrivain et de l'intellectuel dans le processus révolutionnaire.

Dans notre domaine, celui du discours socio-littéraire, des problèmes se posent préalablement au traitement informatique des corpus particuliers. Notre démarche se ramène à quelques points :

1) Une situation historique nous est donnée qui, par définition, n'est pas traitable en tant que telle, comme ensemble de variables.

2) Au sein de cette tranche historique, en l'occurrence l'entre-deux-guerres, que, sur la base de notre culture, nous isolons, s'opposent des formations idéologiques ou des idéologies naissantes que l'on ne peut, non plus, étudier comme telles d'une façon formelle.

3) Ces formations idéologiques ou ces idéologies naissantes se manifestent dans des situations de communication que nous pouvons approcher par l'examen des formations discursives par lesquelles elles se sont exprimées ou masquées.

4) Une idéologie, une vision du monde se traduisant essentiellement par la mise en place de concepts, donc de termes nouveaux, nous tendons de la cerner dans ses usages lexicaux.

Telles sont les hypothèses qui nous autorisent à escompter quelque résultat du traitement informatique de nos banques de données textuelles. Ces hypothèses constituent un pari sur la représentativité de chaque sous-ensemble, isolé au sein d'un ensemble plus grand. Mais, même ceux que nous entendons traiter demeurent encore trop volumineux pour que nous ne soyons pas amenés à les réduire davantage.

Voulant éclairer un débat idéologique, nous devrions, en théorie, prendre en compte tous les textes s'y rapportant, soit un corpus gigantesque (pour autant que l'on puisse le constituer). Nous avons donc supposé que ces situations de communication ont laissé trace, pour l'essentiel, dans la presse d'opinion dont, par leur nature, les revues nous semblent un lieu d'expression collective par excellence. La nature d'un tel corpus crée des problèmes particuliers. En effet, les options de départ conditionnent, par la suite, tant le codage que la saisie des textes et leur interprétation. Cette ambition, familière aux linguistes, d'élaborer un échantillon représentatif, nous en connaissons les dangers et donc, nous n'avançons qu'avec prudence.

Constitution du corpus

A la question : "mais qu'est-ce qu'une revue littéraire de gauche ?", nous avons répondu : "celle qui se donne comme telle". D'où la nécessité de recenser, puis sommairement d'examiner les revues parues, en France et en français, de 1919 à 1939 et s'annonçant, en partie ou entièrement comme littéraires ou, du moins, comme culturelles et se définissant, par leurs titres, sous-titres, éditoriaux ou manifestes, comme "révolutionnaire, communiste, marxiste, prolétarienne, etc.", non sans que les termes "anarchiste" ou "libertaire" nous créent quelque embarras !

Les innombrables dissensions, ruptures, exclusions dans la gauche se reflétant alors dans sa presse (2), nous avons délibérément retenu, pour ce corpus étroit, les périodiques liés à une structure idéologique forte et relativement stable, soit : **Monde** (1928-35) et **Commune** (1933-39) (3). Parallèlement, M.-R. Guyard avait privilégié **Le S.A.S.D.L.R.** (1930-33) comme corpus significatif du discours surréaliste, pour une saisie exhaustive. Précisons que celle-ci ne pouvait être envisagée ni pour **Monde** ni pour **Commune**, d'abord à cause de l'énorme étendue du texte, ensuite parce que nombre d'articles, notamment dans **Monde**, traitent non de littérature mais de politique, d'hygiène, de sport, etc. En conséquence, il fut décidé de sélectionner les articles au moyen d'une analyse de contenu, fondée sur une grille de notions-clés (4) ; nous disons bien "notion" et non "mot", puisque nous avions présupposé que les mots recouvraient mal ou point du tout les concepts et notions exposés. Ce furent donc les articles traitant de notions telles que : naturalisme, romantisme révolutionnaire, stylistique, etc. que nous avons, en définitive, gardés puis codés et saisis.

Problèmes techniques de l'entrée des données

Nous les avons exposés dans des publications antérieures (5), mais ils ne sont pas tous résolus. Ainsi du statut des "revues de presse" incluant textes de l'adversaire idéologique, réponses occasionnelles à une enquête, éditoriaux non signés ; quel code-auteur leur attribuer ? Même difficulté quant aux signatures collectives. Autre particularité d'un périodique : les sur-titres, sous-titres et inter-titres risquent, ultérieurement, de perturber l'analyse lexicologique de l'article qu'ils encadrent, sauf à les coder différemment. Par exemple, la rubrique "sur la littérature populiste", dans une analyse lexicologique, peut annoncer le texte d'un critique qui rejette le concept même d'une telle littérature. Evoquons encore les citations sans précision d'auteur qui ne peuvent être attribuées, par le code-auteur, à qui les cite sous peine, lors de l'étude terminologique, de paternité illégitime, etc. sans oublier les transcriptions fantaisistes des noms propres ou communs étrangers dont fourmillent ces périodiques à vocation internationaliste. Or, normaliser l'orthographe c'est transgresser la règle du texte saisi tel quel ; mais ne pas le faire c'est fausser les résultats des fréquences et relever, par exemple, les noms de Maïakovski ou de Trotski sous trois ou quatre formes graphiques ayant chacune leur propre fréquence.

Quelques directions de recherche

Traités par les logiciels Lafon, Salem et Sekhraoui de l'E.N.S. Saint-Cloud, nos corpus ont produit des index alphabétiques et hiérarchiques éclatés, par parties ou globalisés, des contextes et concordances qui nous ont ouvert trois perspectives :

1) Une perspective diachronique où il s'agit de cerner l'apparition et l'évolution d'emploi de syntagmes tels que "écrivain révolutionnaire", "travailleur intellectuel" ou "littérature bourgeoise" dans tout ou partie de notre corpus de revues (6). Parfois l'étude diachronique est imposée par le tableau des statistiques générales, ainsi du **S.A.S.D.L.R.** dont le sous-corpus 1933 possède le vocabulaire le plus original (celui n'apparaissant ni en 1930 ni en 1931). Ce constat peut être relié à la rupture, commencée en 1932, des Surréalistes avec le Parti Communiste et à leur volonté de refuser une terminologie caractérisant l'adhésion idéologique. C'est alors que devient précieux, grâce au programme dit Spécificités, de savoir quel vocabulaire nouveau apparaît et, plus particulièrement, sous quelle plume. Ainsi avons-nous observé comment le champ lexical de "l'expérimentation" envahit, en 1933, le discours surréaliste, riche d'hypothèses sur les rapports entre formation discursive et variations idéologiques. En fait, les diverses sorties informatiques nous proposent autant de lectures différentes, tantôt confirmant, tantôt infirmant telle ou telle idée reçue (7).

2) La seconde perspective est synchronique et comparative ; ainsi de l'usage du mot "intellectuel" en 1933 selon **Monde, Le S.A.S.D.L.R.** et **Commune** (8). Nous y avons découvert, au cœur des conflits idéologiques, un référent commun : une Ethique sur laquelle les Surréalistes tiennent, à l'occasion, un discours de rejet mais à laquelle ils recourent explicitement pour polémiquer (cf. les fréquences de "moral", "amoral", "immoral", etc. plus élevées dans **Le S.A.S.D.L.R.** que dans **Monde** et **Commune** où, cependant, nul autre discours n'est tenu contre la Morale sinon à l'égard de "l'hypocrite morale bourgeoise").

3) Ces travaux, enfin, tendent à déboucher sur un **Glossaire de la Critique littéraire** dans la gauche de l'entre-deux-guerres et un **Dictionnaire des Concepts du Surréalisme**. Leur réalisation exige une prise en compte du fonctionnement essentiellement syntagmatique de type de discours en français (9). C'est dire notre impatience de disposer des programmes de recherche d'occurrences syntagmatiques, préparés par MM. Lafon et Salem.

De surcroît, en chemin, nous passon bien souvent de l'étude des formes à celle de l'énoncé. C'est que, en effet, l'énoncé polémique, par exemple, est un lieu de condensation par outrance d'une formation idéologique. Si nous admettons que celle-ci se déploie entre un système de valeurs et un système de non valeurs, la co-occurrence de deux termes appartenant respectivement à l'un et à l'autre système permet de définir, formellement, l'énoncé dépréciatif du type : "Dieu est un porc" comme l'écrit Breton ou d'Aragon : "Bataille, théoricien de la merde".

Constituer, à partir d'énoncés polémiques, des champs lexicaux, les confronter aux indexations et analyses de textes de critique, cela nous fait mieux percevoir la relation entre idéologie et terminologie littéraire dans la mêlée générale du tournant des années Trente.

Ainsi l'Informatique nous permet-elle d'éclairer par convergences, recoupements, similitudes ou oppositions la relation dialectique entre les termes et la critique qu'ils engendrent. Nous ne sommes qu'au début d'un processus, limité par l'inexpérience comme par les trop faibles moyens mis à notre disposition. En privilégiant, comme données, les revues, nous avons augmenté les difficultés inhérentes à l'indexation et à l'analyse des textes. Cependant, les premiers résultats de notre recherche, ceux surtout que nous ne pouvions prévoir par les méthodes traditionnelles, nous incitent à poursuivre notre expérience.

NOTES

(1) V. Annexe.

(2) Cf. **Des Années Trente : Groupes et Ruptures,** Colloque International, Aix-en-Provence, 1983. Actes à paraître aux Ed. du C.N.R.S. (5ᵉ circ.) et, partiellement, in **Chemin de Ronde,** revue paraissant à Aix.

(3) V. Annexe.

(4) Etablie par Jean Pérus qui, à la lumière de nos premières expériences vient de la refondre et de l'élargir. Cette grille s'inspire du concept des relations dialectiques entre les sciences ; système dit B.B.K., en usage dans la bibliographie soviétique.

(5) Se reporter à "Jalons bibliographiques" in **Mélusine,** Cahiers de Recherches sur le Surréalisme, N⁰ 4, 1983, p. 309, v. la réf. 11.

(6) Dans un but comparatiste, nous avons saisi des extraits de **Das Wort** (v. Annexe), en collaboration avec l'Académie des Sciences de la R.D.A. - Pour les problèmes d'une saisie en allemand, v. la réf. 12 de "Jalons ..." cit. dans la note 5.

(7) Par exemple, le fonctionnement de l'énoncé injurieux prend les Surréalistes au piège de leurs prétentions anticonformistes ; citons aussi le programme révolutionnaire des écrivains prolétariens que dément un référent lexicologique très passéiste quant à l'économie, etc. Se reporter aux réf. 5 et 10 de "Jalons ..." cit. dans la note 5.

(8) A paraître in **Mélusine,** N⁰ 7.

(9) Ce dont nous dispense généralement la critique en allemand ; par ex. Lukacs dans **Das Wort** crée, à volonté, des néologismes à un seul élément pour exprimer ses concepts de "reflet de la réalité", "se tenir proche du peuple (en littérature)" et autres ; v. la réf. 12 de "Jalons ..." cit. dans la note 5.

ANNEXE

Revues littéraires des années Vingt et Trente mises sur ordinateur exhaustivement ou partiellement (*) :

A Contre-Courant (juillet 1935-octobre 1936)
sous-titrée "Revue de littérature et de doctrine prolétariennes". Dirigée par Henri Poulaille et succédant à Prolétariat (1933-34) ; mensuelle, la revue eut 12 numéros. Elle se voulait internationale et publia de nombreux textes de création littéraire inédits, écrits en français ou traduits : Paul A. Loffler (écrivain hongrois) : **Métro** ; E. Guillaumin : **Notes Paysannes** ; E. Peisson : **Une Rue** ; V. Serge : extrait de **Barque sur l'Oural** (tr. du Russe) ; Ch. Plisnier (écrivain belge) : **Le Sel de la Terre**, et bien d'autres. Cependant, **A Contre-Courant** ne parvint point à élaborer de "doctrine prolétarienne".
   Remarque : Seul le corpus exhaustif des "Belles-Lettres" a été saisi, à l'exclusion de la critique litté-
   raire, des enquêtes, etc. Les bandes de saisie et de traitement n'ont pu être conservées,
   faute, à l'époque, de moyens financiers.

Commune (juillet 1933-septembre 1939)
De parution mensuelle régulière, Commune fut sous-titrée "Revue de l'Association des Ecrivains et Artistes Révolutionnaires" (A.E.A.R.), puis en 1935/"Revue littéraire pour la Défense de la Culture".
   Le Comité de Rédaction comptait : Aragon, Barbusse, André Gide, Nizan, R. Rolland, W. Pozner, P. Unik, P. Vaillant-Couturier auxquels s'adjoignit Gorki. Tous ceux qui se disaient à gauche, "pour la défense de la culture", publièrent dans **Commune** : soit, outre le Comité de Rédaction : J.-R. Bloch, J. Cassou, E. Dabit, I. Ehrenbourg, Etiemble, A. Malraux, C. Morgan, Erwin Piscator, Tristan Rémy, G. Sadoul, E. Triolet, A. Wurmser et bien d'autres.
   La revue se déclarait internationaliste et contre la guerre, combinant le souci de lisibilité par tous avec un haut niveau culturel. **Commune** publiait des textes de création, des enquêtes, de nombreux comptes rendus d'ouvrages, plus sensibles à des concepts éthiques qu'esthétiques.
   Corpus de critique littéraire constitué, après réduction, selon **Le Recensement Analytique** établi par Françoise Pérus ; v. t. I, II et III, Meudon, Imprimerie de la 5e circ. du C.N.R.S., 1981-1983, 216 + 215 + 333 p.

Das Wort (juillet 1936-juillet 1938)
organe mensuel de l'émigration littéraire antifasciste allemande où publièrent les écrivains de "la diaspora" anti-hitlérienne aussi bien communistes qu'anarchistes, chrétiens, libéraux, sans parti. Paraissant, en allemand, à Moscou, **Das Wort** était dirigé par J. Becher, B. Brecht et L. Feuchtwanger avec la collaboration d'Ernst Bloch, Alfred Kurella (signant Bernard Ziegler), Rudolf Leonhard et, notamment, Georges Lukacs.
   Corpus réduit des articles consacrés au **Débat sur l'Expressionnisme**, constitué par Wolfgang Klein, de l'Académie des Sciences de la R.D.A. et traité par un programme spécialement adapté à l'allemand par Evelyne et Pierre Lafon.

Monde (juillet 1928-septembre 1935)
hebdomadaire paraissant régulièrement, fondé par H. Barbusse avec le soutien de la IIIème Internationale et, plus particulièrement, d'Anatole Lounatcharski.
   Revue ouverte aux écrivains communistes, trotskystes, "dissidents" soviétiques (jusqu'à fin 33), prolétariens du groupe H. Poulaille, Surréalistes exclus par Breton, Populistes ou se donnant comme humanistes tels qu'E. Berl, Giono, Malraux. De très nombreux textes littéraires provenaient de l'étranger : Allemagne, Belgique, Etats-Unis, Japon, U.R.S.S., etc. L'intense activité intellectuelle en France et dans le monde entier, au tournant des années Trente, se reflète dans ce périodique par les poèmes, extraits de romans, récits, enquêtes, essais, comptes rendus de Congrès d'Ecrivains, rubriques musicales, théâtrales et cinématographiques, etc.
   Corpus de critique littéraire constitué, d'après la méthodologie de J. Pérus, par J. Relinger avec la collaboration de D. Bonnaud-Lamotte.

La Révolution Surréaliste (décembre 1924-décembre 1929)
Douze numéros parurent entre 1924 et 1929.
Organe d'expression du mouvement surréaliste succédant à **Littérature** (1919-1924). Le contenu de la revue reflète, notamment, la tentative d'adhésion des Surréalistes aux thèses du matérialisme dialectique et leur soutien critique à la Section Française de l'Internationale Communiste. Le dernier numéro contient le **Deuxième Manifeste du Surréalisme** signé de Breton.
   Le Nº 5 de cette revue avait été saisi et traité par M.-R. Guyard (décédée en décembre 1978). Actuellement nous saisissons les numéros 11 et 12, en collaboration avec le **Centre de Recherches sur le Surréalisme** (Paris III).

(*) par les soins de notre U.R.L. "Terminologie et Lexicologie lit. contemporaine".

Le Surréalisme au Service de la Révolution (S.A.S.D.L.R.) (1930-33)
Six numéros : deux en 1930, deux en 1931 et deux en 1933.
La revue succédait à **La Révolution Surréaliste** et laissera place à **Minotaure** (1933-39). L'évolution du contenu se ressent de la rupture, en 1932, -rupture définitive - entre ceux qui, avec Aragon choisissent le Communisme : Georges Sadoul, Pierre Unik ; René Crevel (d'une façon plus indépendante) et ceux qui, autour de Breton restent fidèles à la spécificité surréaliste.
    Intégralement saisi par M.-R. Guyard, ce corpus, revu et corrigé par les soins d'A. Geffroy, J.-L. Rispail et Waldo Rojas, est notre seul périodique exhaustivement saisi, à l'heure actuelle.

Nota : Ces revues (sauf **Das Wort**) font l'objet de rubriques qui, à l'initiative d'Henri Béhar, directeur de notre Unite Lexicologique (dir.-adjoint, D. Bonnaud-Lamotte), paraîtront dans le **Petit Dictionnaire des Littératures**, aux Editions Larousse.

Michel JUILLARD

ETUDE QUANTITATIVE DES CHAMPS SÉMANTIQUES ET MORPHOSÉMANTIQUES DANS UNE ŒUVRE LITTÉRAIRE

Les linguistes ne se promènent plus guère dans les champs sémantiques et ils ont probablement leurs raisons. La signification est un terrain mouvant mal délimité. Les champs sémantiques sont hérissés de chausse-trapes et on craint de s'y aventurer, comme on évite de traverser un champ de mines. On sait pourtant la pertinence stylistique du vocabulaire et il n'est pas inutile de rappler à cet égard le rôle fondamental que lui attribue Simone MONSONEGO.

"Le vocabulaire est précisément, à l'intérieur de la langue, l'ensemble de signes dans lequel s'imbriquent de la façon la plus complexe la variation aléatoire et la variation significative due au choix, car le choix intervient plus puissamment dans l'emploi des mots que dans tout autre ensemble linguistique" (1).

L'emploi conjugué des moyens informatiques et de la statistique appliqués aux langues naturelles a certes fait progresser l'étude du vocabulaire. Mais il faut voir que l'on a surtout envisagé dans ce domaine soit des individus : mots, formes, lexèmes, soit des totalités : l'ensemble du vocabulaire, les rapports entre N et V, la distribution des fréquences. Notre propos est de montrer par un exemple le parti linguistique et stylistique qu'on peut tirer d'une étude quantitative de sous-ensembles puisés dans le vocabulaire d'une œuvre littéraire. Nous ne prétendons pas bien sûr aboutir à des résultats définitifs et nous ne négligeons pas les difficultés théoriques et pratiques. Ce travail ne constitue pas une fin en soi mais un moyen nouveau, un pas supplémentaire dans une démarche qui reste essentiellement descriptive.

Charles MULLER a souligné à plusieurs reprises la difficulté de soumettre la totalité du lexique, fruit d'une évolution longue et complexe et non pas œuvre d'un mathématicien, aux méthodes de la statistique linguistique (2). On peut cependant tenter d'affronter quelques domaines sûrs. C'est chez Pierre GUIRAUD que l'on trouve une définition réaliste du champ sémantique permettant d'appliquer la démarche quantitative à l'étude de groupes de mots au sein d'un corpus :

"On ne doit pas confondre la notion de **champ** sémantique avec celle de **système** phonologique ou morphologique dans lequel chacun des éléments est nécessaire au fonctionnement de l'ensemble et qui seul mérite ie nom de structure ; le champ sémantique est bien un ensemble de relations d'où chaque terme tire sa motivation, mais de relations non nécessaires et non systématiques.
Ce caractère contingent des relations lexicales semble interdire tout espoir de ramener le lexique à un système entièrement structuré" (3).

Il y a dans ces paroles de GUIRAUD un encouragement au travail pratique pour le linguiste ou le stylisticien qui utilise les méthodes quantitatives et ce caractère "contingent" des champs sémantiques garantit la liberté du chercheur même si elle se fait payer par des risques. L'absence de définition unique du champ sémantique ne doit pas décourager l'entreprise. On est loin d'avoir une définition unique du phonème ou même de la phrase (J. LYONS en a recensé 200) et cet état de choses n'empêche pas la phonologie ou l'étude de la syntaxe de progresser. Le recours à l'ordinateur ne permet pas le respect de tous les a priori de toutes les théories mais l'exhaustivité des traitements, la précision des calculs qu'il autorise introduit une autre rigueur tout aussi précieuse.

Le corpus qui a fourni la matière première à notre expérience d'étude quantitative des champs sémantiques et morphosémantiques est constitué par les œuvres complètes (99353 mots, 13975 vers) du poète britannique C. DAY LEWIS, treize recueils de longueur voisine publiés à intervalles réguliers entre 1929 et 1970. Il s'agissait d'étudier dans une parole et non dans la langue l'évolution d'un texte à l'autre d'ensembles de mots correspondant à un champ sémantique, la visée étant sinon diachronique du moins dynamique. Il semblait logique de choisir, pour commencer l'expérience, les grandes zones de la signification qu'on est sûr de trouver représentés en poésie : les éléments, le regard. Les champs, même ceux qui paraissent les plus simples à circonscrire, ne sont pas donnés d'avance, ils n'existent pas tout faits dans des dictionnaires et c'est au chercheur de les déterminer lui-même, a priori, au coup par coup, avec tous les risques d'arbitraire, d'incohérence et d'oublis que cette responsabilité scientifique et morale entraîne. L'essentiel sera la stabilité des critères et des décisions du sujet plutôt que la recherche illusoire d'une norme absolue, tant il est vrai, selon le mot de Charles MULLER que l'important n'est pas tant dans la qualité scientifique des décisions prises, mais dans leur constance (4).

Pour ne pas subir les distorsions de la lemmatisation classique qui regroupe en vocables les occurrences successives d'un texte, la délimitation des champs s'effectue à partir des formes et cette opération préalable au traitement statistique est elle-même, comme le souligne Etienne BRUNET dans un ouvrage à paraître sur le vocabulaire de Marcel PROUST, une lemmatisation à part entière :

"Le regroupement sémantique constitue en fait une seconde lemmatisation, plus large que la première, où la cellule lexicale élémentaire entre dans une famille de mots, et au delà de la famille, dans une agglomération qui peut être un hameau, un village, une cité" (5).

On peut d'ailleurs à ce propos se demander si, dans le cas d'une langue fort peu fléchie comme l'anglais, cette seconde lemmatisation de nature sémantique ne devrait pas en réalité être la première et peut-être la seule. Une fois dressée la liste des unités devant figurer dans chaque champ, le travail consiste à calculer pour chacun des treize textes successifs de C. DAY LEWIS l'effectif réel du champ en question et un effectif théorique dans l'hypothèse d'une distribution normale des éléments du corpus (6). Le calcul de l'écart réduit permet ensuite de décider si la distribution observée correspond au jeu normal des lois du hasard ou si, au contraire, la présence trop discrète ou trop insistante du champ considéré doit être attribuée à une motivation stylistique ou thématique. Si n représente l'effectif réel des formes constituant un champ dans l'ensemble du corpus et si n_t représente l'effectif des formes manifestant ce même champ dans un des 13 textes du corpus, on peut calculer un effectif théorique du champ dans le texte qui a pour expression $n'_t = n\,p$, où p est la probabilité associée au texte en question (la probabilité pour qu'un mot tiré au hasard dans le corpus soit un mot du texte, c'est-à-dire l'étendue du texte rapportée à l'étendue du corpus). q représente alors la probabilité contraire telle que $p + q = 1$ ou $q = 1 - p$.

On associe à cette distribution un écart type s d'expression

$$s = \sqrt{n\,p\,q}$$

L'écart réduit z exprime le rapport entre l'écart absolu et l'écart-type.

On a donc

z = écart absolu/écart type

soit $z = (n_t - n'_t)/\sqrt{n\,p\,q}$

On admet que pour des valeurs absolues de z supérieures à 2 l'écart constaté ne s'explique plus par le libre jeu du hasard. Il faut alors chercher une autre explication au phénomène. Elle peut être stylistique ou thématique.

Pour chaque sous-ensemble ou champ envisagé, un programme d'ordinateur rédigé en Fortran fournit pour les fréquences supérieures à 50, les fréquences inférieures ou égales à 50 et pour la totalité des fréquences les indications suivantes :

- l'effectif des formes prises en compte,
- l'effectif réel des occurrences,
- l'effectif théorique,
- l'écart absolu,
- l'écart réduit.

On obtient en outre pour les fréquences élevées (f > 50) la moyenne des écarts réduits individuels et l'écart type (tableau 1). Une courbe regroupe ces résultats et permet d'embrasser d'un seul coup d'œil les variations affectant le champ considéré en les replaçant dans la dynamique du temps et de la création des œuvres successives (fig. 2).

Comme premier exemple, nous offrons les résultats obtenus en appliquant la méthode à une catégorie morphosémantique qui regroupe des individus dont les caractéristiques communes sont essentiellement morphologiques et syntaxiques, la catégorie fermée des pronoms (7). L'amplitude des variations manifeste la sensibilité stylistique de la catégorie et il sera intéressant de comparer cette courbe aux tracés des classes sémantiques et morphosémantiques ouvertes. Le sens particulier que nous donnons à "morphosémantique" où fluctue le dosage respectif du morphologique et du sémantique est un hommage de la linguistique quantitative, forcément discrète, au continu, au "cline" de M.A.K. HALLIDAY et au "squish" de J.R. ROSS (8). On pouvait craindre que l'application de la méthode statistique à un champ sémantique, c'est-à-dire à un ensemble éminemment ouvert, se traduise par des résultats moins spectaculaires, des écarts réduits peu significatifs et une courbe proche de l'axe central. En effet, la plus grande liberté du locuteur, singulièrement du poète, dans le domaine lexical, les nombreuses possibilités d'équivalence, de substitution, le rôle de la négation et des antonymes allégeant les contraintes de sélection, tout concourait à modérer notre attente de résultats remarquables. Le premier champ sémantique, celui des éléments, rassemble 24 formes totalisant 1526 occurrences. La courbe, obtenue en joignant les points (signes +) représentant la valeur de l'écart réduit de l'ensemble, illustre les fluctuations du champ au fur et à mesure que se constituent les œuvres poétiques complètes de C. DAY LEWIS. Les deux lignes pointillées au centre du graphique correspondent aux seuils de signification de l'écart réduit (z ⩾ + 2, z ⩽ − 2), l'astérisque (*) représente l'écart réduit calculé pour les mots fréquents (f > 50), le signe x celui des autres mots (f ⩽ 50). Le signe 0 indique la valeur moyenne des écarts réduits individuels des mots de haute fréquence. On peut donc voir, selon la distance relative de ces symboles, les classes de fréquence qui sont responsables des fluctuations constatées. A droite du graphique, on trouve en abrégé le titre des œuvres successives, l'effectif du champ et la valeur de l'écart réduit (par exemple le champ sémantique des éléments se manifeste 139 fois dans **Transitional Poem** et donne lieu à un écart réduit de 4,15). (fig. 3). Comme autre exemple d'application de la méthode, nous avons choisi le domaine de la lumière et du regard (fig. 4). Ici encore les unités retenues appartiennent aux mots-clés de DAY LEWIS et probablement de la poésie en général (9).

Le rapprochement des deux courbes, leur superposition pose des questions, suggère des réponses. Pourquoi en particulier une décrue assez régulière du flux lexical irriguant ces deux champs ? Il faut alors retourner au texte. Ces résultats en permettent d'ailleurs une lecture nouvelle. On remarque ainsi que la majorité des formes des deux ensembles fonctionne le plus souvent dans des métaphores où le jeune poète engagé exprime sa foi en l'avenir et son attente du renouveau. Pour évaluer cette hypothèse de la valeur stylistique autant que thématique des écarts constatés, nous avons regroupé dans un même ensemble les formes qui dans le texte semblent le plus propres à exprimer ce messianisme révolutionnaire (fig. 5). L'allure générale de la courbe confirme les intuitions du sujet, du critique littéraire, et la linguistique quantitative donne la main à l'architecteur de Michael RIFFATERRE.

Les résultats ne sont pas moins intéressants lorsqu'on applique la méthode à des ensembles de formes exprimant une même notion et remplissant souvent des fonctions analogues, que nous appelons, faute d'un meilleur terme, champs morphosémantiques.

Nous nous sommes d'abord intéressé à l'expression du temps et de l'aspect en distinguant les manifestations dans le discours de C. DAY LEWIS du présent (AM, ARE, CAN, DO, DOES, HAS, HAVE, IS, 'M, MAY, 'RE, 'S) du passé (AGO, BEEN, COULD, DID, DONE, HAD, MIGHT, ONCE, SHOULD, WAS, WERE, WOULD) et du futur ('LL, SHALL, WILL). Les résultats sont probants ; ils montrent clairement qu'en poésie, tout au moins chez DAY LEWIS, le présent et le futur ensemble s'opposent au passé (fig. 6, 7 et 8). Le phénomène dépasse le domaine de la parole et débouche, au delà de la langue, sur les universaux linguistiques. Quoi qu'il en soit, les deux versants du temps ont chacun leurs textes et leur vocabulaire. Cette constatation reste vraie pour la négation (NEITHER, NEVER, NO, NONE, NOR, NOT, NOTHING, N'T) qui a peu d'affinités pour le passé (fig. 8). On observe également que la seconde personne se trouve sollicitée avec plus d'insistance dans les textes du début (fig. 10). La superposition des courbes fournit une illustration directe de ces variations parallèles qui font la personnalité de chaque texte et sous-tendent l'évolution stylistique du poète. On peut prendre la mesure objective de ces phénomènes en calculant les cœfficients de corrélation qui suggèrent le degré de concomitance sinon la dépendance des champs entre eux ou avec la chronologie.

Les champs sont des ensembles qui se chevauchent. Un élément peut se trouver à l'intersection de deux ou plusieurs de ces constellations sémantiques. Plus le potentiel métaphorique d'un mot est grand, plus on a de chances de le voir appartenir à des champs différents. Les relations d'équivalence suggèrent d'autres rapprochements ; ainsi l'opposition lumière-obscurité semble bien sûr être une autre manifestation du couple vieux-nouveau. Un début de vérification, sinon la preuve, s'en trouve dans les rapports syntagmatiques où entrent ces éléments dans le texte effectif du poète, dans la matérialité linéaire de la parole artistique. La concordance complète des œuvres de C. DAY LEWIS, autre produit de la méthode quantitative, permet par exemple de vérifier que la fréquence anormalement élevée de NEW dans les premiers textes correspond à des emplois figurés au cœur de passages où le jeune poète aspire à un avenir lumineux (10).

L'évolution remarquable des ensembles présentés pose des questions et suggère les rapprochements qui à leur tour suscitent d'autres hypothèses.

Si, par exemple, on dresse la liste des mots de plus en plus fréquents et la liste des mots de moins en moins employés de texte en texte (ρ de Spearman > 0,55) on voit se manifester un déplacement du concret vers l'abstrait, de la description du monde extérieur vers l'introspection (11).

Il est difficile de séparer rigoureusement le thématique du stylistique et ces grands mouvements mis en lumière par la méthode affectent aussi de façon analogue des mots-outils qui jouent un rôle stylistique fondamental en manifestant dans le texte ce que L.T. MILIC a appelé la composante inconsciente du style (12). Dans notre corpus on voit l'article défini se faire de plus en plus rare à mesure que se succèdent, de 1929 à 1970, les textes de C. DAY LEWIS. C'est l'article indéfini qui vient avec une insistance croissante s'installer en tête du groupe nominal ($\rho = 0,71$).

On pourrait multiplier les exemples de ce genre pour montrer que la méthode quantitative par ses voies multiples et convergentes, nous permet d'accéder, au delà de la surface du discours, jusqu'à la texture même de l'œuvre. Comme la définition des champs proposés, la méthode d'exploitation est éminemment ouverte. Elle n'impose pas de conclusions mécaniques, déterministes toutes faites. Les chiffres fournis par l'ordinateur ne constituent pas une fin en soi mais nous renvoient avec insistance au texte. Leur fonction est de provoquer l'intervention souveraine du sujet humain qui relaie alors et dépasse la machine, parce que seul il possède la compétence linguistique et stylistique. Par leur grande valeur heuristique, par les hypothèses suggérées, ils favorisent une nouvelle lecture, nourrissent un contact enrichi avec le corpus, sans entraver l'intuition ni restreindre la liberté bien comprise du chercheur face au texte où le poète mot à mot a vaincu le hasard.

NOTES

(1) MONSONEGO, S., **Etude Stylostatistique du vocabulaire des vers et de la prose dans la chante-fable** "Aucassin et Nicolette", Paris, Klincksieck, 1966, p. 8.

(2) Voir en particulier MULLER, Charles, "Polysémie et homonymie dans le lexique contemporain", **Etudes de linguistique appliquée**, I, 1964, pp. 49-54.

(3) GUIRAUD, P., **La Sémantique**, Paris, P.U.F., que sais-je ?, 1966, p. 93 n. 1.

(4) MULLER, Charles, **Principes et Méthodes de la statistique linguistique**, Paris, Hachette, 1977, p. 27.

(5) BRUNET, Etienne, **Le Vocabulaire de Marcel PROUST**, Genève, Slatkine, 1983, à paraître, p. 212.

(6) Pour une réflexion théorique approfondie, se reporter aux ouvrages désormais classiques de Charles MULLER, **Initiation aux méthodes de la statistique linguistique**, Paris, Hachette, 1973. et **Principes et Méthodes de Statistique Lexicale**, Paris, Hachette, 1977.

(7) Nous employons "morphosémantique" dans un sens différent de celui de GUIRAUD (cf. **La Sémantique**, op. cit., p. 89).

(8) HALLIDAY, M.A.K., **Cohesion**, London, Longman, 1976, p. 154.
ROSS, J.R., "The Category Squish : Endstation Hauptwort" in **Papers from the Eighth Regional Meeting, Chicago Linguistic Society**, April 14-16, 1972, pp. 316-328.

(9) Se reporter à notre thèse, **L'Expression Poétique chez Cecil Day Lewis : Vocabulaire, Syntaxe, Méta-phore. Etude Stylostatistique**, Genève, Slatkine, à paraître, 1983, pp. 248-256.

(10) JUILLARD, M., **L'Expression Poétique chez Ceci Day Lewis**, op. cit., pp. 178-179.

(11) Ibidem, pp. 243-245.

(12) MILIC, L.T., "Rhetorical choice and Stylistic Option", in CHATMAN, S., ed., **Literary Style : A Symposium**, London & New York, O.U.P., 1971, pp. 77-88.

CONTENU LEXICAL DES CHAMPS

Les éléments : AIR, BIRD, BIRDS, DAWN, DAY, EARTH, FIRE, LAND, LIGHT, NIGHT, RIVER, RIVERS, SAND, SEA, SEAS, SKY, SPRING, SUMMER, SUN, WATER, WATERS, WIND, WINTER, WORLD (Total : 24).

La lumière et le regard : DARK, DARKNESS, DAWN, DAY, DAYS, EYE, EYES, LIGHT, NIGHT, SAW, SEE, SEES, SUN (Total : 13).

Le "Messianisme" : FIRE, HOPE, HORIZON, NEW, OLD, SEED, SHALL, SUN, WILL, WORLD (Total : 10).

Le présent : AM, ARE, CAN, DO, DOES, HAS, HAVE, IS, 'M, MAY, 'RE, 'S (Total : 12).

Le futur : 'LL, SHALL, WILL (Total : 3).

Le passé : AGO, BEEN, COULD, DID, DONE, HAD, MIGHT, ONCE, SHOULD, WAS, WERE, WOULD (Total : 12).

La négation, le refus : NEITHER, NEVER, NO, NONE, NOR, NOT, NOTHING, N'T (Total : 8).

Le "toi", l'altérité : SHALL, WILL, YOU, YOUR, YOURS, YOURSELF (Total : 6).

Tableau 1 : La répartition des pronoms.

	Texte	V	Eff.R.	Eff. Th.	écart	z	moy. z indiv.	écart type
1	TP	11	296	360	-64	-3.48	-1.290	2.62
2	FFI	11	149	263	-114	-7.20	-2.119	2.24
3	TMM	10	463	463	0	0.00	-0.237	3.58
4	ATTD	11	341	378	-37	-1.97	-0.299	3.94
5	MATW	9	54	81	-27	-3.02	-0.620	1.86
6	OTD	11	420	441	-21	-1.04	0.016	3.50
7	WOA	11	322	345	-23	-1.27	-0.398	2.25
8	43-47	11	641	578	63	2.76	0.625	3.19
9	AIV	11	688	700	-12	-0.48	-0.016	3.62
10	PEG	11	605	542	63	2.84	1.100	3.92
11	GATE	11	775	599	176	7.61	2.260	3.20
12	ROOM	11	443	401	42	2.17	1.171	4.34
13	TWR	11	325	365	-40	-2.16	-0.461	2.38

$f > 50$

NOMBRE = 11
OCCURRENCES = 5522

	Texte	V	Eff.R.	Eff. Th.	écart	z		
1	TP	9	19	18	1	0.24		
2	FFI	4	6	13	-7	-1.98		
3	TMM	13	25	24	1	0.21		
4	ATTD	9	15	19	-4	-0.95		
5	MATW	1	1	4	-3	-1.51		
6	OTD	12	21	23	-2	-0.43		
7	WOA	8	11	18	-7	-1.70		
8	43-47	11	31	30	1	0.19		
9	AIV	16	41	36	5	0.89		
10	PEG	14	36	28	8	1.59		
11	GATE	15	38	31	7	1.33		
12	ROOM	15	27	21	6	1.35		
13	TWR	7	19	19	0	0.00		

$f \leqslant 50$

NOMBRE = 28
OCCURRENCES = 290

	Texte	V	Eff.R.	Eff. Th.	écart	z		
1	TP	20	315	379	-64	-3.40		
2	FFI	15	155	277	-122	-7.51		
3	TMM	23	488	487	1	0.04		
4	ATTD	20	356	398	-42	-2.18		
5	MATW	10	55	85	-30	-3.27		
6	OTD	23	441	464	-23	-1.11		
7	WOA	19	333	363	-30	-1.62		
8	43-47	22	672	609	63	2.69		
9	AIV	27	729	737	-8	-0.31		
10	PEG	25	641	570	71	3.13		
11	GATE	26	813	631	182	7.67		
12	ROOM	26	470	422	48	2.42		
13	TWR	18	344	384	-40	-2.11		

NOMBRE = 39
OCCURRENCES = 5812

Ensemble

Figure 2 : La répartition des pronoms.

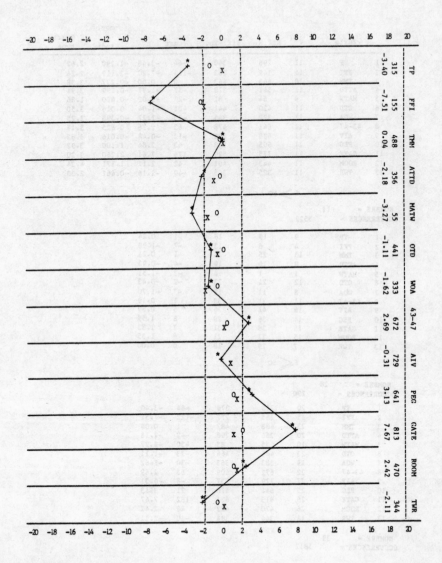

Figure 3 : Les éléments.

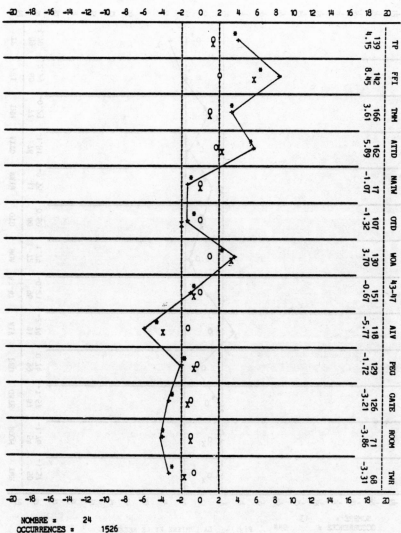

NOMBRE = 24
OCCURRENCES = 1526

Figure 4 : La lumière et le regard.

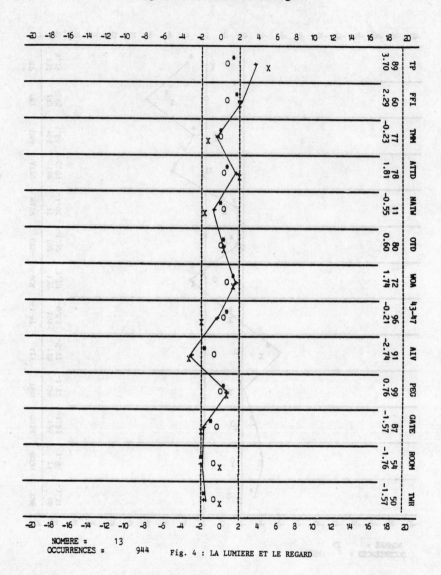

NOMBRE = 13
OCCURRENCES = 944   Fig. 4 : LA LUMIERE ET LE REGARD

Figure 5 : Le "Messianisme".

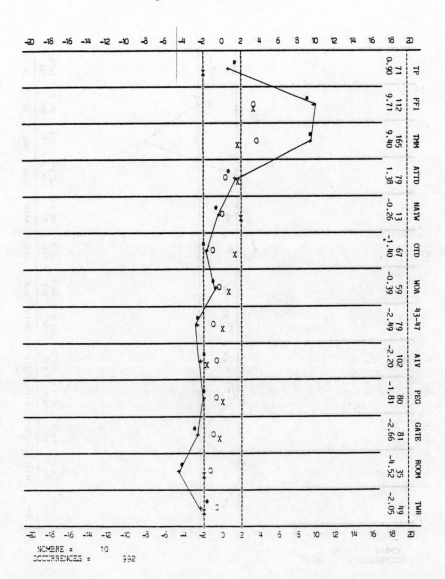

NOMBRE =   10
OCCURRENCES =   392

Figure 6 : Le présent.

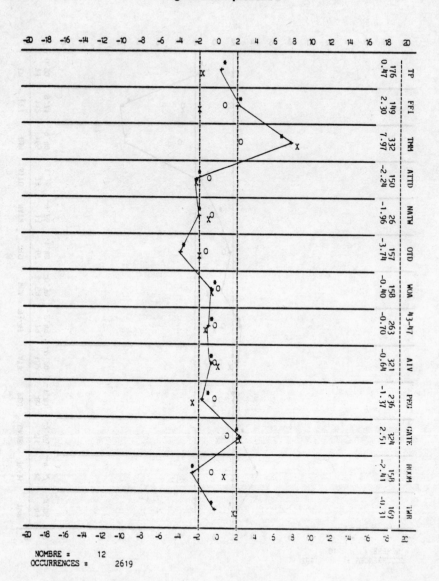

NOMBRE = 12
OCCURRENCES = 2619

Figure 7 : Le futur.

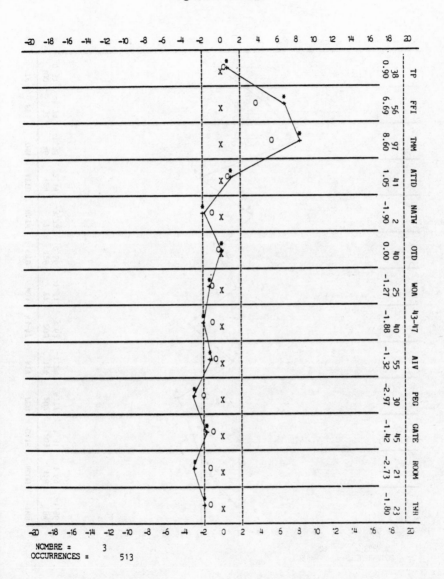

NOMBRE = 3
OCCURRENCES = 513

Figure 8 : Le passé.

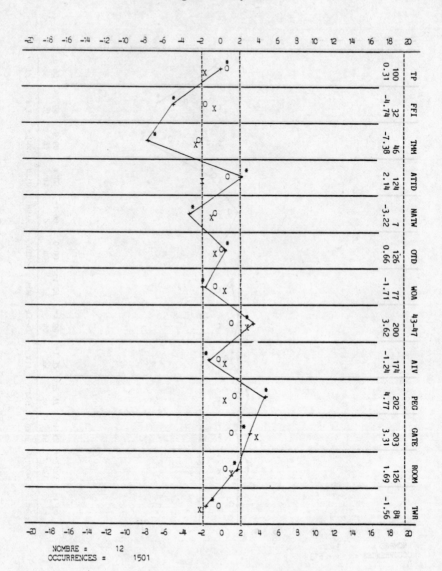

NOMBRE =   12
OCCURRENCES =   1501

Figure 9 : La négation, le refus.

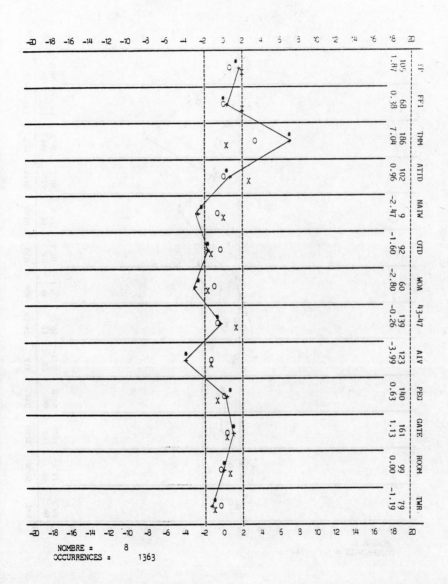

NOMBRE = 8
OCCURRENCES = 1363

Figure 10 : Le "Toi" (l'altérité).

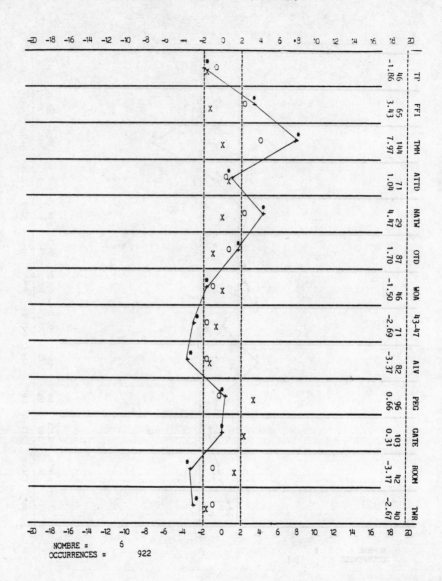

NOMBRE = 6
OCCURRENCES = 922

Etienne BRUNET

LE VIOL DE L'URNE

- I -

Le débat qui va nous occuper pendant quelques instants a été engagé il y a un an à Pise, au dernier Congrès de l'ALLC. Plusieurs des participants, qui se retrouvent ici, se souviennent peut-être d'une certaine table ronde fort animée où, sous l'arbitrage de notre souriant confrère belge Martin, Paul Bratley avait fait le procès de tous les travaux de statistique linguistique, en avançant que le schéma d'urne y était indûment appliqué et que personne n'avait la moindre idée des probabilités réelles qui gouvernent la distribution des mots. Bratley ne conteste pas la valeur des lois de la statistique classique, loi binomiale, loi normale, loi de Poisson. Il ne parle pas de la loi hypergéométrique, peu soucieux de surenchérir et d'épurer le schéma d'urne. Car c'est l'application du schéma d'urne qu'il conteste radicalement, comme tout-à-fait inadéquat au domaine des mots. Le schéma d'urne suppose des tirages indépendants. Or les mots dans la chaîne du discours sont interdépendants. Ainsi l'article appelle un substantif subséquent et le mot **chat** une fois tiré exclut un second tirage immédiat du même mot. Le modèle est donc faux dans son principe. Et, qui pis est, ses résultats le condamnent : doutant de ce que Muller appelle ses "réussites", Bratley est plus sensible aux échecs, particulièrement éclatants dans mon **Vocabulaire français de 1789 à nos jours.** Et Bratley se plaît à relever le nombre considérable d'écarts réduits qui dépassent le seuil habituel de 5% et dont la valeur absolue est au-delà de 2. On pourrait objecter que l'hypothèse nulle elle-même n'interdit pas les écarts significatifs. Le seuil habituel de 5% signifie que 95% des cas doivent se situer en deçà de la valeur 2 de l'écart réduit. Et il est tout-à-fait conforme au schéma d'urne que dans 5% des cas le seuil soit franchi, c'est-à-dire 1 fois sur 20. Mais il faut reconnaître que cette proportion est largement dépassée dans l'exemple qui nous occupe et que les écarts significatifs l'emportent en nombre. Il nous faut donc expliquer cette anomalie qui fait de la règle l'exception et de l'exception la règle.

Ceux qui ont lu Muller attentivement connaissent la réponse. En réalité ce qu'on appelle l'hypothèse nulle désigne la part attribuée au hasard. Cette part est considérable quand les effectifs sont faibles, et elle est faible quand les effectifs sont considérables. Supposons qu'un programmeur plaisantin, voulant sans doute éprouver la sagacité du linguiste qui l'emploie, ait transformé dans les données de ce dernier toutes les occurrences de **petit** en autant d'occurrences de **grand.** Comme chacun sait, un linguiste qui compte les mots n'en comprend plus le sens et la supercherie passera inaperçue à la lecture du texte ainsi transformé. Mais échappera-t-elle à la vigilance de la statistique ? Tout dépend de la longueur du texte. Si le texte n'a qu'un millier de mots l'absence de **petit** et la surabondance de **grand** ne seront pas décelables, l'hypothèse nulle faisant écran. Si le texte au contraire porte sur un million de mots et si l'on se réfère à la norme approximative du **Trésor de la langue française,** le point aveugle où le hasard empêche toute conclusion va se rétrécir comme l'iris au soleil, laissant à découvert la supercherie : l'écart réduit, avec des valeurs énormes, va servir de clignotant et attirer l'attention du chercheur sur l'excès des **grands** et l'écrasement des **petits.** Ainsi suivant l'étendue de l'enquête le même test peut être muet ou éloquent, alors même que les écarts sont proportionnellement semblables. Voici, en décuplant à chaque fois l'étendue de texte envisagée, comment réagirait l'écart réduit à l'anéantissement des **petits** :

étendue du texte	1000	10 000	100 000	1000 000	10 000 000
fréquence théorique	1,45	14,53	145,34	1453,39	14533,92
écart réduit	(- 1,21)	- 3,81	- 12,06	- 38,40	- 130,17

On voit donc que la valeur de l'écart réduit croît avec l'étendue du corpus. Plus précisément - toutes choses étant semblables par ailleurs - à un rapport r d'étendue de deux corpus correspond un rapport $\sqrt{r}$ des écarts réduits (du moins dans la formule simplifiée). Et qu'on ne dise pas que les variations de l'écart réduit viennent de quelque biais mathématique, de quelque distorsion issue d'un vice de la formule. L'expérience, si on avait la patience de la tenter avec des boules, donnerait raison au calcul. Là-dessus je renvoie à mon collègue et ami Dubrocard qui a pris la peine de construire une urne électronique, d'y jeter les 25 000 mots de son corpus de Juvénal, d'y simuler parfaitement le tirage aléatoire (en recourant à des nombres aléatoires fournis par la machine), pour récupérer finalement des résultats exactement superposables à ceux de la loi binomiale (et donc de la loi normale qui en est l'approximation). Je ne sache pas que dans beaucoup de laboratoires on ait poussé le scrupule aussi loin, jusqu'à éprouver des lois en qui tout le monde a confiance et qui remontent à Pascal.

- II -

Mais peut-on avoir confiance dans le verdict de l'urne, lorsqu'il s'agit des mots ? Oui ou non, les phénomènes de discours (ou de langue) obéissent-ils à une loi aléatoire, à un schéma d'urne ? Ici force est de répondre non. Et sur cette lancée on ira jusqu'au bout de l'aveu : aucun phénomène humain n'obéit strictement au hasard et il ne serait pas besoin de longs tourments pour que nous reconnaissions aussi que même aucun phénomène naturel ne relève absolument du hasard. En réalité le mot hasard n'a guère plus de consistance que la **virtus dormitiva** de jadis, c'et le voile qui recouvre notre ignorance. Pierre Guiraud - dont la mort vient de nous atteindre - a bien dit que les événements individuels échappaient à la prévision statistique et que Durand se mariera dans l'année, si bon lui semble, quoi qu'en disent les statistiques. Mais il pense qu'au niveau global et à une certaine échelle, tous les faits humains, si libres qu'ils puissent paraître ididividuellement, "ressortissent collectivement à un déterminisme statistique précis". Or à une échelle plus haute encore on se rend compte que le modèle statistique, s'il n'explose pas, du moins se fendille, et dans les très grands nombres le déterminisme arrive toujours à se glisser dans une fente de l'urne et à limiter le jeu du hasard. Quand on franchit la barre du million d'observations, on entre dans un univers qui ressemble à celui de la relativité et où bien des formules qu'on croyait éprouvées cessent de fonctionner (il en est ainsi par exemple de la "loi" de Zipf ou de la distribution de Waring-Herdan). Ainsi dans les trop petits corpus l'urne est débonnaire et ne s'étonne d'aucun écart. Dans les très grands au contraire elle devient pointilleuse et voit la fraude partout. Faut-il s'en indigner ou s'en accommoder ? Faut-il rejeter un instrument de mesure qui n'est pas stable, un "étalon élastique" qui se recroqueville ou se dilate selon la taille des corpus ? L'écart réduit est une balance variable et paradoxale qui est d'autant plus précise qu'elle pèse des objets plus lourds. Le chercheur doit le savoir et "relativiser" les valeurs qu'il obtient selon l'échelle où se place l'observation. Et cela se fait sans fausse honte par le choix du seuil, qui appartient en dernier ressort au chercheur. Quand on évolue dans de très grands corpus, il importe de choisir un seuil plus sévère (par exemple une valeur 5 pour l'écart réduit au lieu de 2), afin de n'être pas écrasé par la masse des résultats "significatifs". Il y a probablement le même nombre de choses intéressantes à dire dans un petit et dans un gros corpus mais si l'on se sert du même filtre, du même seuil, la mesure statistique risque d'en repérer trop peu dans le premier cas et trop dans le second. Au chercheur de choisir la maille du filet.

Mais pourquoi donc s'obstiner à pêcher ainsi dans la mer des données ? Le schéma d'urne est-il le seul modèle agréé ? Et sur ce point le réquisitoire de Bratley prend la forme de soupçons douaniers : à tous ceux qui utilisent le schéma d'urne il demande d'apporter la preuve que leurs données sont agréées et bien conformes au modèle et il regrette que trop de chercheurs escamotent cette formalité initiale.

Avouons d'emblée que cette négligence est très générale et que dans les disciplines les plus diverses la distribution normale est toujours postulée mais rarement démontrée. Et cela tient au fait que cette preuve, comme celle de l'innocence, est souvent difficile à établir. Bien des tests ont été proposés, qui permettent de vérifier la normalité des données. Citons deux des plus puissants : celui de Kolmogorov-Smirnov (1) et le test plus connu du **X2**. C'est sur ce dernier que s'appuie Bratley pour montrer que la distribution du mot **âme** dans les 15 tranches chronologiques du corpus ne suit pas la loi normale. On pourrait chicaner sur le choix du mot **âme** qui n'est pas fait au hasard : de tout le vocabulaire français le mot **âme** est l'un des plus irréguliers. Il suffirait de choisir un mot mieux réparti pour que le test laisse la liberté de conclure à la normalité des données. Dès lors appliquera-t-on le test à tous les mots ? Fera-t-on deux lots en rangeant d'un côté les mots où le test est favorable à la normalité et de l'autre ceux pour lesquels il l'exclut. Cela risque de conduire à l'impassse : on ne pourra rien faire du premier lot, par l'impossibilité d'y rejeter l'hypothèse nulle, à cause de la faiblesse des écarts. Et on ne pourra rien faire non plus du second, parce que l'importance des écarts y disqualifie le schéma d'urne et empêche toute conclusion probabiliste. Mais surtout le test du X2 ne donne pas les mêmes résultats selon qu'on l'applique à un mot rare ou fréquent, à un corpus de faible ou de grande dimension. Comme l'écart réduit, le X2, pour des écarts proportionnellement identiques, croît avec l'accroissement de l'étendue (du corpus) ou de la fréquence (du mot considéré). Et c'est pourquoi dans des corpus modestes où la statistique a d'abord été appliquée, le test du X2, peu exigeant en de pareilles conditions, a conduit à accepter le postulat de la normalité des données linguistiques. En réalité le test n'étant pas indépendant de la taille des échantillons, sa valeur devient très relative. Et la normalité des données, pour être prouvée, doit faire appel à d'autres considérations, théoriques et expérimentales, linguistiques et mathématiques.

- III -

1 - Voyons d'abord comment répondre du point de vue théorique à l'objection majeure selon laquelle le discours est fait d'éléments liés, non d'événements indépendants. L'objection vient des linguistes aussi bien que des mathématiciens. Les premiers constatent que la statistique isole les mots qui dans le discours ne prennent leur sens et leur valeur que dans l'enchaînement à d'autres mots, dans un rapport paradigmatique ou syntagmatique à d'autres unités. Les seconds constatent aussi le fait syntaxique qui brouille les probabilités et les empêche d'être fixes : le tirage d'un premier élément **le** (article) rend plus probable au coup suivant celui de **chat** (ou de quelque autre substantif)(2). Il convient tout d'abord de reconnaître les faits : la statistique lexicale en effet n'étudie pas les mots dans leur déroulement discursif, mais seulement des unités préalablement détachées. Son objet n'est pas un texte brut, mais un texte destructuré, mis à plat, non pas une voiture en état de marche, mais une voiture en pièces détachées. Et ce sont ces pièces détachées qu'on met dans l'urne. Cette opération réductrice est-elle légitime ? C'est au linguiste d'en juger. Observons toutefois que c'est un usage constant de la science de ne considérer d'une réalité - ici le discours - qu'un point de vue particulier **à la fois** - ici les éléments lexicaux. Une étude par exemple sur des éléments chimiques du corps humain est légitime, même si elle n'épuise pas le sujet du fonctionnement physiologique. Quant à l'indépendance des tirages, elle n'est guère perturbée par le fait syntaxique. Si l'on met dans l'urne un million de mots, chacun a des attaches directes avec une dizaine d'autres, ses voisins immédiats dans la chaîne du discours mais à l'égard du million qui reste chaque mot reste indifférent. La syntaxe laisse le premier et le dernier mot d'un texte, ou même d'une page, tout à fait étrangers l'un à l'autre. La syntaxe a seulement rendu les boules de l'urne un peu poisseuses, chacune ayant tendance à se coller aux boules qui la touchent immédiatement.

2 - Mais les perturbations stylistiques et thématiques sont beaucoup plus redoutables. Un texte a un sujet, une intention, il exerce des choix cohérents et systématiques dans la réalité et dans le vocabulaire. Et cette difficulté a été dès l'origine abordée par Charles Muller, qui recommande d'en mesurer l'ampleur et d'en limiter les effets en constituant des corpus homogènes, en établissant des lexiques de situation. Avant d'accepter une norme, avant de choisir un corpus, avant de risquer une comparaison, il faut avoir pris la mesure de ces faits qui échappent en effet au jeu du hasard et que Muller enveloppe sous le terme de "spécialisation lexicale". Mais l'objection peut tout aussi bien se retourner en faveur de la statistique lexicale. Car c'est précisément la spécificité d'un texte, d'un auteur, d'un état de langue, d'un genre littéraire qu'on cherche à définir et à mesurer, le schéma d'urne et le modèle probabiliste fournissant la référence d'où procède la mesure. Si je veux vérifier qu'une ligne est droite ou non, qu'une surface est plane ou non, je me sers d'une règle. Si la surface a des creux et des bosses, ou si la ligne a des sinuosités je ne vais pas casser la règle, sous le prétexte qu'elle ne convient pas aux données, que la nature est rebelle aux figures idéales et que la "prévisibilité" de la règle est toujours démentie par des faits. Il y a beaucoup à dire sur la notion de prévisibilité : la règle dont je me sers ne permet pas de prévoir si la ligne que je suis va tourner à droite ou à gauche, pas plus que le thermomètre ne me permet de savoir quelle température il fera demain. En matière lexicale la règle statistique ne permet, elle aussi, que la mesure. Il ne s'agit que de décrire, nullement d'expliquer, moins encore de prévoir.

3 - Ainsi se justifie l'emploi du modèle probabiliste. Reste à savoir si ce n'est pas un pis-aller et si d'autres modèles ne seraient pas supérieurs. Si toutes les lignes de la nature étaient courbes, ne serait-il pas plus sage d'inventer des règles courbes et de renoncer aux droites ? Hélas, alors qu'il n'y a qu'un modèle de droite, il y a mille figures de courbes et on risque bien de construire une tour de Babel si l'on s'ingénie à fabriquer des instruments qui suivent au coup par coup la réalité multiforme. C'est ce qu'on a vu maintes fois dans le domaine qui nous occupe : combien n'a-t-on pas inventé d'indices, de formules, de rapports, de cœfficients de toutes sortes ? Fondées sur l'approximation, non sur le raisonnement, ces formules épousent trop étroitement les données dont elles sont issues et se refusent aux autres. Si l'on veut éviter l'empirisme et le bricolage, force est de recourir à un modèle universel qui s'impose pareillement à toutes les données et à toutes les disciplines. Le modèle probabiliste joue cette fonction de régulation et en attendant que naisse un nouvel Einstein il faudra bien s'en contenter.

- IV -

En attendant cet heureux mais improbable événement, le modèle classique, le seul dont nous disposons présentement, est-il aussi mal adapté aux données que Bratley le laisse entendre ? Ecartons le test, trop relatif, du X2 et la tentation de lui faire dire ce qu'on veut, selon la taille des données auxquelles on l'applique. Y-a-t-il d'autres critères qui permettent de justifier - expérimentalement - la loi normale ? On a une chance d'avoir affaire à une population normalement distribuée quand le profil de la distribution est celui d'une courbe en cloche ou courbe gaussienne et que son dessin est symétrique autour d'un axe où se confondent la moyenne, le mode et la médiane. Il faut encore que la dispersion soit caractéristique d'une distribution gaussienne, ce qui impose le calcul de l'écart-type expérimental. Et l'on doit constater qu'à une distance de un écart-type de part et d'autre de la moyenne, 68 % des observations se trouvent regroupées, et 95 % si la distance est portée à deux écarts-types. Afin de rendre la démonstration plus probante, je prendrai exprès les cas les plus défavorables, où le X2 invite à conclure à la non-normalité, c'est-à-dire le cas des mots fréquents, le cas des grands corpus, et, pire encore, le cas des mots fréquents dans les grands corpus. Dans cette situation-là, obéissant à la poussée des grands nombres, le X2 ne peut pas ne pas être élevé. Et pourtant la distribution, on va le voir, n'a rien qui puisse invalider a priori le schéma d'urne et la loi normale. Et pour permettre le contrôle nous choisirons de préférence des données déjà publiées et complètes.

Le tableau 1 reproduit les observations qu'on a enregistrées dans cinq corpus différents. Dans chaque cas la distribution des mots ou signes étudiés a été mesurée dans des tranches égales (comptées en mots ou en pages) ou dans des sous-ensembles rendus comparables par le recours aux fréquences relatives. Certes il arrive que le modèle soit défaillant, comme en témoigne le mot **esprit** dont la distribution est presque aussi irrégulière que celle de l'**âme** et dont la symétrie est prise en défaut, que l'on considère la répartition du mot dans les 335 textes du corpus ou parmi les 259 écrivains de ce même corpus. (Voir figure 2). C'est qu'il s'agit d'un mot thématique sur lequel s'exerce pleinement l'effet de la spécialisation lexicale et qui a pris part aux querelles idéologiques des deux derniers siècles. Il n'est d'ailleurs pas impossible d'expliquer la dissymétrie de la figure 2, qui montre à gauche, du côté négatif, une pente plus douce et des textes plus nombreux, et à droite, parmi les excédents, une chute brutale et un espace étroit. Cela donne à penser que les écarts linguistiques viennent du **trop** et non du **trop peu.** Un texte privilégie dans le discours une petite part du lexique, et rejette tout le reste dans l'ombre, dans la zone des déficits. Du côté positif les écarts sont plus rares mais plus violents, du côté négatif ils sont plus fréquents mais plus tièdes. Cependant la normalité et la symétrie ne sont pas toujours violées, comme on le voit dans le tableau 1 et dans la figure 3. Qu'il s'agisse de la virgule ou du point dans l'**Emile** de J.J. Rousseau, de la forme **abord** dans l'œuvre de Zola, des trois substantifs (**temps, femme** et **jour**) qui arrivent en tête de **A la recherche du temps perdu,** ou des trois formes les plus fréquentes (**de, la** et **et**) du grand corpus du **Trésor de la langue française** (3), on s'écarte assez peu des caractéristiques d'une distribution normale : proximité, sinon coïncidence, de la moyenne et de la médiane, "fourchettes" acceptables à une distance de 1 et 2 écarts-types, courbe en cloche à peu près régulière. Si les distorsions apparaissent parfois dans les courbes individuelles, elles tendent à se résorber dès lors qu'on opère des regroupements (**de + la + et** dans un cas, **temps + femme + jour** dans l'autre). Les échantillons peuvent être imparfaits pris isolément, mais leur cumul tend vers la distribution normale.

Rappelons que tous nos exemples ont été choisis dans les grands nombres et qu'en de telles occasions le test du X2, trop sensible à l'effet de taille, eût amené à rejeter le schéma d'urne. Naturellement on ne peut prolonger à l'infini ces expériences. Il suffit de les avoir menées dans des corpus variés et sur des mots différents pour être raisonnablement assuré que le schéma d'urne est le moins mauvais modèle qu'on puisse appliquer aux donnés littéraires et linguistiques.

- V -

1 - Bratley recommande pourtant l'emploi de ce qu'on appelle la "loi faible". En rejetant la loi forte des grands nombres, c'est-à-dire le schéma d'urne, qu'on appelle l'binomial, hypergéométrique ou normal, il a le souci de ne pas laisser les linguistes totalement démunis. Et il leur propose deux modèles agréés, celui de Markov et celui de Chebyshev. Leur mérite commun est, au dire de Bratley, de pouvoir servir en toute occasion, puisque ces deux modèles ne présupposent aucun postulat sur la forme de la distribution. Peu importe que la population soit ou ne soit pas normalement répartie, les deux tests en question gardent leur valeur intacte. Voici d'abord la formule de l'inégalité de Markov :

Prob $(X > t) \leqslant m/t, t > 0$
ce qui s'énonce comme suit : la probabilité pour qu'un mot ait plus de **t** occurrrences est égale ou inférieure au rapport de la fréquence attendue (**m**) par la fréquence observée (**t**).

Appliquons le calcul au cas de l'**âme** dans la tranche chronologique 1833-1841 du corpus du TLF, **m** valant 3001 et **t** 5738 :

$$p(x > 5738) \leq 3001/5738$$
$$\leq 0,52$$

Ainsi un écart apparemment important qui va du simple au double, et qui porte sur des milliers d'observations, ne semble pas émouvoir le test de Markov qui lui accorde 1 chance sur 2. De tous les écarts observés dans le corpus du XIX-XX, le plus monstrueux concerne le mot **empereur** dans la tranche 1816-1832 qui retient presque la moitié des occurrences du mot quand il devrait n'en contenir que 7%. Alors que l'écart réduit atteint une valeur extrême (+140), le test de Markov est encore loin du seuil significatif (p = m/t = 647/4097 = 0,16). Ainsi des 70 000 mots contenus dans ce grand corpus, aucun - **strictement** aucun - ne serait significatif, même au seuil de 10%, si l'on se fiait à l'inégalité de Markov, ce bel instrument très pur, qui ne distille que le silence éternel.

2 - L'inégalité de Chebyshev semble plus intéressante. Mais elle est plus exigeante puisqu'on doit lui fournir non seulement la fréquence théorique **m**, mais aussi l'écart-type **s**. Bratley la formule ainsi :

$$prob(x - m > ks) \leq 1/k2, \quad k > 0$$

Si l'on choisit un seuil de 1% (1/k2 vaut alors 1/100 et k = 10), le mot devient significatif si l'écart observé entre fréquence réelle et fréquence observée dépasse dix fois l'écart-type (au seuil de 5%, il faudra atteindre 4,5 fois l'écart-type). Bratley applique la formule Chebyschev au mot **âme** dans la tranche 1833-1841, là où l'écart réduit est très élevé, il n'arrive pourtant pas au seuil de 5%. Et même si l'on choisit le cas-limite du mot **empereur**, là où nous avons rencontré l'écart record (z = +140), le seuil de 5% n'est pas atteint. La conclusion est donc aussi désespérante que la précédente. Pas plus que la formule de Markov, celle de Chebyshev ne permet d'extraire **un seul** mot significatif parmi les 70 000 du corpus. Ainsi si la loi forte ne permet pas d'éviter toujours ce qu'on appelle les erreurs de première espèce (c'est-à-dire le rejet de l'hypothèse nulle quand elle est vraie), la loi faible, dans le domaine qui nous occupe, tombe systématiquement dans l'erreur de seconde espèce (c'est-à-dire l'acceptation de l'hypothèse nulle, quand celle-ci est fausse).

3 - On s'explique d'ailleurs aisément la défaillance de l'inégalité de Chebyshev, dont la portée s'affaiblit lorsque croît la variance. Or précisément les écarts les plus considérables élèvent la variance, si bien que le test ne peut plus les déclarer significatifs. L'inégalité de Chebychev souffre d'une seconde faiblesse qui tient à la nécessité de calculer un écart-type sans disposer de sous-ensembles égaux. La plupart du temps les textes que l'on compare sont d'étendue inégale. Et si nous avons pu faire les calculs qui précèdent en découpant des tranches tantôt de 3000 mots, tantôt de 20 ou 50 pages, cela nécessite des efforts qu'on ne saurait répéter pour chaque mot. Bratley propose alors de faire les calculs de variance à partir des fréquences relatives - et nous avons procédé ainsi pour certains de nos exemples. Mais nous doutons que le procédé soit légitime. Les fréquences relatives et les pourcentages sont une transformation dangereuse des données, dont la taille est ignorée et dont les variations aléatoires ne sont pas prises en compte. Les deux séries 1, 4, 2, 3 et 1000, 4000, 2000, 3000 auront la même variance si l'on raisonne sur les fréquences relatives alors que les deux distributions sont loin d'être équivalentes dans la réalité, la première étant banale et la seconde fort improbable.

Les deux formules enfin sont incapables de retenir le vocabulaire négatif, et celle de Markov par définition : puisqu'une probabilité se situe toujours entre 0 et 1, le quotient **m/t** qui la mesure doit être inférieur à 1, ce qui ne peut se faire que lorsque la fréquence observée (**t**) est supérieure à la fréquence attendue (**m**). Quant à l'inégalité de Chebyshev si la chose n'est pas tout à fait impossible, elle ne concernerait au maximum que quelques dizaines de mots grammaticaux très fréquents - mais les écarts pour ces mots là n'ont jamais l'importance requise - et tous les mots sémantiques sont hors d'atteinte.

Il n'y a donc aucun profit à tirer des formules anciennes exhumées par Bratley, quelque respect qu'on leur doive. L'inégalité de Chebyshev a beau être un bijou pur et dur, résistant à tout, inaltérable et universel, il a beau être vénéré par les mathématiciens comme la pierre philosophale, sa rentabilité dans le domaine linguistique est nulle et son emploi coûteux et précaire quand les textes sont de longueur inégale. C'est comme si on proposait aux fermiers du Middle West une merveille de la technique : un soc de charrue, inusable et incassable, en diamant pur, mais pas plus long qu'une allumette !

CONCLUSION

1 - Il y a tout de même quelque profit à tirer de l'avertissement de Bratley. En matière de linguistique quantitative les mathématiciens sont les sorciers et les linguistes, les apprentis. Les premiers pratiquent le doute systématique, les seconds s'abandonnent volontiers à la confiance naïve. Il était opportun de rappeler que le schéma d'urne est une figure idéale, sans cesse démentie par la réalité du discours. Il était sage aussi d'enseigner les vertus des méthodes non paramétriques. Mais sur ce point, les linguistes n'ont pas attendu les conseils de Bratley. Dans tous les travaux de statistique appliquée au discours, un usage constant est fait du cœfficient de Spearman qui est établi sur des rangs et ne doit rien au schéma d'urne. L'étude de Corneille par Muller est fondée en grande partie sur ce cœfficient. Ajoutons aussi que bien des méthodes récentes échappent partiellement au schéma d'urne et qu'en particulier les analyses factorielles se situent dans un univers descriptif où le linguiste se soucie peu de probabilités. Il reste enfin que la meilleure garantie vient de la convergence des méthodes, paramétriques ou non. Nous en donnerons pour finir une illustration dans la figure **4** qui reprend l'exemple du mot **abord** chez Zola. La suite des 22 textes du corpus est reproduite dans l'ordre chronologique, de **Thérèse Raquin** au **Docteur Pascal**. La distribution de la forme **abord** y est représentée de trois façons différentes : selon la fréquence absolue du mot dans les 200 premières pages de chaque texte, selon les fréquences relatives, selon les écarts réduits. Si la première courbe s'écarte un peu parce qu'elle repose sur des textes tronqués, les deux autres sont rigoureusement parallèles et la querelle qui oppose les deux méthodes perd beaucoup de sa force.

2 - Je terminerai mon plaidoyer sur cette note d'apaisement, de compromis, presque d'excuse. S'il fallait reprendre les différents points de notre défense contre l'accusation de viol, on y trouverait la cohérence habituelle aux plaidoyers de cette sorte :

    1 - La loi normale n'a pas été violée.

    2 - De toute façon tout le monde la viole.

    3 - De toute façon elle n'est pas la seule.

Je demande donc un non-lieu : il n'y a pas eu viol mais accomplissement naturel. Car la statistique raffole des grands nombres comme les femmes faciles adorent les grandes fortunes. Et c'est en linguistique qu'elle rencontre le champ le plus favorable, comme le disait Guiraud, dans une formule souvent citée : "La linguistique est la science statistique type ; les statisticiens le savent bien ; la plupart des linguistes l'ignorent encore". Il semble pourtant que les choses ont évolué depuis Guiraud et si quelques linguistes ont été convaincus, certains mathématiciens par contre ont cessé de l'être. Je ne sais si la statistique linguistique a gagné au change.

NOTES

(*) Ce texte est le résumé d'un article à paraître dans les **Cahiers de lexicologie,** sous le titre **L'hydre de l'urne ou Réponse à un acte d'accusation.**

(1) Ce test est longuement développé dans Sidney Siegel, **Nonparametric Statistics for the behavioral sciences,** pp. 47-52.

(2) Evitons ici de confondre deux combinatoires : celle où l'ordre compte et celle où les combinaisons sont acceptées dans le désordre. C'est évidemment la seconde qui est utilisée dans la statistique lexicale, puisqu'on jette les mots **en vrac** dans l'urne et qu'on ne se soucie pas de les retrouver dans l'ordre.

(3) On trouvera les données dans notre **Index-Concordance** de l'**Emile,** Slatkine, tome 1, p. 572, dans notre **Vocabulaire de Proust,** Slatkine, t. 2 et 3, p. 617, 807, et 1397, et dans notre **Vocabulaire français de 1789 à nos jours,** Slatkine, t. 1, p. 8.

(4) P. Guiraud, **Problèmes et méthodes de la statistique linguistique,** p. 15, D. Reidel, Dordrecht, 1959.

TABLEAU 1

mot ou signe	étendue du corpus	nombre de tranches	nombre d'occur-rences	moyenne par tranche	médiane	écart type expér.	% entre -1s et +1s	% -2s +2s
	N	n	f	m	M	s	%	%
ROUSSEAU (Emile)		tranches de 3000 mots						
virgule	288541	96	13089	136,344	135	18,877	72%	96%
point	288541	96	7608	79,25	78,50	12,65	75%	94%
PROUST		tranches de 20 pages						
temps	1267069	159	1637	10,296	10	5,065	75%	95%
femme	1267069	159	1404	8,824	8	5,400	68%	97%
jour	1267069	159	1358	8,541	8	4,023	70%	96%
temps +jour +femme	1267069	159	4399	27,660	27	8,062	70%	95%
ZOLA		tranches de 50 pages						
abord	2874755	145	1010	6,97	7	3,44	70%	95%
CORPUS XIX-XX		97 sous-ensembles (fréquences relatives)						
de	70273552	97	3015363	0,0409	0,042	0,00531	75%	93%
la	70273552	97	1870137	0,0266	0,025	0,00404	72%	94%
et	70273552	97	1745247	0,0258	0,025	0,00375	78%	93%
de + la + et	70273552	97	6630747	0,0934	0,092	0,00859	67%	96%
sous-CORPUS XIX-XX		335 textes (fréquences relatives × 1 million)						
esprit	20890865	335	11492	547,40	365	583,57	88%	96%

FIGURE 2

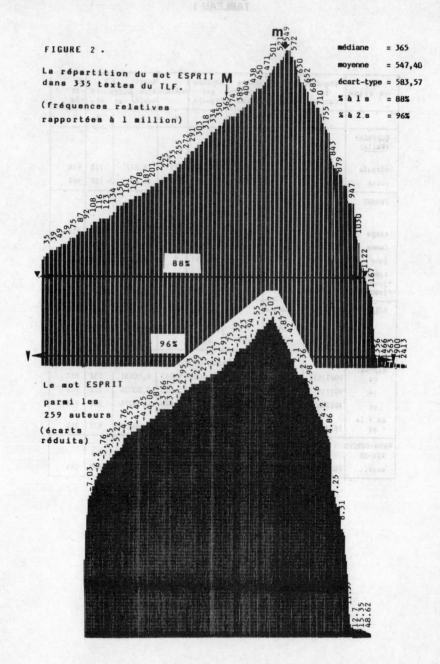

FIGURE 2 .

La répartition du mot ESPRIT dans 335 textes du TLF.

(fréquences relatives rapportées à 1 million)

médiane = 365
moyenne = 547,40
écart-type = 583,57
% à 1 s = 88%
% à 2 s = 96%

Le mot ESPRIT parmi les 259 auteurs (écarts réduits)

FIGURE 3

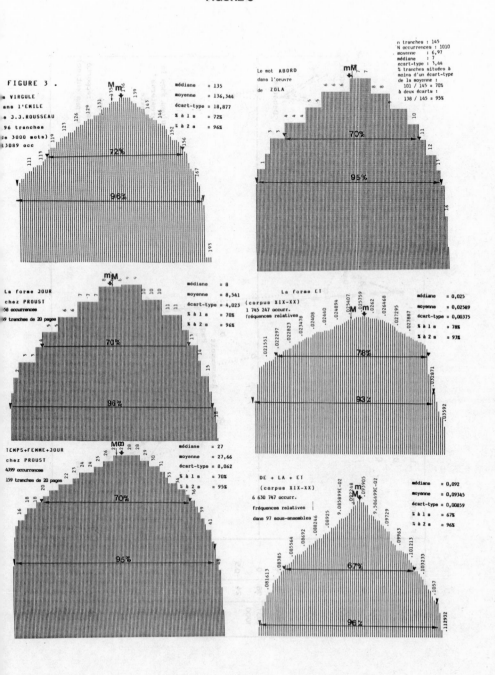

FIGURE 4

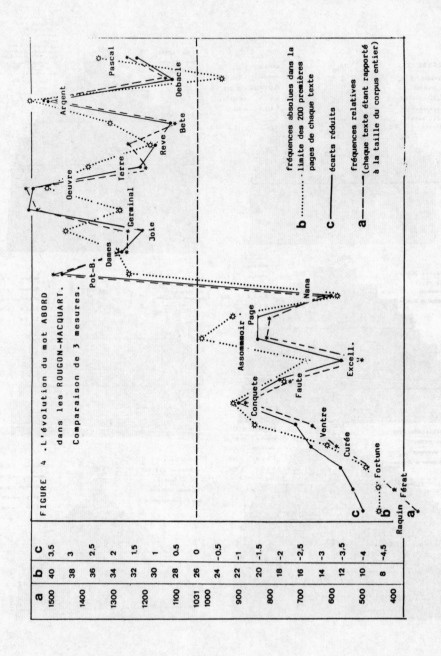

FIGURE 4 . L'évolution du mot ABORD dans les ROUGON-MACQUART. Comparaison de 3 mesures.

DISCUSSIONS

Communications de N. CATACH, L. GUIERRE, R. SAUSSÉ et F. LASSUS.

E. BRUNET souhaite savoir quel pourcentage N. CATACH espère atteindre (90%
annoncés) et quelles sont ses limites. — Ne croyant pas à l'exhaustivité, N. CATACH
juge plus intéressant d'améliorer les règles que de rentrer indéfiniment des mots
(600 000 du lexique français recensés actuellement), donc de chercher dans le
sens de l'intonation, de la syntaxe, des règles phonologiques. L'objectif est le
rendement maximum du minimum de règles, sur le maximum de textes possibles.

J. GOUDAILLER souhaite savoir de quel système phonologique part N. CATACH
pour son programme de phonétisation automatique, ce qu'est son concept d'homophonie et comment, en particulier, elle traite les voyelles d'aperture moyenne. — Un
système uniforme n'est pas imposé ; il faut toutefois en trouver un qui puisse être
accepté par tous. La base est un système minimal à 32 phonèmes, à partir duquel
on module. On tient compte de la graphie, par exemple, **saule** et **sol**, **côte** et **cote**
sont transcrits par **o** fermé et **o** ouvert (**au/o, ô/o**). En dehors de ces cas, un seul
phonème est retenu pour A (**pâte** et **patte**), pour les autres voyelles à double
timbre [O], [E], [Œ]. Les oppositions retenues sont les oppositions de position,
par exemple **sot/sort, dé/dette, peu/peur**. La syllabisation automatique qui précède
le programme est ainsi importante.

Une participante s'interroge sur la transcription de **mystérieux** : MYST&RYE qui
rend faux le vers "Aux bords mystérieux du monde occidental". — N. CATACH précise que si l'exemple donné est un texte de poésie, les règles sont faites pour la
prose et elles distinguent deux cas principaux 1) une seule consonne + yod +
voyelle : une seule syllabe (LY&, SY& = **lié, scié**) 2) deux consonnes (cons. +
liquide) + yod + voyelle : deux syllabes (TRIY&, PLIY& = **trié, plié**).

L.M. LAFON demande s'il existe des tons en japonais et si le programme peut
alors en tenir compte. — R. SAUSSÉ précise que non, qu'il y a des voyelles longues
ou brèves principalement.

L.M. LAFON demande également si l'enquête orale a été intégrée au corpus de
toponymes de F. LASSUS. — Les moyens ne le permettent pas actuellement. La
documentation écrite représente déjà un travail considérable pour la couverture
complète de la région (4 départements) rendue possible grâce au cadastre.

Communications de G. LIGOZAT, S. BURNER, M. CLAY, M. TOURNIER, J. GALLAIS
HAMONNO, H. NAIS.

J.L. RISPAIL s'interroge sur le choix du rapport article défini/article indéfini chez
S. BURNER, les critères pour les seuils retenus et la signification des résultats
tenant compte des paramètres de l'étude. — Les articles font partie d'une étude
plus vaste (pronoms, ruptures, etc ...). Il n'y a pas de seuil retenu. Le seul critère
d'analyse est le rapport 1 vers lequel tendent tous les textes "normaux" ou produits
par des psychotiques en rémission. S. BURNER étudie **l'évolution** du langage d'un
même sujet, les résultats ne se veulent pas significatifs dans l'absolu et n'ont pas
la prétention de généraliser.

A propos de pluralité ou multiplicité de syntaxes, J. DAVID faisant l'hypothèse que
M. CLAY décrit des **exploitations** différentes d'un **système** homogène, lui demande
de préciser sa position à l'égard de l'unité ou de la multiplicité de la syntaxe des
textes qu'il décrit. — L'expression "la syntaxe de l'anglais de spécialisation" ou
"la syntaxe des textes de vulgarisation" peut être utilisée comme raccourci pédagogique, mais M. CLAY préfère référer au "parcours syntaxique" d'un texte.

Evoquant un article à paraître dans le n⁰ 29 de DRLAV, portant sur la répartition des morphèmes énonciatifs dans des articles scientifiques anglais et français, J. FRANÇOIS demande à M. CLAY si, dans les publications analysées, il a constaté des divergences dans le degré de complexité syntaxique de chacune des parties de la publication. — Des différences de parcours syntaxique semblent effectivement exister dans les débuts et fins de texte. Mais il n'y a pas équivalence entre 1er § et début de texte. L'utilisation des moyennes mobiles permettra d'étudier cela plus finement.

P. FLEURY souhaite savoir si la non-lemmatisation des textes chez P. LAFON, A. SALEM, M. TOURNIER vient d'une impossibilité matérielle ou procède d'un choix. — Il ne s'agit pas d'une position théorique, mais d'une manière pratique d'aborder les textes. La grandeur des corpus traités (au-delà de 200 000 occurrences) et l'insuffisance actuelle des lemmatisations automatiques expliquent largement cette attitude. Surtout, c'est la surface textuelle en soi qui est terrain d'analyse.

E. BRUNET demande à J. GALLAIS HAMONNO d'expliquer et justifier la distinction qu'elle fait entre **notion** et **concept**, distinction qu'il retrouve difficilement dans l'application proposée au poème de Rimbaud. — Cette distinction a été établie pour les textes scientifiques. Les notions constituent le fonds de connaissances antérieures nécessaires à la compréhension des relations établies entre concepts. (Les notions ne sont pas opératoires dans le texte considéré ici). Concepts et notions fonctionnent syntaxiquement de façon différente.

V. HUYNH-ARMANET, s'inspirant des recherches de son équipe et évoquant le "pluralisme des syntaxes" de J. GALLAIS HOMONNO l'interroge : ne faudrait-il pas au plan théorique considérer la variabilité et en particulier la variabilité syntaxique comme un des traits fondamentaux des langues humaines, comme une sorte de réponse intrinsèque à des sollicitations extrinsèques diverses ? -- En effet, le pluralisme des syntaxes ne peut venir que de la "variabilité syntaxique".

Communications de P. POGNAN ..., M. HUG, B. BRAINERD, G.P. ZARRI, ..., G. STAHL, Ch. BOITET.

S. HANON demande à P. POGNAN quelle sorte de "déchets" il a relevés dans son analyse des mots étrangers. — Aucun dans l'état actuel des travaux (texte : livre de 120 pages sur l'électrotechnique), les procédés utilisés étant redondants. Pour une grosse proportion de ces mots, 2 ou même 3 procédés pourraient fonctionner simultanément. Evoquant les travaux de TRNKA, S. HANON interroge P. POGNAN sur la présence de noms propres ou d'autres "sous-codes" du code. — Il semble à P. POGNAN que les noms propres répondent la plupart du temps au code de la langue étudiée.

G.T. YOKA, songeant à la fonction syntaxique précise que recouvre **infixe** en langues africaines demande à J.P. HORN quel sens il lui donne. — L'infixe, en russe, ne joue pas de rôle syntaxique, n'entre pas dans le cadre des paradigmes de conjugaison ou de déclinaison. Il procède de la dérivation nominale, verbale ou adjectivale d'une racine.

M. BOOT interroge M.A. MOREAUX sur les possibilités d'extension de son programme et certaines techniques utilisées. — La pleine efficacité de l'algorithme ne peut être atteinte que par une reconnaissance simultanée des mots étrangers présentant des particularités graphiques (cf. par ex. les composants d'origine latine). L'adaptation du programme ne pose pas de problème puisque données et algorithme sont séparés.

M. BOOT interroge B. BRAINERD sur le choix de l'article. — Des travaux antérieurs portant sur les articles comme indicateur de genre et une connaissance de leur distribution de fréquence étaient particulièrement utiles.

E. BRUNET fait remarquer à B. BRAINERD que le nombre d'observations était restreint (de l'ordre de 300) ; en changeant d'échelle et en observant 300 000 exemples, aurait-on les mêmes résultats non-significatifs ? — Since $P(N_m > m) = 0$ the contingency table to which the goodness-of-fit test is applied will have $k < m$ cells even when n the sample size is large. Following the argument in § 9.6 of **Discrete Multivariate Analysis** by Bishop, Fienberg and Holland, we find given the estimates $\hat{p}_i$ of the probability of falling in cell i ($1 = 1, 2, ..., k$) obtained from the **n** observations in the sample and the actual population probabilities p_i* that the expected value of the x^2-statistic X^2 is

$$E\,(X^2\; p_i \text{ estimated, } p_i^* \text{ true}) = k - 1 + \sum_{i=1}^{k} \left(\frac{p_i^* - p_i}{p_i}\right) + (n-1) \sum_{i=1}^{k} \left(\frac{p_i^* - p_i}{p_i}\right)^2$$

Hence even a modest difference between the estimate p_i and its true value will inflate the expected value of X^2, and hence its observed value, when the sample is large. Therefore in your example, I would expect significance to be likely, even though the distributional model is correct, the problem being the inefficiency of the $p_i'\sigma$.

M. TOURNIER demande aux membres de l'équipe G.P. ZARRI si (lorsque les équivalences ne sont pas "dures" mais "floues"), il y a dans Reseda des procédures qui permettent de générer une décidabilité supérieure à celle qui existe dans les données. — Elles existent : procédures, ou modèles de recherche, appliquées sur la sortie du pré-analyseur DEREDEC et procédures d'inférences qui utilisent les structures de représentation de connaissances propres au système Reseda dans son acceptation "documentaire".

D. BONNAUD-LAMOTTE souhaite savoir jusqu'à quel pourcentage du texte et selon quel niveau de langue on peut espérer obtenir une traduction automatique. — G. STAHL précise que, pour les textes scientifiques et techniques, on arrive même sans préédition et sans traitement sémantique à un pourcentage appréciable que la préédition augmenterait considérablement.

Ch. FENEYROL considère les exemples de G. STAHL mal choisis. On peut affecter le trait humain aux sujets complexes tels que **aile du parti.** — G. STAHL n'en disconvient pas. Mais pour généraliser ce traitement, il faut soit des règles générales fort complexes, soit un très grand nombre de règles spécifiques ; ce qui donne un programme géant qui ne résoud pas tout.

A propos de traduction brute et traduction révisée, M. CLAY interroge Ch. BOITET sur l'éventuelle réinjection automatique de la révision dans le dictionnaire pour amélioration immédiate d'une traduction brute à venir. — A court terme, on peut mémoriser les commandes de changement faites sous l'éditeur utilisé, ou encore demander au réviseur de stocker ses suggestions dans un fichier spécial, pendant la session de révision. Pour des raisons évidentes, les corrections doivent être **validées** avant d'être introduites dans les dictionnaires codés. A plus long terme, on peut imaginer un mode de révision donnant accès à une "sous-base lexicale" propre au réviseur/traducteur concerné.

Communications de G. BOURQUIN, D. HÉRAULT, J.Ph. MASSONIE.

L.M. LAFON demande à G. BOURQUIN comment il choisit ses corpus, tenant compte de son approche de la T.A. comme "source" de problèmes linguistiques. -- Les corpus sont constitués environ pour moitié de textes d'anglais semi-scientifique (type **Geographical Magazine, Scientific American,** ...). L'autre moitié se répartit entre des textes journalistiques, des essais, des romans (Brown Corpus, Lob Corpus).

Th. BUNGARTEN évoque la dépersonnalisation de la langue scientifique. Comment G. BOURQUIN conserve-t-il la "déagentivation" ? — On essaie en priorité de rendre les informations sémantiques. Le style de "dépersonnalisation" pose moins de problèmes que les styles plus personnalisés.

Interrogé par J. CHAUCHÉ sur l'évolution du programme et sa transportabilité, D. HÉRAULT répond dans un sens positif : "sans doute en augmentation" et "oui, par création d'un compilateur d'un sous-langage noyau, type PL/I ou Pascal.

A E. BRUNET qui évoque la "myopie" des informaticiens (modules de 200 lignes en moyenne chez eux et unités beaucoup plus larges chez les littéraires : 30, 300 pages par exemple), D. HÉRAULT précise que la taille moyenne d'un module (200 lignes en PL/I optimizer, avec à peu près 1 instruction par ligne) s'explique par le souci de maîtrise du système. La "myopie" n'est pas évidente : le moindre système quelque peu évolué comprend au moins 20 000 lignes, soit l'équivalence de 20 000 x 80 caractères ou 160 000 mots (1 mot = 10 caractères) ; ce qui représente 400 pages (400 mots par page).

J.P. COULIER souhaite savoir quelles sont chez J.Ph. MASSONIE les limites du support magnétique (donc de la capacité de traitement au niveau du livre) — Il y a 2 lecteurs de disquettes de 500 K (un roman moyen fait environ 300 K). Sur une disquette se trouve le texte, sur l'autre le logiciel et les lexiques générés.

J.M. PIERREL interroge J.Ph. MASSONIE sur le type de questions auquel il répond et sur une éventuelle limitation à des études statistiques. — Les utilisateurs sont des littéraires, des historiens qui, à travers des études statistiques, abordent les textes suivant une nouvelle lecture (exemple : comment apparaît l'esclavage à travers les discours de **Lysias**).

Communications de J. CHAUCHÉ, J.M. PIERREL, P. DIMON ..., Ch. MULLER, Ch. DELCOURT, Cl. CONDÉ.

A. SALEM évoque les séquences composées traitées par J.M. PIERREL (400 mots environ) et demande si le passage à des ensembles de mots plus vastes ne risque pas, à travers les problèmes posés, de remettre en cause les fondements mêmes des systèmes considérés. — Le niveau phonétique actuellement est encore insuffisant (bonne reconnaissance de 70 % des phonèmes). La difficulté est le facteur de branchement du langage (= le nombre d'hypothèses de type mots à valider sur la chaîne de phonèmes). Les problèmes vont se poser au-delà de 1000 ou 2000 mots. J.M. PIERREL pense pouvoir traiter ∿ 1000 mots (∿ 5-6000 formes), ce qui représente bon nombre d'applications potentielles.

M. TOURNIER demande à Ch. MULLER quelles chances offre la banque de données de voir générer des tolérances en matière d'orthographe. — La banque est normative, mais non puriste. Il s'agit de ne donner à l'usager que des solutions à l'abri de toute critique. Mais toute tolérance ou réforme nouvelle sera prise en compte. — Les tolérances introduites par l'arrêté de 1901 le seront-elles ? (M. HUG). La réponse est oui, dans la mesure où elles sont cohérentes et où l'usage les a acceptées. — La date de mise en service de la base de données et son éventuelle utilité pour des étudiants étrangers intéressent V. HUYNH - ARMANET. — Septembre 1983 (serveur : Gretel à Strasbourg) ; conçue surtout pour des francophones, la base pourra sans doute servir aux étrangers.

A Ch. DELCOURT, J.L. RISPAIL demande s'il existe une corrélation (si elle a été établie) entre les caractéristiques lexicales des différents éléments de son corpus et ... la note obtenue à l'examen ? — L'étude reste à faire. Toutefois, un taux élevé de formes apparaissant seulement dans un petit nombre d'analyses semble aller de pair avec une note basse.

V. HUYNH-ARMANET souhaite savoir si, au niveau de l'interprétation, Ch. DEL-COURT a prévu d'utiliser l'indexation morpho-syntaxique. — C'est le cas, mais la lemmatisation ne suffisait pas. Il fallait distinguer soigneusement entre acceptions et constituer des familles lexicales pour ne pas sous-estimer les idées dont l'expression se partage trompeusement entre mots apparentés (ex. **acte** et **action, personne** et **personnage**).

P. LAFON souhaite savoir si le mode de représentation des variantes en machine de Cl. CONDÉ a un rapport avec celui de LOUIS HAY. — Les programmes utilisés sont propres au laboratoires MIS (Programme de saisie- Exemple : l'efficace utili-sation de parenthèses pour rendre compte des phénomènes d'emboîtements). Pour la phase d'analyse des récurrences -récente dans le travail de Cl. CONDÉ et du laboratoire- l'expérience des traitements de textes-variants d'autres chercheurs est un apport déterminant.

Communications de Ph. THOIRON, D. DUGAST, D. BONNAUD-LAMOTTE ..., M. JUILLARD, E. BRUNET.

P. LAFON souhaite une mise au point à propos des indices. Il n'y en a pas de bons. La seule chose qui représente effectivement la richesse du vocabulaire, c'est la "gamme des fréquences" dans sa totalité. Vouloir représenter celle-ci par un seul indice traduit forcément la réalité multidimensionnelle du phénomène (d'où la flo-raison d'indices de plus en plus compliqués). Est-ce que la notion peut être tra-duite par un seul indice ? -Ceci entraîne une très vive discussion, les intervenants ne parvenant pas à se mettre d'accord.

A propos de la méthode nommée par Ph. THOIRON "du raccourcissement", il semble à P. LAFON que l'on ne peut se placer ici dans le cadre de la théorie des tests, les notions de "risque", d'"hypothèse nulle" étant dangereuses. Ce que l'on établit, c'est une hiérarchie entre les textes. — Ph. THOIRON a employé 2 modèles pour les opérations de raccourcissement (binomial et hypergéométrique). Les praticiens sont bien conscients des problèmes posés par la multiplication des indices, mais ont besoin de "mesurer" la richesse lexicale, quitte à définir de manière plus précise cette notion.

Ch. MULLER écarte les doutes de P. LAFON. La validité de la loi binomiale dans le schéma de réduction $[E(V') = V - \sum q^i V_i]$ n'est pas seulement fondée sur la logique. Les expériences récentes de Michel Dubrocard (tirages aléatoires par odinateur) viennent de lui donner la confirmation la plus nette.

L.M. LAFON demande à D. DUGAST de communiquer le titre du roman analysé et le nom de l'auteur. — Il s'agit de **Fort Comme la Mort** de G. de Maupassant. D. DUGAST l'a utilisé pour sa thèse d'Etat ; ce texte présentait l'avantage d'être divisé en 2 parties et 10 chapitres.

D. DUGAST ayant donné des exemples de vocabulaires distinctifs distribués à l'intérieur de 4 cercles, U. BUCARELLO lui fait remarquer l'absence d'un cercle plus interne (la vie personnelle ?) et lui demande si cette distribution est due aux caractéristiques des textes examinés, à la spécificité de la démarche méthodolo-gique ou à une grille d'interprétation subjective ? — Toute approche subjective est repoussée. L'algorithme a décidé quels sont les vocables "distinctifs des chapitres". Ensuite ont été choisis (subjectivité ? commodité ?) les 4 chapitres les plus for-tement caractérisés par le nombre de vocables dégagés par le calcul et le nombre de leurs occurrences. Il y a donc un résultat de la démarche méthodologique et un résultat particulier dû aux textes examinés. Ce qui est difficile dans l'analyse quantitative, c'est de désigner à la fois ce qui est mesuré et les résultats obtenus.

Ch. MULLER signale à M. JUILLARD que, semble-t-il, ce sont surtout 2 ou 3 textes qui présentent toujours des écarts significatifs dans son corpus pour les champs étudiés. — C'est effectivement le cas, ce sont d'ailleurs les textes que la critique littéraire cite le plus souvent (on en oublie parfois que C. DAY LEWIS a continué d'écrire jusqu'en 1970).

Une participante interroge M. JUILLARD sur les rapports du travail sur les champs sémantiques avec l'intuition de départ. — Le travail vérifie certaines intuitions, en infirme d'autres, mais surtout il renvoie à d'autres aspects du texte. Ainsi, à propos des excédents (textes du début) et des déficits correspondants (textes suivants), on s'aperçoit que les champs étudiés ne sont pas remplacés par d'autres, mais par des éléments de faible fréquence, surtout des **hapax** responsables de la plus grande richesse des derniers textes : leur thématique nouvelle est la plus éparpillée.

Ph. THOIRON signale à E. BRUNET qu'il ne trouve pas étonnant que la valeur de Z et de X^2 augmentent avec la taille de l'échantillon. — On n'est pas étonné si l'on a l'habitude des méthodes statistiques et si l'on a dans les grands nombres un recours contre l'hypothèse nulle. Quand le seuil n'est pas atteint qui permette une conclusion, on peut toujours faire appel en tentant une expérience plus large. Il ne s'agit pas alors d'un jeu stérile qui opposerait les expertises et les contre expertises, mais de l'élimination progressive des variations aléatoires qui perturbent les observations. Ch. MULLER signale qu'il est normal d'avoir des tests de plus en plus significatifs avec la taille du corpus, d'autant plus que l'homogénéité diminue rapidement. — E. BRUNET pense que les variations aléatoires s'effacent devant les écarts fonctionnels et significatifs dès qu'on atteint le cap du million d'observations. Mais le schéma d'urne n'est pas disqualifié pour autant. Au minimum, le modèle statistique classique permet la mesure, le classement, la comparaison. Il faut se garder de certaines illusions entretenues par les petits corpus (les variations aléatoires y contrebalancent le déterminisme). Il faut respecter la logique : si on valide le schéma d'urne dans les petits corpus, on doit - à plus forte raison - le maintenir dans les grands. Reste que, petits ou grands, tous les corpus n'ont pas les mêmes qualités et que l'homogénéité souhaitable n'est pas observée partout.

P. LAFON s'élève contre certaines affirmations concernant "distribution de mots" et "courbe gaussienne", et "tirages" et "indépendance". E. BRUNET demande que l'on ne remette pas incessamment en cause les compromis patiemment élaborés et rappelle que M. TOURNIER a insisté sur la transformation préalable des données du discours qui sont réduites, en léxicométrie, à l'état de "miettes". Les "miettes" traitées sont artificiellement détachées les unes des autres, la chaîne du discours est rompue. Et les tirages deviennent indépendants puisque les boules ont été introduites une par une dans l'urne. Il ne faut pas confondre deux combinatoires, poursuit E. BRUNET : celle où l'ordre compte et celle où l'ordre ne compte pas. C'est cette dernière combinatoire qui est couramment utilisée dans la plupart des travaux de statistique lexicale et dans laquelle la liaison syntaxique que chaque mot entretient avec son environnement immédiat est négligeable au regard des ensembles observés qui sont des chapitres, des textes, des auteurs, des époques, des genres. L'autre combinatoire, celle où l'ordre compte, est beaucoup plus difficile à appliquer dans le discours. C'est le grand mérite de P. LAFON de l'avoir tentée - et il est quasiment le seul - dans les phénomènes de co-occurrences. Mais il se heurte à la syntaxe, d'autant que le champ d'observation est resserré au niveau de la phrase. Il est bien évident que le schéma d'urne est une application acrobatique dans ces conditions et il serait étonnant qu'on observât des distributions gaussiennes. Qu'observe-t-on, en effet, sinon des liaisons préétablies, des couples figés et ces phénomènes de "sloganisation" évoqués précédemment ?

Pourtant, même dans ces conditions très éloignées du modèle gaussien, poursuit encore E. BRUNET, P. LAFON n'a pas d'autre arme que le schéma d'urne. En utilisant la loi hypergéométrique, il respecte intégralement le schéma d'urne avec plus de rigueur encore que ceux qui utilisent les approximations des lois binomiale, normale ou de Poisson. Il compare la chaîne ordonnée -et motivée- du discours à l'immensité infinie des possibles théoriques. En fin de compte, il obtient des écarts, mesurés en "probabilités", qui lui servent à extraire et à trier les spécificités lexicales ou les couples sloganisés.

Dans ces conditions, si défavorables, conclut E. BRUNET, "comment peut-on justifier le modèle classique utilisé sinon -comme nous l'avons fait- en atténuant la valeur "probabiliste" des résultats et en insistant sur l'idée de mesure, sur le caractère descriptif, opératoire, classificatoire des méthodes utilisées ?".

DÉBAT

Les thèmes de réflexion proposés à l'ouverture du Colloque étaient : bilan des travaux passés et en cours en linguistique informatique et stylistique quantitative ; retombées de ces recherches pour l'enseignement et le matériel dans le futur.

Les objectifs d'information réciproque et d'échanges entre chercheurs ont été atteints. La qualité de l'information a été bonne. Les autres objectifs visés par les organisateurs : retombées pédagogiques pour l'enseignement universitaire et même secondaire, et retombées pour le matériel futur n'ont pu, en revanche, être pris sérieusement en considération.

Plusieurs collègues déplorent l'absence de liens entre recherche universitaire et industrie, et regrettent l'absence au Colloque de représentants de firmes d'Informatique. C. Charpentier rappelle -et des collègues apportent leur témoignage- que de nombreux laboratoires ont, depuis plusieurs années, des contrats de recherche hors Université et signale que des Maisons d'Informatique de la région avaient été averties de la tenue du Colloque.

Sous l'angle pratique les questions suivantes sont évoquées :
- saisies et modèles de standardisation des claviers
- utilisation des bandes de photocomposition des éditeurs (E. Brunet signale l'accord de la Maison Gallimard pour Folio et Pléiade).
- liens possibles entre éditeurs, informaticiens et linguistes.

Les derniers points évoqués ont trait à l'**Association for Literary and Linguistic Computing** sous l'égide de laquelle le Colloque était organisé, la FRANCE étant le pays d'accueil pour le Congrès International de l'Association en 1985 (Université de NICE).

Les remerciements d'usage étant faits, participants et organisateurs se sont applaudis spontanément en toute amitié.

Compte rendu des Discussions : C. Charpentier
Compte rendu du Débat : S. Burner, C. Charpentier

LISTE DES PARTICIPANTS

ANCHER	Gilbert	CREDO	Université de LILLE III	
ANGELETTI	Th.	CNET		LANNION
ARNAUD	Pierre J.L.	Langues	Université de LYON II	
ATTALI	Arlette	CELTA-CRAL	Université de NANCY II	
AXTMEYER	Monique	GETA	Université de GRENOBLE I	
AYACHE	Youssef	CRAL	Université de NANCY II	
AIT-HAMLAT	Akila	ELF Aquitaine		PARIS
BARADUC	Jean	Langues	Université de d'ORLÉANS	
BAUER	Hannspeter	I.U.T.	Université de NANCY II	
BECQUER	Anne-Marie	INALF		NANCY
BEHAR	Henri	Lettres	Université de PARIS III	
BELILTY	Paul	L. de Spé.	Traducteur	
BELILTY	Simone	I.U.T.	CACHAN,	PARIS XI
BERNET	Charles	INALF		NANCY
BERTRAND	Roger	I.U.T.G.E.		TOULON
BEYSSON	Bernard	CNET		LANNION
BOITET	Christian	GETA	Université de GRENOBLE I	
BONNAUD-LAMOTTE	Danielle	INALF		BELLEVUE
BOURGUEIL	Danièle	CIAP		GRENOBLE
BOURQUIN	Guy	Lingu.	Université de NANCY II	
BOURQUIN	Marie-Cl.	CELTA-CRAL	Université de NANCY II	
BOUVEROT	Danielle	Lettres	Université de NANCY II	
BRUNET	Etienne	Lettres INALF	Université de NICE	
BUKOWSKI	André	GETA	Université de GRENOBLE I	
BURNER	Sylviane	Lettres	Université de METZ	
CABOURET	Colette	EN		METZ
CATACH	Nina	HESO		IVRY S/SEINE
CERFONTAINE	Jean	Lettres	Université de METZ	
CERQUIGLINI	Bernard	Lettres	Université de PARIS VIII	
CHARPENTIER	Colette	Langues	Université de METZ	
CHAUCHÉ	Jacques	I.U.T.		Le HAVRE
CHOUILLET	Anne-Marie	Lettres		BOULOGNE
CLAY	Malcolm	FAC	Université de LYON III	
COLOMBIN	Marie-Pierre	Lettres	Université de d'AMIENS	
CONDÉ	Claude	Lettres	Université de BESANÇON	
COULAVIN	Maxime	Langues	Université de GRENOBLE III	
COULIER	Jean-Paul	LISH		PARIS
DAVID	Jean	Langues	Université de METZ	
DELAMARE	Arlette	INRP		PARIS
DEMAIZIERE	Françoise	DRL	Université de PARIS VII	
DE MARGERIE	Charles	CREDIF	ENS,	St CLOUD
DEREU	Mireille	Lettres	Université de METZ	
DESCAMPS	Jean-Luc	CREDIF	ENS	St CLOUD
DIMON	Pierre	Langues	Université de METZ	
DUBOIS	Jean-Pierre	CIAP		GRENOBLE
DUBOST	Eliane	CIAP		GRENOBLE
DUGAST	Daniel	CES	VILLENEUVE LES AVIGNON	
DUGOURD	Anne-Elisabeth	IBM France		PARIS
DUMESNIL	Marie-Chris.	CRAIP	ENS	St CLOUD

LISTE DES PARTICIPANTS (Suite)

EUVRARD	Annette	CELTA-CRAL		Université de NANCY II
FABRE	Claudine	I.U.T.		ORLÉANS
FANTON	Michel	CERTAL	INALCO	PARIS
FARIBAULT	Marthe	LISH		PARIS
FAURE	Pierre	I.U.T.		Université de TOULOUSE
FAURE	Monique	I.U.T.		Université de TOULOUSE
FLEURY	Philippe	Latin		Université de CAEN
FRANCK	Yvonne	ISM		Université de METZ
FRANÇOIS	Jacques	Lingu.		Université de PARIS VIII
FREYERMUTH	Sylvie	Lettres		Université de METZ
FRUYT	Michèle	Latin		Université de PARIS IV
GALLAIS-HAMONNO	Janine	Langues		Université de METZ
GENTILHOMME	Yves	Langues		Université de BESANÇON
GINET	Alain	Langues		Université de GRENOBLE III
GIRARDOT	Jean-Jacques	Lettres		Université de BESANÇON
GREFFIER	Françoise	Lettres		Université de BESANÇON
GOARANT	Bernadette	IFM		GRENOBLE
GOUDAILLER	Jean-Pierre	Phonet.		CLICHY
GUIERRE	Lionel	Phonet.		Université de PARIS VII
HATON	Jean-Paul	CRIN		Université de NANCY I
HELL	Victor	Lettres		Université de STRASBOURG II
HERAULT	Daniel	Ling. Inf.		Université de PARIS VI
HUG	Marc	Lettres		Université de STRASBOURG II
HUSSON	René	CAS		Université de METZ
HUYNH-ARMANET	Véronique	Ling. esp.		Université de PARIS VIII
JACQUEMIN	Monique	INALF		NANCY
JEJCIC	Fabrice	HESO		IVRY S/SEINE
JUILLARD	Michel	Langues		Université de NICE
LAFON	Louis M.	Phonet.		IVRY
LAFON	Pierre	Lexico.	ENS	St CLOUD
LAMBEY	Pierre	CUC		Université de CLERMONT-FERRAND
LANHER	Jean	Lettres		Université de NANCY II
LASSUS	François	Lettres		Université de BESANÇON
LAURIAN	Anne-Marie	CELDA		Université de PARIS XIII
LECOMTE	Josette	CELTA-CRAL		Université de NANCY II
LEJOSNE	Jean-Claude	Langues		Université de METZ
LE RIDER	Brigitte	Lycée Poincaré		NANCY
LIGOZAT	Gérard	D.R.L.		Université de PARIS VII
LOFFLER	Georges	C.E.D.E.L.		PARIS
MARCHAND	Alain	Bull	LES CLAYES SOUS BOIS
MARQUE-PUCHEU	Christiane			PARIS
MASSA	Françoise	Langues		Université de RENNES II
MASSA	Michel	Langues		Université de RENNES II
MASSELIN	Jacques	EN		METZ
MASSONIE	Jean-Ph.	Lettres		Université de BESANÇON
MEISSONIER	Vincent	LISH		PARIS
MONSONEGO	Simone	CRAL		Université de NANCY II

LISTE DES PARTICIPANTS (Suite)

MOREAUX	Anne-Marie	CERTAL	INALCO	PARIS
MULLER	Charles	Lettres	Université de STRASBOURG II	
MULLER	François	I.U.T.	Université de NANCY II	
MUSSO	Noël	INALF		NANCY
NAIS	Hélène	CRAL	Université de NANCY II	
NEDOBEJKINE	Nikolaï	GETA	Université de GRENOBLE I	
NIVON	Eugène	IFM		GRENOBLE
PELFRENE	Arnaud	Info.	ENS	St CLOUD
PENIGAULT-DUHET	Paule-M.	ILLCE	Université de NANTES	
PEUCHOT	Jean	CUST	Complexe Universitaire	d'AUBIERE
PIERREL	Jean-Marie	CRIN	Université de NANCY I	
POGNAN	Patrice	CERTAL	INALCO	PARIS
POTHIER	Béatrice	Lang. Litt.	Université Catholique, ANGERS	
PROUST	Gilles	Centre Calcul		AUBIERE
REY	Roselyne	Vocab. scient.	Université de PARIS I	
RICARD	Florence	CERCLEF	Université de PARIS XII	
RISPAIL	Jean-Luc	INALF		BELLEVUE
ROUX	Louis	C.I.E.R.E.C.	Université de St ETIENNE	
RUDRA	Colette	IFM		GRENOBLE
SALEM	André	Lexico.	ENS	St CLOUD
SAUSSÉ	Robert	Ling. Info.	Université de PARIS VI	
SAVEY	Daniel	Langues	Université de MONTPELLIER	
SCTRICK	Robert	CREDIF	ENS	St CLOUD
STAHL	Gérold	EHESS		PARIS
THOIRON	Glynis	I.U.T.		VILLEURBANNE
THOIRON	Philippe	Langues	Université de LYON II	
TORRE	Lydie	GETA	Université de GRENOBLE I	
TOURNIER	Maurice	INALF	ENS	St CLOUD
VERDELHO	Telmo	Ins. Et. Hispan.	Université de PARIS VIII	
VERONIS	Jean	CREL	Université d'AIX EN PROVENCE	
VIDALENC	Jean-Louis	Langues	Université de PARIS VI	
VIGROUX	Christiane	CELTA		NANCY
VOISIN	Marie Annick	Centre Calcul	Université de PARIS X	
WEBER	Ursula	I.U.T.	Université de METZ	
WETTENGEL	Gérard	Lettres	Université de REIMS	
WEYL	Daniel	Litt. franç.	Université de PARIS VIII	
WUANG	Huilin	CELTA-CRAL	Université de NANCY II	
ZARRI	Gian Piero	LISH	MSH	PARIS

ETUDIANTS

U. Buccarello, G. Carrera, M.S. Delavenne, J.P. Horn, F. Ilboudo, M. Leve, M. Moussy, E. Nguiamba, R. Piechocki, C. Pineira, G. Yoka Tumba.

EXCUSES

Mesdames/Messieurs les Professeurs J. BARADUC (Université d'Orléans), J. BREUILLARD (Université de Poitiers), J.L. DUCHET (Université de Poitiers), D. FRANÇOIS (Université de Paris V), C. GEOFFRIN (Université de Lille III), R. MARTIN (Université de Paris IV), R. PELLEN (Université de Poitiers), B. POTTIER (Université de Paris IV), B. QUEMADA (INALF), J. ROBERT (Université de Paris I), J. ROGGERO (Centre d'Aix), G. WEIL (Université de Lyon III), J.M. ZEMB (Université de Paris IV), G. KLEIBER, M. MAURICE, G. NAUROY, R. RAMAN (Université de Metz).

Mesdames F. DUMONT (CILF, Paris), H. FALAISE (Fichier Central des Thèses, Université de Paris X).

TABLE DES MATIÈRES

278

Les épreuves ont été relues par Mesdames et Messieurs Jean DAVID, Pierre DIMON, Gilbert van de LOUW (Département d'Allemand), Sylviane BURNER, Colette CHARPENTIER, Jean-Claude LEJOSNE (Département d'Anglais), Jeanne-Marie BAUDE, Jacques DUFETEL, Jean-Noël GRIESBECK, Claude GUÉRICOLAS, Marceline LAPARRA et Colette RIEMLINGER (Département de Lettres), U.E.R. Lettres et Sciences Humaines, Université de Metz.

Achevé d'imprimer en 1985
à Genève-Suisse